# Dr. John Coleman

# DIE ÖLKRIEGE

## GESCHICHTE DER US-ÖLKRIEGE

*Der amerikanische Imperialismus ist ein fatales Produkt der wirtschaftlichen Entwicklung. Es ist sinnlos, zu versuchen, unsere nördlichen Nachbarn davon zu überzeugen, nicht imperialistisch zu sein. Sie können gar nicht anders, als imperialistisch zu sein, egal wie gut ihre Absichten auch sein mögen...*

El Universal, Mexiko City, Oktober 1927

ⒸMNIA VERITAS®

# John Coleman

John Coleman ist ein britischer Autor und ehemaliges Mitglied des Secret Intelligence Service. Coleman hat verschiedene Analysen über den Club of Rome, die Giorgio Cini Foundation, das Forbes Global 2000, das Interreligious Peace Colloquium, das Tavistock Institute, den schwarzen Adel sowie andere Organisationen, die der Thematik der Neuen Weltordnung nahe stehen, erstellt.

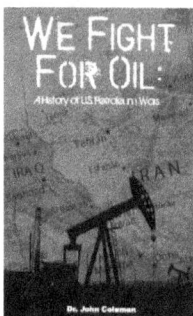

## DIE ÖLKRIEGE
### *GESCHICHTE DER US-ÖLKRIEGE*

*WE FIGHT FOR OIL*
*A history of US Petroleum Wars*

Aus dem Englischen übersetzt und herausgegeben
von Omnia Veritas Limited

© Omnia Veritas Ltd - 2022

**⊘MNIA VERITAS®**

**www.omnia-veritas.com**

Die Geschichte der amerikanischen Ölkriege ist ein work in progress, das begann, als Präsident Wilson die amerikanischen Truppen in Tampico landete. Zukünftige Historiker müssen möglicherweise die Lücken schließen. Die Geschichte des US-Engagements in Persien (heute Iran) und Mesopotamien (heute Irak) konzentriert sich auf die Suche nach Öl und seine Kontrolle als unverzichtbare natürliche Ressource. Wenn man dies im Hinterkopf behält, könnte der Leser zu dem Schluss kommen, dass Informationen aus US-amerikanischen (und britischen) Quellen mit einem großen Körnchen Salz zu genießen sind.

Die Öldiplomatie wird von kommerziellen und möglicherweise auch militärischen Erwägungen bestimmt. So formulierten alle US-Präsidenten seit Woodrow Wilson die Außenpolitik der Vereinigten Staaten so, dass sie die Ölinteressen berücksichtigten. Präsident McKinley erklärte, dass "Isolation nicht mehr möglich ist", und Präsident Wilson schloss sich dem an, indem er sagte: "Wir nehmen, ob wir wollen oder nicht, am Leben der Welt teil. Die Interessen aller Nationen sind auch die unseren. Wir sind Partner der anderen".

Daher berührt dieses Buch jeden Amerikaner oder sollte ihn berühren, denn die moderne internationale Macht ist wirtschaftlich, so wie alle Kriege wirtschaftlichen Ursprungs sind. Denken Sie daran, wenn Ihre Söhne und Töchter das nächste Mal dazu aufgerufen werden, für das Land zu kämpfen. Wenn der Irak nicht über enorme Ölvorkommen verfügen würde, wären die USA dann heute in diesem Land verstrickt? Die Angst vor einer nationalen Ölknappheit scheint die treibende Kraft im Spiel zu sein. Der Kampf der Amerikaner um ausländische Ressourcen ist zum wichtigsten Faktor in internationalen Angelegenheiten geworden. Dies sind die Fragen, die in diesem Buch untersucht werden, das jeder Amerikaner, der sich für die Zukunft seines Landes interessiert, gelesen haben sollte.

# KAPITEL 1

## Das Streben der Ölindustrie nach Öl

W ir brauchen sicherlich einen klaren, prägnanten und leicht verständlichen Leitfaden über den langjährigen "Konflikt" mit Nationen, die über Rohölvorkommen verfügen. Am 16. April 1855 boten Benjamin Stillman von der Yale University und George Bissell Investoren "Steinöl" an, nachdem sie Berichte über einen dicken, schwarzen, zähen Schlamm in bestimmten Gebieten von Titusville, Pennsylvania, erhalten hatten. Russland hatte zuvor ähnliche Funde in Baku erwähnt. Bissell wies Edwin ("Colonel") Drake sofort an, in Titusville nach Öl zu bohren.

Niemand hatte eine Verwendung für den "Schlamm", außer John D. Rockefeller, der der alleinige Besitzer der Handelsfirma in Cleveland war, die das Produkt verkaufte. Später schloss sich ihm ein Partner, Henry Flagler, in einer Produktfirma an, der es als Lampenöl verkaufte und auf andere Weise verpackt als Heilmittel gegen Krebs. Die Firma erreichte schnell einen Wert von 450.000 US-Dollar, was zu der Zeit eine astronomische Summe war. Tatsächlich waren es John D. Rockefeller und sein Standard Oil in all seinen unzähligen Variationen, die zu einer Bedrohung wurden, nicht nur in den USA, sondern auf der ganzen Welt. Standard Oil hat einen Großteil seiner Konkurrenten in Cleveland, Ohio und später im restlichen Nordosten der USA einfach aufgesaugt oder vernichtet.

Rockefeller erhielt den Spitznamen "Lichthändler" zum Teil, weil sein Produkt namens "Brite" in jedem amerikanischen Haushalt Lampen zum Leuchten brachte, zum Teil aber auch als hinterhältiger Hinweis auf seine Mitgliedschaft in der geheimsten Gesellschaft der Welt, den Illuminaten, in der die sogenannte globale "Elite" versammelt war. Am 27. August 1859 stieß Drake an seinem Bohrplatz auf Öl. Unterstützt durch Finanzierungen von Kuhn Loeb und dem von Rothschild kontrollierten französischen Bankenriesen Paribas besaß oder kontrollierte die Standard Oil (1870-1911) im Jahr 1870, dem Jahr der Gründung der Standard Oil, 95% aller Ölraffinerien in Amerika, und 1879 besaß und kontrollierte die Standard Oil 90% der amerikanischen Raffineriekapazität.

1863 traf John D. Rockefeller einen Chemiker namens Samuel Andrews, der eine Abkürzung zur Raffinierung von Kerosin erfunden hatte. Andrews ließ sich als Partner verpflichten und wurde später von Flagler in einer Partnerschaft namens Rockefeller, Andrews & Flagler unterstützt.

1906 versuchte die US-Regierung, Rockefellers Standard Oil Trust zu zerschlagen, da er das Monopol auf das strategische Produkt Öl besaß. Die Öffentlichkeit sah darin ein schädliches Unternehmen und es gab rechtliche Angriffe eines Staates sowie eine Enthüllung von Ida Tarbell im Jahr 1904. (*The History of Standard Oil*) Der Senat bat das US-Justizministerium um Hilfe und 1909 wurde vor dem Bundesgericht ein Prozess angestrengt, in dem behauptet wurde, dass der Standard sich auf folgende Methoden eingelassen hatte, die monopolistischen Praktiken gleichkamen:

> Rabatte, Präferenzen und andere diskriminierende Praktiken zugunsten des Zusammenschlusses von Eisenbahngesellschaften, Beschränkung und Monopolisierung durch die Kontrolle von Pipelines, unfaire Praktiken gegenüber konkurrierenden Pipelines, Verträge mit Konkurrenten mit dem Ziel, den Handel zu beschränken, Wettbewerbsmethoden wie die Senkung lokaler Preise an Punkten, wenn dies zur Unterdrückung des Wettbewerbs erforderlich ist, der Betrieb von scheinunabhängigen Gesellschaften und die Zahlung von Rabatten auf Öl mit dem gleichen Ziel.

Am 5. Mai 1911 ordnete der Oberste Gerichtshof die Auflösung des Monopols des Standard Oil Trust an. Die Richter urteilten:

Sieben Männer und eine korporative Maschine haben sich gegen ihre Mitbürger verschworen. Für die Sicherheit der Republik verordnen wir nun, dass diese gefährliche Verschwörung bis zum 15. November beendet werden muss.

Die Entlarvung der Krake in ihrer Mitte durch den Bericht von John D. von Ida Tarbell, der 1904 in 24 Ausgaben des *McClures Magazine* veröffentlicht wurde, hatte zu viele Menschen alarmiert und es schien endlich so, als würde ein entschlossenes Vorgehen gegen den Rockefeller Trust bevorstehen. Doch leider war dies nur eine Illusion. Da Rockefeller sich von einer Lappalie wie einer Verfügung des Obersten Gerichtshofs gegen ihn nicht einschüchtern ließ, teilte er den Riesen einfach in separate Unternehmen auf und behielt in jedem eine 25-prozentige Mehrheit. Diese Aufspaltung machte Rockefeller tatsächlich reicher, vor allem nachdem William Burton von Standard ein thermisches Cracking-Verfahren entwickelt hatte, das die Ausbeute an Benzin aus Rohöl erhöhte.

Der korporative Staat war an dem Punkt angelangt, an dem der korporative Faschismus von nun an das Kontrollorgan für alle wichtigen außenpolitischen Entscheidungen sein würde, sogar für die wichtigsten von allen, Krieg und Frieden. Mexiko war das erste Land, das die Peitsche des US-Imperialismus zu spüren bekam, kurz nachdem 1910 große Ölvorkommen entlang der Golfküste mit Schwerpunkt auf Vera Cruz und Tampico entdeckt worden waren.

Alles begann damit, dass Präsident Wilson, der für die Interessen von Standard Oil handelte, unter dem durchsichtigsten und fadenscheinigsten Vorwand Truppen nach Vera Cruz schickte. Die USA hatten nicht die Absicht, die Kontrolle über Mexiko zu übernehmen, sondern wollten sicherstellen, dass das mexikanische Öl unter der Kontrolle amerikanischer Unternehmen blieb.

Indem sie eine Revolution nach der anderen anzetteln, halten die USA Mexiko in einem Zustand der Unruhe, während die

Interessen des Standards und Großbritanniens ungestraft sein Öl plündern. John D. hatte denjenigen, die seine "gefährliche Verschwörung" fürchteten, wieder einmal eine lange Nase gedreht.

Die britischen Interessen wurden von Lord Cowdrey (Weetman Pearson) wahrgenommen, dessen verspäteter zufälliger Zwischenstopp in Laredo im Jahr 1901 es ihm ermöglichte, über die von ihm 1910 gegründete Mexican Eagle Petroleum Ltd. an mexikanisches Öl zu gelangen. Nach der ersten mexikanischen "Revolution" verkaufte Weetman Pearson seinen gesamten Ölbesitz in Mexiko an Royal Dutch Shell, ein multinationales Unternehmen mit anglo-niederländischen Wurzeln. Shell war dazu bestimmt, eine "Super-Major"-Ölgesellschaft zu werden.

Der Krieg in Europa verschaffte Mexiko eine Atempause und ermöglichte es dem ordnungsgemäß gewählten Präsidenten Carranza, eine nationale Verfassung auszuarbeiten, die 1917 verabschiedet wurde. Im Gegensatz zu den Behauptungen der Schakale in den US-Medien war General Venustiano Carranza kein wilder Revolutionär, sondern ein gelehrter und gut ausgebildeter Mann aus einer wohlhabenden Familie. Er war staatlicher Gesetzgeber und Vizegouverneur und war nach Meinung aller ein wahrer Patriot Mexikos. Der schwarze Punkt für Standard und die Ölbarone ist Paragraf 27, der der Nation "das direkte Eigentum an allen Mineralien, Erdöl und allen Kohlenwasserstoffen, fest, flüssig oder gasförmig" überträgt. Von nun an war die einzige Möglichkeit für Ausländer, in Mexiko Geschäfte zu machen, die Unterzeichnung einer Vereinbarung, das mexikanische Gesetz vollständig zu respektieren und zu befolgen. Weil er sich den USA (Rockefeller) widersetzte, wurde Carranza 1920 ermordet.

Es folgte eine verleumderische Desinformationskampagne, die die höchste Stufe der Verderbtheit erreichte, um die Kontrolle über das mexikanische Öl seinen rechtmäßigen Besitzern zu entreißen. Als dies jedoch scheiterte, boykottierten alle großen westlichen Ölkonzerne in den folgenden 40 Jahren mexikanisches Öl.

Das 300er-Komitee[1] trat auf den Plan, als die französischen Rothschilds (Alphonse und Edmond) und das schwedische Unternehmen Nobel 1870 ihre Aufmerksamkeit auf Russland richteten und eine Ölgesellschaft namens The Far East Trading Company gründeten. Die Nobel-Brüder hatten jedoch alle Konkurrenten um Öl in Baku, wo sie sich niedergelassen hatten, ausgestochen. Ludwig Nobel wurde daraufhin als "Ölkönig von Baku" bezeichnet.

Das britische Haus Windsor und das niederländische Haus Huis Oranje (Haus der Oranier) taten sich zusammen, um in das Geschäft einzusteigen, und schlossen 1903 ein Abkommen mit Shell Oil, um die Asiatic Petroleum Company zu gründen. Die Bemühungen, die Spannungen in den Ölfeldern von Baku zwischen Standard Oil, Rothschild-Nobel und einigen kleineren russischen Unternehmen abzubauen, blieben erfolglos.

Die Royal Dutch Shell Petroleum Company wurde gegründet, um auf Sumatra, in Indonesien und anderswo im Fernen Osten Öl zu fördern. Ihre Zugehörigkeit zu den "300" öffnete ihnen alle Türen.

Das "Komitee der 300" legte das Tagesgeschäft in die Hände von Marcus Samuel von Hill Samuel, und 1897-1898 stieß der von Marcus Samuel angeheuerte Prospektor und Bohrer Mark Abrahams auf Borneo auf Öl. Die Londoner Investmentbank und das mit ihr verbundene Handelsunternehmen Samuel Montague schlossen sich mit Edmond und Alphonse Rothschild zusammen und gründeten die Asiatic Petroleum Company. Die Rothschilds blieben nicht dabei und verkauften ihre Anteile an Royal Dutch Shell. 1892 verschifft Shell Rohöl aus der Südsee über den Suezkanal zu europäischen Raffinerien.

Es besteht kein Zweifel daran, dass das Unternehmen Royal Dutch Shell des "Komitees der 300" eine der ältesten und größten aller Ölgesellschaften ist, die heute weltweit tätig sind.

---

[1] Vgl. *Die Hierarchie der Verschwörer, Geschichte des Komitees der 300*, John Coleman, Omnia Veritas Ltd, www.omnia-veritas.com.

Ihr Umsatz im Jahr 2005 betrug 306,73 Milliarden US-Dollar. Die verstorbene Königin Juliana der Niederlande, Lord Victor Rothschild, Prinz Nasi von Afrika Sir Ernest Oppenheimer, die Samuels von London und das Haus Windsor sind die größten Aktionäre von Royal Dutch Shell. Nach Julianas Tod gingen ihre Aktien an das Haus Oranien (Niederlande) über.

Die historische Darstellung der Ölindustrie führt uns in die Windungen der "Diplomatie" (Lügen, falsche Versprechungen, Erpressung, Doppelspiel, politischer Druck, Schikanen und unlauterer Diebstahl) um das irakische Land und Öl, das von allen Nationen begehrt wird, am meisten aber von einem imperialistischen Großbritannien, das sich fast ein Jahrhundert lang in die inneren Angelegenheiten des Irak und des Iran eingemischt hat und ein Zugeständnis nach dem anderen verführt, beschwatzt und erpresst hat, auf der Grundlage von nie eingehaltenen Versprechungen und unter der Drohung einer eisernen Hand, die in einem Samthandschuh verborgen ist.

Mit der Entdeckung reicher Rohölvorkommen im Irak und im Iran hat sich in den letzten 95 Jahren ein Zustand lang anhaltender Konflikte mit den USA und den beiden Ländern fortgesetzt.

# KAPITEL 2

## Eine Vision von ölbetriebenen Kriegsschiffen Sir Edward Grey zettelt den Ersten Krieg an weltweit

Kurz vor dem Ersten Weltkrieg wurde eine Kettenreaktion, die das Interesse an Erdöl weckte, durch den Bericht eines britischen Marineoffiziers, Kapitän Fisher, ausgelöst, der behauptete, dass die Zukunft der Marine in ölbetriebenen Kriegsschiffen liege. Später wurde er Lord Fisher, der erste Lord der Admiralität, der schlau genug war, die Möglichkeiten zu erkennen, die sich aus der schwarzen, dickflüssigen Flüssigkeit ergaben, die 1882 in Titusville, Pennsylvania, und Baku, Russland, entdeckt worden war. John D. Rockefeller hatte seine Möglichkeiten als neuer Brennstoff für Öllampen gesehen und taufte es "Brite".[2] Er gründete daraufhin die Standard Oil Company, um die neue Entdeckung zu nutzen.

Im Jahr 1904 wollte Kapitän Fisher, dass die britische Marine von kohleverbrennenden walisischen Kriegsschiffen auf ölverbrennende Schiffe umsteigt. Seine Idee war nicht neu und höchstwahrscheinlich von der Tatsache inspiriert, dass die russischen Schiffe im Kaspischen Meer seit 1870 "Ölschlamm", das sogenannte "Heizöl", verbrannten. Diese Entwicklung war auch Baron Julius de Reuter (dem Patriarchen des Reuter's News

---

[2] "Brillant", Anm. d. Ü.

Service)[3] aufgefallen, der auf diese Entwicklung hingewiesen hatte. Im Jahr 1872 erhielt de Reuter eine fünfzigjährige Konzession, um im Iran nach Öl zu suchen und zu bohren. Er nannte sein Unternehmen die Anglo-Persian Company und 1914 wurde es auf Anraten von Admiral Fisher in British Petroleum Company (BP) umbenannt.

Die Kontrolle der Meere war für Großbritannien lebenswichtig, um seine langen Handelsrouten zu sichern. Admiral Fisher setzte sich bei den Lords der Admiralität dafür ein, dass die britischen Kriegsschiffe mit Ölmotoren ausgerüstet werden sollten, was ihnen seiner Meinung nach einen erheblichen Vorteil gegenüber der deutschen Seemacht verschaffen würde. Im Jahr 1870 drohte Deutschland, die britische Vormachtstellung im Handel zu verdrängen. Britische Führer wie Sir Edward Grey betrachteten dies als ein "Verbrechen", das schließlich zum Krieg führen würde. Kapitän Fisher wies darauf hin, dass es viel weniger Zeit als die 4 bis 9 Stunden dauern würde, die kohlebefeuerte Schiffe benötigen, um ihre volle Leistung zu erreichen; ölbefeuerte Schiffe könnten die gleiche Verfügbarkeit in 30 Minuten erreichen und ihre volle Leistung in nur 5 Minuten erreichen. Das große Problem ist, dass Großbritannien über keine bekannten Rohölreserven verfügt. Es müsste sein Öl aus den USA und Russland importieren, was in Friedenszeiten kein Problem darstellt, in Kriegszeiten aber vielleicht gefährlicher wäre.

Später (1912) erklärte Churchill, der Fishers Nachfolger als Premierminister wurde:

> "... wenn wir es (das Öl) brauchen würden, müssten wir es in Friedens- und Kriegszeiten aus fernen Ländern über See transportieren."

Dennoch verfolgte Fisher seinen Traum weiter und betonte, dass, wenn 500 Männer fünf Tage benötigten, um ein Schlachtschiff zu "verkohlen", die Verwendung von Heizöl nur 12 Stunden für diese Aufgabe von 12 Männern benötigen würde. Außerdem

---

[3] Die berühmte Nachrichtenagentur Reuters, Anm. d. Übers.

wäre die Reichweite eines mit Öl betriebenen Kriegsschiffes bis zu fünfmal größer als die eines mit Kohle betriebenen Schiffes.

Die Lords der Admiralität hielten Fisher jedoch für einen bloßen Träumer - bis Fisher 1904 anerkannt und zum Ersten Lord der Admiralität befördert wurde, nachdem der britische Geheimdienst (MI6) Noten an die Regierung geschickt hatte, in denen die Bedeutung des neuen Rohöls hervorgehoben wurde. Fisher wurde 1912 ermächtigt, eine königliche Kommission zu bilden und zu leiten und ein Komitee zu bilden, das untersuchen und Empfehlungen abgeben sollte, wie Großbritannien seinen zukünftigen Ölbedarf am besten decken könnte.

Lord Palmerston gibt seinen Standpunkt bekannt: Die langjährigen Absichten Großbritanniens gegenüber Ländern mit Rohölvorkommen werden auf einem neuen Credo beruhen: Wir haben keine ständigen Prinzipien mehr, sondern ständige Interessen, die wir unter Ausschluss aller anderen verfolgen. Diese Haltung wird von Winston Churchill hundertprozentig unterstützt, der hinzufügt:

> "Wir müssen die Eigentümer oder zumindest die Kontrolleure an der Quelle zumindest eines Teils des von uns benötigten Öls werden. "

"Jackie" Fisher, der der Königlichen Kommission vorstand, hatte sich nach bescheidenen Anfängen zum Ersten Lord der Admiralität hochgearbeitet. Er wurde 1841 auf Ceylon geboren und auf den Namen John Arbuthnot Fisher getauft. Er trat 1854 in die Royal Navy ein und konzentrierte sich auf technische Entwicklungen. Er gilt allgemein als einer der größten Admiräle der Royal Navy, der klug genug war, um den Bau des Superschlachtschiffs "Dreadnaught" zu überwachen. Fisher gilt als Mann mit großem Format und einer überlegenen Einstellung, die seinen Kollegen nicht gefällt. Das Fisher-Komitee empfiehlt, dass der MI6 in Russland und auf dem Balkan eine führende Rolle spielen soll, und so wird Sydney Riley (Sigmund Georgjewitsch Rosenblum), einer seiner besten Agenten, nach Baku geschickt, um wichtige Ölverträge für Großbritannien zu beschaffen. Riley wurde außerdem beauftragt, mit einem wenig bekannten Australier britischer Abstammung namens William D'Arcy Cox zu verhandeln, der offenbar einen großen Teil der persischen Mineralressourcen unter Vertrag hatte. William Knox D'Arcy (11. Dezember 1849 - 1. Mai 1917) wurde in Newton Abbott, einer englischen Kleinstadt, geboren. Sein Vater war Rechtsanwalt. 1866 wanderte die Familie nach Australien aus und ließ sich in Rockhampton, Queensland, nieder. Die Familie D'Arcy war direkt mit Lord D'Arcy of Knayth verwandt, dem Obersten Richter und Obersten Gouverneur von Irland im 14.

William begann seine Karriere, indem er in die Anwaltskanzlei seines Vaters eintrat, doch dann wandte er sich der Bodenspekulation zu. Er ging eine Partnerschaft mit einer Firma ein, die das Glück hatte, Gold zu finden. Die Partnerschaft finanzierte den Goldfund, indem sie eine Mine namens Mount Morgan Gold Mining Company eröffnete. William Cox machte ein beträchtliches Vermögen, bevor er 1889 nach England zurückkehrte. Im Jahr 1900 beschloss er, sich Wolff, Kitabgi und Cotte anzuschließen und nach Persien zu reisen, um dort nach Öl zu suchen. Er begann 1901 mit dem Schah von Iran, Reza Khan Pahlavi, zu verhandeln.

D'Arcy erhielt vom Schah einen "Firman" (Vertrag), der ihm Folgendes gab

> "die vollen Vollmachten, um auf persischem Boden nach Belieben zu sondieren, zu bohren und zu forschen, infolgedessen alle gesuchten Unterölprodukte ohne Ausnahme sein Eigentum bleiben".

Ein Bohrteam unter der Leitung von George B. Reynolds wurde nach Persien entsandt und D'Arcy begann mit der Suche. Eine Firma wurde gegründet, wobei D'Arcy 500.000 Dollar aus seinem eigenen Geld einbrachte.

Im Gegenzug zahlte D'Arcy die Summe von 20.000 $ plus 16% Lizenzgebühren an Schah Reza Khan Pahlevi jährlich. Die Dinge liefen jedoch nicht gut und 1904 sah sich D'Arcy gezwungen, sich an die Burmah Oil Company zu wenden, die 100.000 $ zur Verfügung stellte, um die Fortsetzung der Bohrung zu ermöglichen. Im Jahr 1907 wurde die Bohrung erfolglos nach Masjid-I-Sulaiman verlegt, wo 1908 mit dem Bohren begonnen wurde. Im April, als das Unternehmen kurz vor dem Zusammenbruch stand, wurde in 11.800 Fuß Öl gefunden, der erste Fund, der Persien (Iran) zum größten Öl produzierenden Land der Welt machen sollte. Im Jahr 1909 verband eine Pipeline das Ölfeld mit einer in Abadan gebauten Raffinerie. William Knox D'Arcy gelang ein Coup, der die Standard Oil bis in ihre Grundfesten erschütterte.

Mit großer Beharrlichkeit fand und traf Reilly D'Arcy, als dieser gerade dabei war, einen von den Pariser Rothschilds vermittelten Vertrag mit der französischen Regierung zu unterzeichnen. Mit welchen Mitteln auch immer (und die waren beträchtlich) beschwatzte Reilly D'Arcy gewissermaßen, einen Vertrag mit der britischen Regierung (im Namen des Hauses Windsor) zu unterzeichnen, just zu dem Zeitpunkt, als D'Arcy dabei war, einen Vertrag mit den Franzosen zu unterzeichnen.

1909 wird eine Gesellschaft gegründet, die Anglo Persian Oil Company, deren Hauptaktionäre das Haus Windsor, das Haus Oranien und Baron de Reuter sind, mit D'Arcy als Direktor. Der britische Vertrag war Reillys Meisterstück und brachte ihm eine besondere Autoritätsposition ein, als die bolschewistische Revolution begann. Er wurde damit beauftragt, von der bolschewistischen Regierung Verträge über strategische Mineralien und Metalle zu erhalten. Vor diesem entscheidenden Ereignis (1902) hatte der Geologe von Queen Victoria die Existenz großer Ölvorkommen in Mesopotamien (das unter dem britischen Mandat in Irak umbenannt wurde) bescheinigt, das damals seit 1534 zum türkischen Osmanischen Reich gehörte.

Queen Victoria spielte ihre Karte der "Kanonenbootdiplomatie" aus und stationierte britische Kriegsschiffe am unteren Ende der Wasserstraße Shaat al Arab unter der Herrschaft des korrupten Mubarak al-Sabah, der 1896 durch die Ermordung seiner beiden Halbbrüder an die Macht gekommen war, und informierte die Türkei, dass das Gebiet (später Kuwait genannt) nunmehr ein britisches Protektorat sei.

Der nächste Schritt, um das Gebiet für die britische Regierung zu sichern, war die Unterzeichnung einer Vereinbarung über die Ölkonzession durch Scheich al Sabah mit "der kaiserlichen englischen Regierung". Die Vereinbarung wurde durch einen "lebenslangen Pachtvertrag" gefestigt. Darauf folgte eine zweite, mit Scheich al-Sabah unterzeichnete Vereinbarung, der zufolge "keine andere Person als die von der britischen Regierung ernannte" eine Konzession erhalten würde. Es scheint, dass die Ölversorgung der britischen Marine nunmehr gesichert ist. Bei all dem wurde die unbestreitbare Tatsache vergessen, dass das Land namens "Kuwait" wie schon in den letzten 400 Jahren zum Irak gehörte und dass die nördliche "Grenze" Kuwaits durch die damals reichsten Ölfelder der Welt verlief, das Rumaila-Ölfeld, das dem Irak gehörte.

Auf diese Weise wurde eine sehr große Menge Öl aus der alten Nation Mesopotamien, die zu Irak wurde, als die Briten diesen Namen für ihr neues Mandat nach dem Ersten Weltkrieg erfanden, raubkopiert. Die deutsche Marine hatte daher keine bekannte Möglichkeit, an Öl für die Verölung ihrer Kriegsschiffe zu gelangen, deren Umrüstung 1909 vor der Umrüstung der mit Öl betriebenen britischen "Dreadnaught"-Kriegsschiffe begonnen hatte. Admiral Fishers Pläne für die Umstellung der britischen Marine waren nicht länger die Träumereien eines Träumers und die ersten Schiffe der neuen "Dreadnaught"-Klasse wurden von Winston Churchill in Auftrag gegeben, der Fisher als Erster Lord nachfolgte.

1911 drängte Churchill seine Regierung, anzuerkennen, dass eine starke Präsenz im Persischen Golf von entscheidender Bedeutung ist, wenn die britische Marine weiterhin "die Meere beherrschen" will. 1912 setzte das britische Parlament eine königliche Kommission für Erdöl und den Erdölmotor unter dem Vorsitz von Lord Fisher ein. Es wurde anerkannt, dass Öl eine entscheidende Rolle im bevorstehenden Krieg spielen würde. Dies war der Beginn einer perfiden Führung, die auch als "Öldiplomatie" bezeichnet wird und bis heute andauern sollte. Zur gleichen Zeit machte sich Großbritannien daran, Öl für seine Marine zu beschaffen und drang zu diesem Zweck in die Ölfelder Mexikos und des Nahen Ostens ein. Die imperiale

Ölpolitik Großbritanniens wurde in einem geheimen Memo beschrieben, das von Sir Arthur Hirtzel verfasst wurde:

"Was wir aufbauen wollen, was wir damals hätten aufbauen sollen, ist eine Verwaltung mit arabischen Institutionen, die wir sicher verlassen können, während wir selbst die Fäden ziehen; etwas, das nicht viel kosten wird und das die Labour-Regierung gemäß ihren Prinzipien schlucken kann, unter dem aber unsere wirtschaftlichen und politischen Interessen gesichert sind.

Wenn die Franzosen in Syrien bleiben, müssen wir vermeiden, ihnen den Vorwand zu liefern, ein Protektorat zu errichten. Wenn sie gehen oder wir in Mesopotamien als reaktionär erscheinen, besteht immer die Gefahr, dass König Faisal die Amerikaner ermutigt, die Kontrolle über beide Länder zu übernehmen... "

Diese hinterhältige imperiale Politik färbte auf die Vereinigten Staaten ab, die diese Aufgabe mit großem Eifer übernahmen. Es kann nicht viele Menschen mit wirklicher Kenntnis der Verstrickungen in Afghanistan und im Irak geben, die nicht wissen, dass der einzige und alleinige Grund für die Präsenz der US-Streitkräfte in diesen beiden Ländern der Heilige Gral des Öls und anderer Kohlenwasserstoffe ist. Unter streng geheimen Bedingungen kaufte die britische Regierung eine Mehrheitsbeteiligung an der Anglo-Persian Oil Company, obwohl diese damals aufgrund mangelnder Erfolge bei der Suche nach Öl im Iran kurz vor dem Bankrott stand. Heute heißt das Unternehmen "British Petroleum" (BP) und ist eines der Vorzeigeunternehmen des Komitees der 300.

Alarmiert von den wachsenden industriellen Fähigkeiten und der Expansion des internationalen Handels, die Deutschland genoss, stattete König George, der Königin Victoria nachgefolgt war, am 14. April 1914 in Begleitung seines Außenministers Sir Edward Grey Paris einen sehr ungewöhnlichen Besuch ab. Sir Edward, Sohn des Oberstleutnants George Grey, studierte am Balliol College in Oxford und wurde 1892 von William Gladstone zum Sekretär für Auswärtige Angelegenheiten ernannt. Dieser sollte

Frankreich davon überzeugen, sich mit England in einem geheimen Militärbündnis gegen Deutschland und Österreich zusammenzuschließen.

Der König sagte der französischen Regierung nicht, dass sein Land bankrott war, sonst wäre nach diesem Besuch kein Bündnis zustande gekommen. Vielmehr wurde der Staatsbankrott in einem Memorandum des britischen Schatzamtes an Schatzkanzler Lloyd George vom 12. Mai 1914 festgehalten, in dem die Tatsache in klaren Worten dargelegt wurde.

Die Geschichte zeigt, dass der Abschluss eines Abkommens mit Frankreich keinen anderen Zweck hatte, als als Vorwand zu dienen, um in Kriegszeiten "einem Verbündeten zu Hilfe zu kommen". (Die gleiche Ausflucht wird 1939 verwendet.) Grey machte die Verteidigung Frankreichs gegen die deutsche Handelsexpansion zum Hauptschwerpunkt der britischen Außenpolitik. Die Tatsache, dass die Zusagen an Frankreich im Geheimen ausgehandelt werden, weckt bei den Oppositionsabgeordneten im Parlament große Bedenken, darunter Charles Trevelyn, der wütend zurücktritt, George Cadbury, E.D. Morel und Ramsay McDonald. Ihre Zweifel erwiesen sich als begründet, als Grey am Vorabend des Ersten Weltkriegs vor dem Parlament erklärte, er habe "keine andere Wahl, als die Verpflichtungen Großbritanniens gegenüber Frankreich zu erfüllen", indem er sich am Krieg Frankreichs gegen Deutschland beteiligte. Das war "Diplomatie durch Täuschung"[4] in ihrer hässlichsten Form und die direkte Ursache des Ersten Weltkriegs mit seinen hässlichen Massakern, enormen Verlusten an Menschenleben und der sinnlosen Zerstörung von Eigentum. Vielleicht wird die Geschichte eines Tages zeigen, dass der Erste Weltkrieg ohne Edward Grey nicht stattgefunden hätte. Die unverzeihliche Sünde der Handelsexpansion Deutschlands und sein Wunsch, ein eigenes Handelssystem und einen eigenen Austauschmechanismus zu

---

[4] Vgl. *Diplomatie durch Lügen - ein Bericht über den Verrat der Regierungen von England und den Vereinigten Staaten*, John Coleman, Omnia Veritas Ltd, www.omnia-veritas.com.

schaffen, mussten zumindest nach Ansicht von Lord Grey gebremst werden.

Der britisch-französische Pakt, der auf der Außenpolitik des einzigen Sir Edward Grey beruhte und im Geheimen geschlossen wurde, bereitete den Boden für den Ersten Weltkrieg, den blutigsten Krieg, der je geführt wurde. Am 28. Juli 1914, nur drei Monate nach der Unterzeichnung des britisch-französischen Militärabkommens, wurde Erzherzog Franz Ferdinand von Österreich in Sarajevo ermordet. Greys Politik sah vor, dass Deutschland praktisch ausgelöscht werden sollte und dass Großbritannien die natürlichen Ressourcen erhalten sollte, die es für das Ziel einer neuen Weltordnung benötigte. Die Notwendigkeit, die Ölversorgung von Anfang an zu sichern, war ein wesentlicher Bestandteil des Plans und das einzige Detail, das aus allen Dokumenten Sir Edwards hervorgeht.

Im August 1914 ging Europa in den Flammen des Ersten Weltkriegs auf, des brutalsten und schrecklichsten Krieges unserer Zeit, mit zig Millionen Opfern, die sich dem menschlichen Verstand entziehen. Die Ermordung von Erzherzog Ferdinand, als er Sarajevo in Serbien besuchte, war der zweite eklatante Einsatz vieler "erfundener Situationen", die geschaffen werden mussten, um Kriege zu provozieren, und nicht das "unzivilisierte" Deutschland, sondern das "zivilisierte" Großbritannien und später die Vereinigten Staaten waren die Urheber und Planer dieser schrecklichen Strategie. Während des gesamten Ersten Weltkriegs sollte Öl die Schlüsselrolle bei der Fortsetzung des britischen Imperialismus spielen, der mit den Opiumkriegen in China begonnen und sich mit dem Anglo-Boarischen Krieg (1899-1903) fortgesetzt hatte. Im Jahr 1917 gab es kaum eine Industrienation, die sich der Bedeutung des Öls nicht voll bewusst war, und man erinnere sich an Präsident Clemenceaus eindringlichen Appell an Wilson, Frankreich "Öl" zu schicken:

> *Die Sicherheit der Alliierten steht auf dem Spiel. Wenn die Alliierten den Krieg nicht verlieren wollen, dann dürfen sie zum Zeitpunkt der großen deutschen Offensive nicht zulassen, dass Frankreich das Benzin ausgeht, das in den*

*Schlachten von morgen so notwendig ist wie Blut.*

Am 6. September 1914 waren die Londoner Zeitungen voll von Berichten über die Pariser Taxiarmada des französischen Generals Joseph Gallieni, der es eilig hatte, die Truppen zu den Frontlinien zu transportieren. Ohne "Benzin" für die von ihm requirierte motorisierte Armada von Taxis und Bussen wäre Frankreich wenige Monate nach Beginn der Feindseligkeiten besiegt worden. An diesem Punkt der Geschichte beginnt man zu verstehen, warum König George und Edward Grey einen Pakt mit Frankreich schlossen.

Es ging darum, Großbritannien die indirekte Entschuldigung zu geben, "Frankreich zu Hilfe zu kommen", um Deutschland anzugreifen. John D. war schnell bereit, auf Clemenceaus Ruf nach "Öl" zu reagieren und verschickte umfangreiche amerikanische Lieferungen an die französischen Streitkräfte zu einem Zeitpunkt, als Deutschland von seiner alten rumänischen Quelle abgeschnitten war, die 1916 von Colonel "Empire" Jack Norton vollständig zerstört worden war, um zu verhindern, dass Baku in die Hände der Deutschen fiel. Wie der britische Außenminister Lord Curzon in einer Rede beim Siegesdinner am 21. November 1918, zehn Tage nach der Unterzeichnung des Waffenstillstands, erklärte :

> *Die Alliierten wurden von einer Flut von Öl zum Sieg getragen. Wie hätten sie ohne Öl die Mobilität ihrer Flotte, den Transport ihrer Truppen oder die Herstellung von Sprengstoff gewährleisten können?*

Da die Nationen, die Öl unter der Oberfläche ihres Bodens besaßen, dies bald entdecken würden, wäre das Öl von nun an kein Trumpf mehr, sondern dank der raffgierigen imperialen Mächte ein Fluch. Unbemerkt von der Welt war der Völkerbund nur ein kaum verkleidetes Vehikel für massives Landgrabbing, wobei eines seiner ersten Opfer Palästina war. Russland sollte kein Partner sein, eine Tatsache, die im November 1917 aufgedeckt wurde, als die Bolschewiki ein Versteck mit Geheimdokumenten fanden, aus denen hervorging, dass Großbritannien und die Vereinigten Staaten einen Plan formalisiert hatten, das Osmanische Reich zu häuten und es unter sich und einigen ausgewählten "verbündeten" Mächten aufzuteilen. Die geheime Vereinbarung war im Februar 1916 getroffen worden, mitten im Krieg, dessen Hauptopfer die russische Armee war.

Das perfide Verhalten des imperialen Großbritanniens und der Vereinigten Staaten setzte sich bis 2006 fort, als die Vereinigten Staaten unter der Führung eines Präsidenten der sogenannten konservativen Republikanischen Partei, G.W. Bush, behaupteten, er und nur er könne einen "Erstschlag" gegen eine Nation anordnen, die den Vereinigten Staaten keinen Schaden zugefügt hatte, indem er sich völlig und vorsätzlich über die amerikanischen Gesetze, die Verfassung und das "Recht des Volkes" von Vattel sowie alle Genfer Konventionen und die Nürnberger Protokolle hinwegsetzte. Dieses Buch ist eine Erzählung über die kaum verhohlene imperiale Aggression zweier der mächtigsten Nationen, der USA und Großbritanniens, unterstützt und ermutigt von Komplizen, die die Tiefen der Verderbtheit und Täuschung ausloteten, um an den reichen Ölpreis zu gelangen. "Die Wahrheit ist seltsamer als die Fiktion" und der Öl-Imperialismus der USA, der 1917 in der offiziellen Politik verwurzelt wurde, wurde dieser Binsenweisheit gerecht. Harold Ickes war im Dezember 1942 der Ölkoordinator für die nationale Verteidigung, als das Außenministerium Folgendes aushängte:

> "Wir sind fest davon überzeugt, dass die Entwicklung der Ölressourcen Saudi-Arabiens im Lichte des allgemeinen nationalen Interesses betrachtet werden muss. "

Es war das erste Mal, dass die nationale Sicherheit der USA mit einer fremden Nation in Verbindung gebracht wurde, die weit von der Küste entfernt war. Es markierte einen großen Schritt in den imperialistischen Handlungen der USA von einem passiven zu einem aktiven Staat. Der Irak bestätigt die Gültigkeit dieser Prämisse. Die USA begannen, in Bezug auf das irakische Öl die gleiche Rolle zu spielen, die Großbritannien im letzten Jahrhundert gespielt hatte. In den letzten fünfundneunzig Jahren haben wir erlebt, wie Großbritannien und seine imperialistischen Verbündeten nie davor zurückschreckten, sich zur elementarsten Verderbtheit herabzulassen, um den begehrten und so lange ersehnten ersten Ölpreis zu erhalten.

Die Geschichte Großbritanniens ist die Erzählung einer reichen und mächtigen Nation, die sich verschworen hat, kleinere, ärmere und schwächere Nationen auszurauben, und das ist eine sehr mühsame Lektüre. Es wirkt zunehmend wie eine Wiederholung des britischen Krieges gegen die Buren im Jahr 1899. Damals ging es in dem Konflikt darum, dass die Buren-Nation sich weigerte, ihr Gold herauszugeben. Heute dreht sich der "Konflikt" um die Weigerung des Iraks, sein "schwarzes Gold" herauszugeben.

Die Ölförderung im Irak entwickelte sich vor dem Hintergrund erfundener Situationen, geheimer Absprachen, Täuschungen, politischer Einmischung und schließlich der letzten "Diplomatie" von allen, derjenigen aus Gewehrläufen. Aus meiner Sicht als qualifizierter Ökonom und Historiker, der vor Ort als Agent tätig ist, verfasst und durch 25 Jahre Forschung gestützt, verwirrt dieses Buch die plumpen Propagandisten, die die Ölbarone unterstützt haben. Ich versichere Ihnen, dass der "Konflikt" mit dem Irak ganz anders aussehen wird, wenn Sie dieses informative Buch gelesen haben, das auf geheimen, der Öffentlichkeit nicht zugänglichen historischen Archiven, privaten und persönlichen Papieren der Reichen und der infamen Berichterstattung über die imperialistischen Angriffskriege der USA zur Sicherung der Rohölversorgung beruht.

Eine Sache, die wir schnell lernen werden, ist, dass die USA seit 100 Jahren eine Politik der Aggression gegen alle Nationen verfolgen, die über Öl als natürliche Ressource verfügen, mit intensiven Bemühungen, sie durch Instabilität und direkte Einmischungsakte in ihre inneren Angelegenheiten zu untergraben, wie es im Fall von Mexiko geschehen ist, was in völligem Widerspruch zum Völkerrecht und zur Verfassung der Vereinigten Staaten steht. Die Ölindustrie hat die Außenpolitik der USA diktiert, die das amerikanische Volk Milliarden und

Abermilliarden Dollar gekostet hat, seit die US-Marines auf Befehl von Präsident Wilson in Tampico eingriffen.

Diese Politik hat vor kurzem eine erstaunliche Bestätigung erhalten, die zeigt, dass die Welt weit über das Stadium der "Verschwörung" hinausgewachsen ist und sich zu einer "offenen Verschwörung" entwickelt hat. Mitte 2006 veröffentlichte der Autor John Perkins ein erstaunliches Buch mit dem Titel *Confessions of an Economic Hit man*,[5] das vieles von dem bestätigt, was ich bereits seit 1971 recht ausführlich darüber geschrieben habe, wie die USA vorgehen, um Regierungen zu stürzen, die ihnen nicht gefallen und die sich nicht ihren Forderungen fügen. Ich zitiere aus Perkins' Buch :

> In den letzten 30 bis 40 Jahren haben wir, die Wirtschaftskiller, tatsächlich das erste echte Weltreich (die USA) geschaffen, und zwar hauptsächlich durch die Wirtschaft, wobei das Militär nur als allerletztes Mittel zum Einsatz kam.

Folglich wurde es eher im Geheimen durchgeführt. Die meisten Amerikaner haben keine Ahnung, dass wir dieses Imperium geschaffen haben, und in der Tat wurde es weltweit sehr diskret gehandhabt, im Gegensatz zu den alten Imperien, wo das Militär mit Macht einmarschierte; es war offensichtlich. Also denke ich, dass die Bedeutung der Sache, die Tatsache, dass mehr als 80% der Bevölkerung Südamerikas kürzlich für einen antiamerikanischen Präsidenten gestimmt haben, und was in der Welthandelsorganisation passiert, und auch. Tatsächlich bedeutet der Streik der öffentlichen Verkehrsmittel hier in New York, dass die Menschen zu verstehen beginnen, dass die Mittelschicht und die Unterschichten auf der ganzen Welt schrecklich, schrecklich ausgebeutet werden von dem, was ich die Konzernaristokratie nenne, die dieses Imperium, die Vereinigten Staaten, wirklich regiert.

Perkins erklärt anschließend, was es bedeutet, ein

---

[5] Vgl. *The Confessions of a Financial Assassin*, John Perkins, ARIANE, 2016.

wirtschaftlicher Auftragskiller zu sein :

> Was wir gemacht haben ... wir verwenden viele Techniken, aber wahrscheinlich ist die gängigste, dass wir in ein Land gehen, das Ressourcen hat, die unsere Unternehmen begehren, wie Öl, und wir arrangieren einen riesigen Kredit an dieses Land durch eine Organisation wie die Weltbank oder eine ihrer Schwestern, aber fast das gesamte Geld geht an amerikanische Unternehmen, nicht an das Land selbst. Firmen wie Bechtel und Haliburton, General Motors, General Electric, diese Art von Organisationen, und sie bauen riesige Infrastrukturprojekte in diesem Land; Kraftwerke, Autobahnen, Häfen, Industrieparks und Dinge, die den sehr Reichen dienen und die Armen nie erreichen. Tatsächlich leiden die Armen, weil die Kredite zurückgezahlt werden müssen, und es sind riesige Kredite, und die Rückzahlung dieser Kredite bedeutet, dass die Armen keinen Zugang zu Bildung, Gesundheit und anderen sozialen Diensten haben, und das Land hat eine riesige Verschuldung, und das alles mit Absicht.

> Wir gehen als wirtschaftliche Auftragskiller zurück in dieses Land und sagen ihnen: "Hört zu, ihr schuldet uns eine Menge Geld. Sie können Ihre Schulden nicht zurückzahlen, also geben Sie uns ein Pfund Fleisch. Verkauft unseren Ölfirmen euer Öl zu einem niedrigen Preis oder stimmt bei der nächsten UN-Abstimmung mit uns oder schickt Truppen zur Unterstützung unserer Truppen an einen Ort auf der Welt, wie den Irak". Und auf diese Weise haben wir es geschafft, ein Weltreich aufzubauen, bei dem nur wenige Menschen wissen, was wir getan haben.

Bei der Erklärung, wie das System funktionierte und wie es eingesetzt wurde, enthüllte Perkins, dass er zunächst von der National Security Agency (NSA) angeworben worden war.

Perkins wurde jedoch mit der Begründung abgelehnt, dass er "eine Reihe von Schwächen in meinem Charakter" habe, und so wurde er zur Arbeit für eine private Firma geschickt, beginnend mit Charles T. Main, einer großen Beratungsfirma in Boston, wo er als Wirtschaftswissenschaftler mit etwa 20 Mitarbeitern begann.

Meine Aufgabe war es, diese Länder davon zu überzeugen, so hohe Kredite zu akzeptieren, die Banken dazu zu bringen, die Kredite zu gewähren, die Transaktionen in die Wege zu leiten, damit das Geld an die amerikanischen Unternehmen ging. Das Land hatte am Ende riesige Schulden, und dann ging ich mit einem meiner Leute hin und sagte: "Hören Sie, Sie wissen, dass Sie uns dieses Geld schulden. Sie können Ihre Schulden nicht bezahlen. Geben Sie uns dieses Pfund Fleisch".

Die andere Sache, die wir tun, und was gerade in Südamerika passiert, ist, dass, sobald einer dieser anti-amerikanischen Präsidenten gewählt wird, wie Evo Morales (aus Bolivien), einer von uns hingeht und sagt: "Hey, herzlichen Glückwunsch, Herr Präsident. Jetzt, wo Sie Präsident sind, möchte ich Ihnen nur sagen, dass ich Sie und Ihre Familie sehr reich machen kann. Wir haben mehrere hundert Millionen Dollar in der Tasche, wenn Sie das Spiel auf unsere Weise spielen. Falls Sie sich entscheiden, es nicht zu tun, habe ich in dieser Tasche eine Pistole mit einer Kugel mit Ihrem Namen darauf, für den Fall, dass Sie sich entscheiden, Ihre Wahlkampfversprechen zu halten und uns rauszuschmeißen".

Ich kann diesen Mann dazu bringen, dass er und seine Familie durch Verträge viel Geld verdienen, mit verschiedenen quasi-legalen Mitteln. Wenn er das nicht akzeptiert, wird ihm das Gleiche passieren wie Jamie Roldos in Ecuador oder Omar Torrijos in Panama und Allende in Chile, und wir haben es mit Chavez in Venezuela versucht und versuchen es immer noch. Wir werden Leute schicken, die ihn stürzen, wie wir es kürzlich mit dem Präsidenten von Ecuador getan haben.

In den 1970er Jahren sorgte Torrijos für viel Aufsehen und weltweite Schlagzeilen, weil er forderte, dass der Panamakanal den Panamaern zurückgegeben werden sollte. Ich wurde nach Panama geschickt, um ihn davon zu überzeugen, dass er das Spiel auf unsere Weise spielen sollte. Und er lud mich in einen kleinen Bungalow außerhalb von

Panama City ein und sagte: "Hören Sie, wissen Sie, ich kenne dieses Spiel und wenn ich es auf Ihre Weise spiele, werde ich sehr reich, aber das ist für mich nicht wichtig. Wichtig ist, dass ich meinen Armen helfe". Torrijos war kein Engel, aber er setzte sich sehr für seine Armen ein. Also sagte er: "Ihr könnt das Spiel auf meine Weise spielen oder ihr könnt dieses Land verlassen".

Ich sprach mit meinen Chefs und wir waren uns alle einig, dass ich bleiben sollte. Aber ich wusste, dass die ganze Welt Torrijos wegen der Panamakanalfrage beobachtete und dass, wenn er sich nicht besinnen würde, die Schakale wahrscheinlich auf den Plan treten würden. Wir würden nicht nur Panama verlieren, sondern er würde auch ein Beispiel geben, dem andere folgen könnten. Ich war also sehr besorgt. Ich mochte Torrijos und einer der Gründe, warum ich ihn durchsetzen wollte, war nicht nur, weil es mein Job war, sondern weil ich wollte, dass er überlebt, und weil er nicht mitspielte, wurde er ermordet.

Das Flugzeug stürzte in ein Feuer und später gab es keinen Zweifel daran, dass ihm beim Betreten des Flugzeugs ein Kassettenrekorder übergeben worden war, der eine Bombe enthielt. Ich kenne die Personen, die später die Ermittlungen durchführten, und es ist an vielen Stellen ziemlich gut dokumentiert, und ich war persönlich über die Vorgänge informiert. Unsere offizielle Linie war, dass es natürlich nicht das war, was passiert war. Das Flugzeug war lediglich gegen einen Berg geprallt. Aber es gab keinen Zweifel und wir erwarteten, dass es passieren würde.

Das haben wir auch bei Saddam Hussein versucht. Als er sich nicht kooperativ zeigte, versuchten die wirtschaftlichen Auftragskiller, ihn zur Vernunft zu bringen. Wir haben versucht, ihn zu ermorden. Aber das war der interessante Punkt, denn er hatte einen ziemlich loyalen Sicherheitsdienst, und außerdem hatte er viele Doppelgänger, und was man nicht sein will, ist der Leibwächter eines Doppelgängers, und man denkt, das ist der Präsident, und man nimmt viel Geld für ein Attentat auf ihn an und ermordet den Doppelgänger, weil wenn du das tust, dann ist dein Leben und das deiner Familie nicht mehr viel wert, also konnten wir Saddam Hussein nicht erreichen, und deshalb haben wir das Militär geschickt.

Saddam Hussein befand sich viele Jahre lang in der Tasche der USA - aber wir wollten ein endgültiges Abkommen, ähnlich dem, das wir mit Saudi-Arabien geschlossen haben. Wir wollten, dass Saddam sich wirklich an unser System anpasst, und er weigerte sich, dies zu tun. Er akzeptierte unsere Kampfflugzeuge, unsere Panzer und unsere chemischen Fabriken, die er zur Herstellung von Chemiewaffen nutzte.... Er akzeptierte all das, aber er wollte sich nicht an unserem System orientieren, sodass wir riesige Entwicklungsorganisationen zum Wiederaufbau seines Landes heranziehen konnten, wie es die Saudis nach westlichem Vorbild getan hatten. Und das haben wir versucht, ihn davon zu überzeugen und auch zu garantieren, dass er das Öl immer gegen US-Dollar statt gegen Euro tauschen und den Ölpreis in einem für uns akzeptablen Rahmen halten würde. Er hat sich diesen Forderungen nicht gebeugt. Hätte er sie erfüllt, wäre er immer noch Präsident.

Perkins erklärt viel über die Funktionsweise des "Imperiums", aber ich denke, ich habe Ihnen als Leser genug Material geliefert, um Sie davon zu überzeugen, wie diejenigen, die die imperialistische Politik der USA verfolgen, mit fremden Ländern umgehen. Ein weiteres erstklassiges Beispiel, das Perkins enthüllt hat, ist der Marshall-Plan. Nach dem Ende des Zweiten Weltkriegs wurde der Marshallplan umgesetzt, angeblich um die Erholung Europas, insbesondere Deutschlands, zu beschleunigen. Weniger bekannt ist, dass der größte Teil der Marshallplan-Finanzierung, nämlich Milliarden von Dollar, an US-Unternehmen ging, um Öllieferungen für die USA zu kaufen und zu sichern, die nichts mit der Erholung Deutschlands zu tun hatten. Aus den Archiven des Außenministeriums geht hervor, dass nicht weniger als 10% der Marshallplan-Mittel an Standard Oil of New Jersey (EXXON) Soon-Vacuum (Mobil), Standard Oil of California, (Chevron) Texaco und Gulf Oil gingen.

Ihnen wurde gesagt, sie sollten in Ecuador, Venezuela, Baku, Peru, Irak, Iran und den Philippinen eingesetzt werden - allesamt Länder, die unter den Angriffen der imperialistischen Vereinigten Staaten zu leiden hatten. Nach dem Zweiten Weltkrieg entstand in Indien eine antikoloniale Bewegung, die sich über die ganze Welt ausbreitete, da die Nationen beschlossen, dass sie die Aneignung ihrer natürlichen Ressourcen, für die sie nur einen Hungerlohn erhielten, nicht länger dulden würden. Doch diese Bewegung konnte den Vormarsch des Konzernfaschismus nicht aufhalten, der praktisch unvermindert weiterging.

Heute, im Jahr 2008, sind wir Zeugen der Hetze gegen den Irak, den Iran und die Region des Kaspischen Meeres - als Teil eines imperialen Krieges, der darauf abzielt, die vollständige Kontrolle über die Rohölressourcen zu erlangen. Wir haben die falschen Trompetenrufe von George Bush gehört, die vom Speichellecker Blair aufgegriffen wurden, wonach der Iran eine Bedrohung für den Weltfrieden sei, während eine kürzlich durchgeführte groß angelegte Umfrage der Europäischen Union ergab, dass die Europäer Präsident Bush und die Vereinigten Staaten als die eigentliche Bedrohung für den Weltfrieden ansehen. Hier haben wir also eine weitere Reihe von Politikern, die ihre falschen Botschaften über den Äther verbreiten. In den letzten siebzehn Jahren (seit 1991), als der ehemalige Präsident Bush diese Nation in einen imperialistischen, verfassungswidrigen und illegalen Krieg gegen den Irak hineingezogen hat und es ihm nicht gelungen ist, die Kontrolle über den zweitgrößten Ölproduzenten der Welt zu erlangen, war das Volk der Vereinigten Staaten einem ständigen Sperrfeuer der Propaganda gegen den Irak ausgesetzt. Das erinnert uns daran, was der bolschewistische Führer Bakunin 1814 sagte, als er vor der Art von skandalöser Propaganda warnte, die von den Raubbaronen der Ölindustrie auf das amerikanische Volk gerichtet wurde:

> Lügen durch Diplomatie. Die Diplomatie hat keine andere Aufgabe. Jedes Mal, wenn ein Staat einem anderen Staat den Krieg erklären will, startet er zunächst ein Manifest, das nicht

nur an seine eigenen Untertanen, sondern an die ganze Welt gerichtet ist.

In diesem Manifest erklärt sie, dass Recht und Gerechtigkeit auf ihrer Seite sind, und sie bemüht sich zu beweisen, dass sie nur von der Liebe zum Frieden und zur Menschlichkeit getrieben wird und dass sie, von großzügigen und friedlichen Gefühlen durchdrungen, lange Zeit still gelitten hat, bis die zunehmende Ungerechtigkeit ihres Feindes sie dazu zwang, ihr Schwert zu entblößen. Gleichzeitig schwört sie, dass sie, da sie jede materielle Eroberung verachtet und keine Gebietsvergrößerung anstrebt, diesen Krieg beenden wird, sobald die Gerechtigkeit wiederhergestellt ist. Und ihre Antagonisten antworten mit einem ähnlichen Manifest, in dem natürlich das Recht, die Gerechtigkeit, die Menschlichkeit und alle großzügigen Gefühle jeweils auf ihrer Seite zu finden sind.

Diese einander entgegengesetzten Manifeste sind mit der gleichen Eloquenz geschrieben, sie atmen die gleiche tugendhafte Empörung, und das eine ist so aufrichtig wie das andere, das heißt, sie sind beide schamlos in ihren Lügen, und nur Dummköpfe lassen sich von ihnen täuschen. Vernünftige Menschen, all jene, die eine gewisse politische Erfahrung haben, machen sich nicht einmal die Mühe, solche Manifeste zu lesen.

Eine der größten und am häufigsten wiederholten Lügen im Manifest der Bush-Cheney-Öl-Junta ist, dass der Irak "sein eigenes Volk vergast" habe. Diese vielfach wiederholte Behauptung, die auch von Blair immer wieder aufgegriffen wurde, bezieht sich auf die Vergasung der Bewohner eines kurdischen Dorfes. Es stellte sich heraus, dass die Raketen mit Nervengas, die auf das Dorf niedergingen, vom Iran abgefeuert worden waren, was das Office of Naval Intelligence (ONI) später bestätigte und betonte, dass die Art des verwendeten Giftgases (verdicktes somanisches Nervengas) nicht aus dem irakischen Arsenal stammte.

Aber das hielt die Lüge nicht davon ab, immer und immer wieder wiederholt zu werden, um die Menschen in den USA davon zu überzeugen, dass der Krieg der Cheney-Öljunta gegen den Irak ein "gerechter Krieg anstelle eines imperialistischen Strebens nach der Kontrolle über das irakische Öl" sei. Das Folgende ist ein Auszug aus dem *World In Review Insider Report* vom April 1991, Band Nr. I :

> Die Wahrheit ist, dass die Regierungen der USA und Großbritanniens die Kurden betrogen haben. Nach den Palästinensern waren es die Kurden, die mit ansehen mussten, wie London und Washington die meisten Versprechen feierlicher Verpflichtungen nicht einhielten. Bis vor kurzem hatte das amerikanische Volk keine Ahnung, wer das kurdische Volk war oder wo es lebte. Ebenso wie die irakische Nation waren auch die Kurden für die Amerikaner eine unbekannte Nation.

1991 folgte der imperiale Krieg gegen den Irak, der zu einem Völkermord an der irakischen Nation führte und ihr Land verwüstete. Nach diesem Krieg versprach die britische Regierung, die auf eine lange Geschichte der Unterdrückung der Kurden zurückblicken kann, Bush, die kurdischen Guerillakämpfer wieder zu bewaffnen, um sie als amerikanische Söldner einzusetzen und Präsident Hussein zu stürzen. Das Komplott wurde jedoch vorzeitig ausgeführt und blieb erfolglos, was Bush dazu veranlasste, überstürzt Distanz zwischen seine Regierung und die betrogenen Kurden zu bringen. Eine kurze Geschichte des kurdischen Volkes könnte helfen, die Dinge in die richtige Perspektive zu rücken. Das in der nordwestlichen Ecke des Irak (und beachten Sie, dass es sich um den IRAK handelt) gelegene Kurdistan war schon immer der einzige halbautonome Staat in der Region.

Im Jahr 1900 übernahm Großbritannien infolge einer allgemeinen britischen Einmischung in die Angelegenheiten der Türkei und Persiens die Kontrolle über große Teile der Region, die in einem 1907 unterzeichneten Vertrag festgelegt worden waren. Persien war mit dieser Regelung nicht zufrieden und schickte eine Delegation zur Pariser Friedenskonferenz in Versailles, um die Aufhebung des Vertrags von 1907 zu fordern, der den Briten Transkaspien, Merv, Chiwa, Derbent, Eriwan und

Kurdistan übertrug, doch die Briten konnten die Forderung nach Aufhebung blockieren. 1919 marschierten die Briten in Bagdad ein. 1922 schlossen die Briten ein Militärabkommen mit dem Irak. Im Juni desselben Jahres rebellierten die Kurden und kämpften ein ganzes Jahr lang gegen die britischen Streitkräfte. Die Briten setzten umfangreiche Luftangriffe und Giftgas ein, um die Rebellion niederzuschlagen. In einem Bericht an den britischen Premierminister heißt es, dass die Vergasung eine "heilsame" Wirkung gehabt habe.

# KAPITEL 3

## Großbritannien erlangt Macht über das persische Öl Bush drängt auf Krieg im Nahen Osten

Im Jahr 1908 wurde im Iran im Masji-i-Suleman-Feld Erdöl entdeckt. Dieses Ereignis sollte das Schicksal des Nahen Ostens völlig verändern, genauso wie die Entdeckung von Gold in Südafrika der Buren-Nation zum Verhängnis werden sollte. Weitere Ölvorkommen wurden in der Provinz Mossul (Distrikt im Irak) und in Basra entdeckt. Die Briten schickten als Archäologen getarnte Ölexperten der Palestine Exploration Society, um die sich entwickelnden Ölfelder auszuspionieren. Die Spione kamen nach Mossul und halfen 1912 bei der Gründung der Turkish Petroleum Company, die im März 1914 bei einem Treffen des Foreign Office in London anerkannt wurde, an dem britische und deutsche Delegierte sowie Vertreter deutscher und niederländischer Banken teilnahmen. Obwohl es den Anschein hatte, dass es sich um eine Gesellschaft mit türkischer Beteiligung handelte, war die Türkei in Wirklichkeit nicht Teil der Gesellschaft.

Mit dem Ausbruch des Krieges erklärte Churchill, dass das Öl für Großbritannien von größter Bedeutung sei. Diese Aussage wurde durch ein Memo von Sir Maurice Hankey, Sekretär des britischen Kriegskabinetts, an Arthur Balfour bekräftigt, in dem er erklärte, dass die Kontrolle über das iranische und irakische Öl ein "britisches Kriegsziel erster Ordnung" sei. Um dieses "britische Kriegsziel erster Ordnung" zu erreichen, marschierte die britische Armee 1915 ungeachtet der Souveränität des Irak in den Irak ein und eroberte die Ölstadt Basra, die Hauptstadt Bagdad und 1917 Mossul. Die britischen Streitkräfte blieben jedoch stecken und mussten von einem Expeditionskorps der indischen Armee gerettet werden. Am 9. August 1919 unterzeichnete Sir Percy Cox das Anglo-Persische Abkommen, das Großbritannien einen großen Einfluss auf das persische Öl verschaffte. Später weigerte sich der Majlis (Versammlung), das Abkommen zu ratifizieren. Im Februar 1920 marschierte Reza Khan mit 3.000 Kosaken auf Teheran. Reza Khan gab den Einheitsvertrag auf und unterzeichnete im Dezember einen Freundschaftsvertrag mit der Türkei.

Keine der Minderheitengruppen (einschließlich der Kurden) wurde von Persien oder der Türkei vertreten oder konsultiert, und niemals von Großbritannien. Infolgedessen fühlten sich die Kurden betrogen und begannen eine lange Reihe von Aufständen. Aus dem oben Gesagten wird deutlich, dass das kurdische "Problem" bereits Jahrzehnte vor dem Amtsantritt von Präsident Hussein von Irak begann. Der britische Premierminister Blair, der der ganzen Welt wiederholt erzählte, dass "Saddam sein eigenes Volk vergast", hat praktischerweise nichts über die nachgewiesene Rolle der Royal Air Force bei der Vergasung der kurdischen Zivilbevölkerung gesagt. Das Tavistock-Institut ist gut darin, die Tatsachen der Geschichte zu verdrehen und hat es geschafft, diese Tat vor den Augen der Briten und Amerikaner zu verbergen, die weiterhin um das Öl kämpften, genauso wie sie die Konzentrationslager mit den burischen Frauen und Kindern verbargen, die dort wie die Fliegen starben, weil die britische Regierung entschlossen war, das Gold zu stehlen, das der burischen Nation gehörte.

Im Irak war das Ziel der britischen Regierung klar: Sie wollte die Kurden benutzen, um die gesamte Region zu destabilisieren, damit die riesigen Ölgebiete unter ihre vollständige Herrschaft gelangen konnten. Großbritannien war mit der Stärke der Ölkonzessionen, die D'Arcy 1901 erhalten hatte, unzufrieden. Außerdem beabsichtigte sie, die irakische Regierung zu schwächen, die am 11. August 1929 von Persien vollständig als unabhängiger Staat anerkannt worden war.

Das Öl war das Ziel der britischen und amerikanischen Imperialisten. Die Briten und ihr amerikanischer Verbündeter hätten den Slogan "Wir kämpfen für Öl" übernehmen sollen, und wenn sie ehrlich gewesen wären, hätten sie das auch getan. Stattdessen erklärte Lord Curzon unumwunden, dass die Politik der Regierung Ihrer Majestät gegenüber Mossul nichts mit Öl zu tun habe; sie beruhe vielmehr auf der heiligen Pflicht, ihre Verpflichtungen zum Schutz des kurdischen Volkes zu erfüllen! Im Lichte der britischen Verwicklung bis zu den Augenbrauen in die Kämpfe um das Öl in Mossul waren Lord Curzons Worte der Gipfel des Zynismus.

Die Briten benutzten die Kurden 1921 und 1991 schamlos und rücksichtslos für ihre Interessen, genau wie sie es 1899 getan hatten, als sie in den Burenrepubliken Südafrikas angeblich eine "Ausländerfreizügigkeit" erwirkten, während es ihnen vor allem um die Kontrolle über das Gold der Buren ging. Heute, im Jahr 2008, besteht der einzige Unterschied darin, dass die Briten von den USA überholt werden. Die USA haben sich den Mantel des britischen Imperialismus übergezogen.

Auf der Konferenz von Lausanne (November 1922-Februar 1923) erklärten sich die Türken bereit, die Rechte von Minderheiten, insbesondere der Kurden, zu respektieren. Im Leitartikel des *New York Journal of Commerce* vom Juli 1923 hieß es:

> Lausanne war all das, was eine internationale Konferenz nicht sein sollte. Es war die Opferung aller menschlichen und humanitären Fragen an den Opportunismus.

Der aus der Konferenz hervorgegangene Vertrag von Lausanne ging als ein Vertrag in die Geschichte ein, der den Lauf der Ereignisse veränderte und den Weg für das 20. Jahrhundert ebnete. Die Reihe von Friedensverträgen, die am Ende des Ersten Weltkriegs geschlossen wurden, und die Gründung des Völkerbunds zielten vorgeblich darauf ab, der Welt "Freiheit" zu bringen, doch statt Freiheit brachte sie eine neue Welle des Imperialismus und den Tod des Osmanischen Reichs mit sich. Der Vertrag von Lausanne wurde am 24. Juli 1823 unterzeichnet und trat am 6. August 1924 in Kraft, nachdem er von Großbritannien, Italien, Frankreich und der Türkei ratifiziert worden war.

Über die Konferenz berichtete die *New York Times in* einem Leitartikel:

> Mossul und die Freiheit geben uns allen eine Chance im Run auf das Öl, das Gegenstand aller Verhandlungen war. Doch die USA könnten heute besser damit beschäftigt sein, als die Interessen der Ölkönige zu wahren. In der Öffentlichkeit kann man über Frieden und Zivilisation reden, aber privat geht es um Öl, weil es um die Gebiete geht, in denen die künftigen Konzessionäre sein werden, und sie bemühen sich, ihre Rechte zu sichern.

Obwohl es auf der Konferenz nicht offensichtlich war, war das, was sich hinter den Kulissen abspielte, ein ständiger Kampf um die Positionen der großen Ölgesellschaften, um in den unerforschten Gebieten des Irak Fuß zu fassen, in denen man große Vilayets (ein großes Ölreservoir) vermutete. Ein solches 150 Meilen langes Gebiet befand sich nördlich von Kirkuk im Irak auf von den Kurden besetztem Land. Im Oktober 1927 stießen die Bohrer von Baba Gurgur auf Öl und ein riesiger, unkontrollierter Sprudel überschwemmte neun Tage lang das umliegende Land mit Öl, während eine dicke Gasfahne in der Luft hing. Das Kirkuk-Feld mit Reserven von 2150 Millionen Tonnen Rohöl erfüllte die Erwartungen sowohl durch das Ausmaß der gewaltigen Entdeckung als auch durch den Schaden, den es dem gesamten Nahen Osten durch die kompromisslose Gier der britischen und amerikanischen Ölgesellschaften zufügte und der bis heute zu spüren ist. Der überraschende Sprudel von "Dad" Joiner im Osten von Texas drei Jahre später (Oktober 1930) wurde, obwohl es sich um eine bedeutende Entdeckung handelte, weitgehend heruntergespielt, da die Ölgesellschaften stark in das Öl des Nahen Ostens investiert waren und nicht wollten, dass sich die amerikanischen Ölfelder entwickelten. Papa Joiners "Schwarzer Riese" wurde unter äußerst dubiosen Umständen an den Ölmagnaten H.L. Hunt (1889-1974) verkauft.

Nach unentschiedenen Wahlen im Mai 1930 glaubten die Kurden ihre Chance zu sehen und erhoben sich gegen die neue türkische Regierung unter ihrem Anführer Ali Fehti Bey. Der Aufstand fand in der Umgebung des Berges Ararat statt und wurde von den britischen Streitkräften brutal und blutig niedergeschlagen. Am 10. Juni 1961 nahm die irakische Regierung die neue Herausforderung des Kurdenführers al-Barzani an, der von den USA und Großbritannien unterstützt wurde, und die Kurden wurden erneut angegriffen. Im April 1965 greifen sie erneut zu den Waffen gegen die irakische Regierung. Sie forderten "ein klar definiertes Gebiet und eine kurdische Armee". Im März 1966 brachen neue Kämpfe aus, die drei Monate lang andauerten. Ein großes Kontingent britischer Streitkräfte nahm an den Aktionen teil. Die Rebellion endete, als der Irak versprach, den Kurden regionale Autonomie zu gewähren, ein Versprechen, das nie vollständig eingehalten wurde.

Im März 1969 griffen die aufständischen Kurden erneut zu den Waffen, was zu den heftigsten Kämpfen in dieser Zeit führte. Ein geheimer Aktionsplan unter Einsatz der Kurden wurde umgesetzt und eine Zeit lang sah es so aus, als ob Präsident Bushs Wunsch, Präsident Hussein zu stürzen, in Erfüllung gehen würde. Ich könnte noch hinzufügen, dass es dem irakischen Militär gemäß dem Waffenstillstandsabkommen (dem die Iraker, nicht aber die USA beigetreten waren) untersagt war, Kampfflugzeuge auf ihrem eigenen Territorium fliegen zu lassen. Unter Missachtung der Bedingungen des Waffenstillstandsabkommens griffen US-amerikanische Flugzeuge irakische Flugzeuge an und schossen sie zweimal ab, um sie daran zu hindern, kurdische Guerillakämpfer anzugreifen. Während die Bush-Administration vorgab, im Interesse der Kurden zu handeln, war das eigentliche Ziel das Öl, das unter dem Sand von Mossul lag. Die Bush-Administration handelte tatsächlich unter dem imperialistischen Banner "Wir kämpfen um Öl", wenn auch unter anderen Vorzeichen, denn das eigentliche Ziel des Golfkriegs war die Übernahme der Kontrolle über die riesigen Ölreserven des Iraks. Alles andere kann als reine Philosophie von Immanuel Kant betrachtet werden.

Die Kurden erhielten den Hauptteil des Angriffs von irakischen Kampfhubschraubern. Sie hielten eine Zeit lang stand. Nachdem sie während des Irak-Iran-Kriegs einen solchen Vorfall erlebt hatten, brachen die Kurden zusammen und flohen. Es entstand eine blinde Panik, die sie in Richtung der iranischen und türkischen Grenzen flüchten ließ. Die schlimmsten Befürchtungen von Premierminister Ozul wurden wahr. Nachdem die Türkei einer kleinen Anzahl von Flüchtlingen die Einreise gestattet hatte, schloss sie ihre Grenzen für unerwünschte Kurden. Ozul schlug Westeuropa daraufhin vor, die Mehrheit von ihnen aufzunehmen, doch der Vorschlag wurde abgelehnt. Die Kurden blieben in einer Art Niemandsland zurück und gerieten ins Kreuzfeuer des Iran-Irak-Kriegs. Etwa 50 Kurden wurden durch chemische Waffen getötet, nämlich durch das verdickte Nervengas Somane, von dem Typ, den der Irak nicht besaß, die Iraner aber mit Sicherheit.

Da alle Kurden, die dem Angriff zum Opfer fielen, durch ein bestimmtes Nervengas getötet wurden, ist es mehr als wahrscheinlich, dass die iranische Armee für ihren Tod verantwortlich ist. Seit dem Beginn der von Bush organisierten Infiltrationsoperation gegen den Irak durch April Glaspie ist die Zahl der durch chemische Waffen getöteten Kurden von 50 auf 50 000 gestiegen.

Genauso schamlos, wie die Briten die Kurden für ihre eigenen Zwecke missbrauchten, genauso schamlos benutzt die Bush-Regierung sie, um Hass auf den Irak zu schüren, und hofft, den gesamten Nahen Osten in einen Sumpf aus destabilisierten Ländern verwandeln zu können. Bei all dem ist es leicht, Bushs Ziel aus den Augen zu verlieren, das darin besteht, unter dem imperialistischen Banner "Wir kämpfen für das Öl" voranzuschreiten. Es ist Mexiko, das wieder beginnt.

Dieser Bericht, 1991 geschrieben und veröffentlicht, erwies sich als richtig, doch nun stehen wir wieder vor der Bush-Familie, die die Welt in einen neuen Krieg gegen den Irak stürzt, mit demselben "Versprechen" eines "gerechten palästinensischen

Staates", das Blair mit Zustimmung von G.W. Bush der arabischen Welt vorgaukelt. Die Amerikaner, die den Völkermord gegen den Irak 1991 blindlings unterstützt haben, entdecken, dass ihr blinder Glaube völlig fehl am Platz war. Sie entdecken, dass der Golfkrieg nur der Anfang und nicht das Ende eines Dramas ist, dessen Ende nicht abzusehen ist. Indem er die Saat für den Krieg gegen den Irak legte, säte Präsident Bush auch die Saat für künftige Kriege in der Region, die aller Wahrscheinlichkeit nach in einem 30-jährigen Krieg enden könnten.

Die Ziele von Präsident Bush und seinen Mitarbeitern waren glasklar: die irakische Nation durch eine wirtschaftliche Strangulierung zu zerstören, die zu Pest, Krankheit und Hungersnot führen würde. Das funktionierte jedoch nicht, also nahm der Völkermord am Irak die Form einer US-Invasion an. Was wir heute miterleben, ist nur eine Pause, ein Vorspiel zu den Dingen, die noch kommen werden.

Der Irak wird zu einem zweiten Vietnam werden. Millionen von Menschen sollen durch die Hand der Bush-Regierung unter dem Banner "Wir kämpfen für das Öl" sterben. Jordanien, Syrien, der Libanon und Libyen werden im Zuge der Zerstörung der irakischen Nation folgen, die für eine gerechte Sache bekämpft wird: "Wir kämpfen für das Öl". Syrien wird als erstes fallen. Die Freunde der USA werden feststellen, dass der schnellste Weg, ihre Souveränität zu verlieren, darin besteht, ein Verbündeter der USA zu werden. Ägypten muss diese Lektion, die früh genug kommen wird, noch lernen.

Obwohl "von meinen Lippen ablesen" Bush Mühe hatte, es zu leugnen, ist die Stationierung von US-Truppen in Saudi-Arabien auf einer dauerhaften Basis tatsächlich das Ziel. Eine solche Vereinbarung wurde bereits in den letzten fünf Jahren getroffen. Die USA werden eine ständige Truppe von 150.000 Mann in Saudi-Arabien stationieren. Was wird ihre Aufgabe sein? Aggression gegen jede muslimische Nation, die am wenigsten vom rechten Weg abweicht. Kurz gesagt: Die USA werden die neue "Fremdenlegion" im Nahen Osten werden, ein imperialistisches Ziel, das darauf abzielt, das gesamte Öl des Nahen Ostens zu kontrollieren. Die beiden ölproduzierenden Nationen Algerien und Libyen wurden bereits von den US-amerikanischen und britischen Imperialisten eingenommen. Die zweite Invasion des Iraks durch US-Militärs fand 2003 statt. Der Iran wird praktisch belagert. Eines können wir mit Sicherheit sagen: Ein "netterer, sanfterer" George Bush wird erst zufrieden sein, wenn das gesamte Öl des Nahen Ostens unter der Kontrolle des US-Imperialismus steht. Die Verantwortung für das traurige Schicksal der Kurden wurde auf Präsident Saddam Hussein geschoben. Angesichts des Schicksals der Brüder Diem, von General Somoza, Ferdinand Marcos, Torrijos, Noriega und dem Schah von Iran wäre es für die Bush-Regierung absolut irrelevant, nicht zum zweiten Mal in den Irak einzumarschieren. Presseartikel hatten bereits die Glaubwürdigkeit des ehemaligen US-Botschafters im Irak zerschlagen, indem sie erklärten, dass April Glaspie der Aufgabe nicht gewachsen wäre, wenn sie sich jemals einem wirklich gründlichen Kreuzverhör durch einen kompetenten Staatsanwalt unterziehen müsste. Nun kam die Bestätigung für die Undercover-Aktion aus einer anderen Quelle. Dennis Kloske, ein hochrangiger Beamter des Handelsministeriums, sagte am 8. April 1991 vor einem Unterausschuss des Repräsentantenhauses aus, dass sich die Bush-Regierung bis zur Invasion Kuwaits alle Mühe gegeben habe, den Irak mit "Hochtechnologie" zu beliefern.

Kloske beschuldigte das Außenministerium, seine Warnungen und Empfehlungen, den Fluss amerikanischer Technologie in den Irak zu unterbinden, ignoriert zu haben. Weder das Handelsministerium noch das Außenministerium wollten ihm zuhören, sagte Kloske vor dem Ausschuss für auswärtige Angelegenheiten des Repräsentantenhauses. Für seine Mühe wurde Kloske von einem "netteren und freundlicheren" George Bush entlassen. Im Fall des Irak werde "die Wahrheit nicht herauskommen" und es werde ihr nie erlaubt sein, an die Oberfläche zu kommen. Was ist diese Wahrheit? Wir führen einen imperialistischen Krieg um den Besitz des irakischen Öls.

Deshalb haben Bush und sein Sohn das Tempo der Aggression

gegen den Irak beibehalten. Wenn der Irak kein Öl hätte, wären unsere Beziehungen zu ihm milde. Eine imperiale USA würde keinen Streit mit dem Irak oder dem Iran haben. Wir würden nicht gegen das Völkerrecht und die Verfassung der Vereinigten Staaten verstoßen, wie wir es seit 1991 tausendfach getan haben. Die Bush-Familie hat in ihrem Streben nach Öl eine Kampagne des gewaltsamen Missbrauchs der Verfassung geführt.

Als Bush aus dem Amt schied, nachdem er den Amtsenthebungsbemühungen des Abgeordneten Henry Gonzalez entkommen war, spornte er seinen Sohn George an, in seine Fußstapfen zu treten und das fortzusetzen, was eigentlich das Motto der Familie hätte sein sollen: "Wir kämpfen für das Öl". Dank eines Tricks wählte der Oberste Gerichtshof der USA G.W. Bush, indem er Al Gore aus dem Rennen warf. Dies war ein erstaunlicher Verstoß gegen die US-Verfassung, da es sich bei den Wahlen um Staatswahlen handelt und sie nicht der Bundesgerichtsbarkeit unterliegen, löste aber keine Verfassungskrise aus. Kaum im Amt, wiederholte Bush den Anti-Hussein-Chorus, bis er zu einer Trommel des Hasses wurde; der Kampf um das Öl wurde mit voller Kraft aufgenommen! Bush junior, genoss eine breitere Unterstützung als sein Vater, nicht vom amerikanischen Volk, über 160 Millionen Menschen, die gar nicht oder gegen ihn stimmten, sondern von geschickt getarnten sogenannten "konservativen" Figuren, die die amerikanische Öffentlichkeit mit ihrer falschen Aufrichtigkeit permanent täuschen konnten. Der Anführer dieses bemerkenswerten Propagandacoups war ein gewisser Irving Kristol. Dieser Mann wurde zum Aushängeschild für eine neue Runde von Angriffen auf den Irak, und zwar als Hauptvertreter von Richard Murdoch, dem Pressemagnaten, der das amerikanische Volk permanent täuscht.

Murdoch, Kristol, Perle und Wolfowitz wussten, wie man in den Schaltkreisen arbeitet, um die Unterstützung der Öl-Junta Bush/Cheney zu erhalten. Sich als "Neokonservative" zu präsentieren, war ein Meisterstück. Die Amerikaner lieben Etiketten. Murdoch steckte das Geld in die Finanzierung einer Zeitung namens "*The Weekly Standard*". Diese Publikation ist eine Fassade für die Rothschild-Rockefeller-Ölinteressen, in denen der Wunsch, sich das irakische Öl unter den Nagel zu reißen, allgegenwärtig ist. Es gibt nichts, was das Blut so sehr zum Rasen bringt wie der Durst nach Öl. Kristol hat sich nun den US-Imperialisten angeschlossen, während er sich als "konservativ" ausgibt.

Die "Viererbande" der Milliardäre schaltete schnell einen Gang höher, um eine imperiale Präsidentschaft zu fördern. Die Vereinigten Staaten standen kurz vor dem Übergang von einer Republik zu einem Imperium, das von einem Kaiser regiert wird. Der Übergang, der durch den "Urknall" des 11. Septembers ermöglicht wurde, erfolgte bemerkenswert schnell. Von einem Tag auf den anderen wurde die Verfassung mit Füßen getreten und an einen unwichtigen Platz verbannt. Die "Viererbande", die am meisten Schuld am Fall der US-Verfassung trägt, kam aus den Reihen der Trotzkisten, zu denen auch William Buckley gehörte.

Von der CIA überwacht, begann Kristol senior, ein langjähriger Kommunist, in die Reihen der Konservativen einzudringen und hatte bis Mitte der 1950er Jahre unter der Führung des "Konservativen" William Buckley die Kontrolle über fast alle konservativen Institutionen übernommen. Die Trotzkisten waren bereit für ihren unblutigen Staatsstreich und ihre große Chance kam, als Richard Perle und Paul Wolfowitz lebenswichtige Posten in Bushs engstem Kreis erhielten. Nun war die Bühne bereitet für den großen Vorstoß, die große Offensive im laufenden Drama um die Kontrolle über das Weltöl. Als wir tiefer in William Kristols "konservativem" Hintergrund gruben, fanden wir Folgendes heraus: Der ehemalige Außenminister Henry Kissinger war mit Kristol und seinen Verlagsunternehmen *National Affairs* und *The National Interest* verbandelt. Später gab es noch eine dritte Publikation namens *The Public Interest*. Woher stammte die Finanzierung dieser "Zeitschriften"? Sie wurde von der Lynde and Harry Bradley Foundation bereitgestellt, und es scheint, dass diese reiche Stiftung auch Kristols American Enterprise Institute, eine weitere "konservative" Organisation, finanzierte.

Andere "Konservative" im Spiel mit Kristol waren William Bennett, Jack Kemp und Vin Weber, allesamt nominell "konservative" Republikaner, obwohl wir sicher sein können, dass Männer wie die großen Daniel Webster und Henry Clay, wenig von diesem Anspruch gehalten hätten. Leider haben wir heute keine Männer vom Kaliber Clay und Webster in der Politik. Kristol und seine Männer sahen es als ihre Aufgabe an, den Irak zu zerstören. Das war ihr Ziel, und in ihrem Bestreben, dies der amerikanischen Öffentlichkeit klarzumachen, warben sie einige der fanatischsten sogenannten "Televangelisten" für ihre Sache an. Einer von ihnen trat kürzlich im Fernsehen auf und behauptete, dass "der Antichrist in Deutschland, Frankreich und Russland sehr lebendig ist". Bei Anführern wie dieser Person ist es kein Wunder, dass so viele amerikanische Christen völlig verwirrt sind.

Mit dem Aufkommen des 11. September war die Stunde für Kristol, Perle, Wolfowitz, Cheney und Rumsfeld gekommen. Sie hatten nun die berühmte Ursache, den "Urknall", das "Pearl Harbor", das sie brauchten, um ihre Pläne in Aktion zu galvanisieren. Wir werden vielleicht nie die ganze Wahrheit über den 11. September erfahren, aber eines ist sicher: Unsere Kontrolleure bereuen den Tag, an dem sie der Öffentlichkeit den Zugang zum Internet erlaubten. Während Pearl Harbor in Ermangelung jeglicher Informationsmedien, mit Ausnahme der kontrollierten Medien, fast drei Jahrzehnte lang ein Geheimnis blieb, gibt es bereits ernsthafte Diskussionen über den 11. September und viele Zweifel an der Behauptung der Regierung, dass sie keine Warnungen vor dem, was passieren würde, hatte. Mittlerweile gibt es einen offenen und wachsenden Zweifel an dieser Behauptung. David Broder, Kolumnist der *Washington Post,* titelte seinen Artikel vom 17. März: "Der 11. September hat für Bush alles verändert". Diese Überschrift ist sehr tiefgründig, denn sie machte Bush von einem ruhigen kleinen Mann zu einem Mann, der von plötzlichem Selbstvertrauen erfüllt ist, so dass er autoritär wirkt. Kurz gesagt: Der 11. September hat George Bush "verwandelt". Hier ist ein Teil dessen, was Broder geschrieben hat:

Es war ein langer Weg bis zu diesem Moment der Entscheidung über den Irak, aber die Unvermeidlichkeit des Ziels war klar. Wenn Historiker Zugang zu den Memos und Tagebüchern der Insider der Bush-Regierung erhalten, werden sie feststellen, dass Präsident Bush sich kurz nach den Terroranschlägen vom 11. September oder sogar noch früher das Ziel gesetzt hatte, Saddam Hussein von der Macht zu vertreiben. Alles, was der Präsident öffentlich gesagt hat, alles, was Vizepräsident Cheney in seinen sonntäglichen Fernsehinterviews wiederholt hat - bestätigt, dass die Anschläge auf das World Trade Center und das Pentagon dazu dienten, Bushs Entschlossenheit zu rechtfertigen, jeden Führer zu entwaffnen, der plausibel an einem ähnlichen oder schlimmeren Anschlag mitwirken könnte. Und Entwaffnung bedeutet für ihn eindeutig, diesen potenziellen Angreifer von der Macht zu verdrängen. Im letzten Frühjahr kündigte der Präsident an und sein neues Sicherheitsteam verstärkte rasch eine neue Doktrin, die die Eindämmungspolitik des Kalten Krieges durch eine neue Politik der Präemption ersetzte.

Bushs Rede in West Point und das darauf folgende Weißbuch erklärten, dass die Vereinigten Staaten und ihre Verbündeten gegen jede Nation oder Kraft, die Massenvernichtungswaffen zusammenstellt, die die Sicherheit der Vereinigten Staaten bedrohen könnten, mit aller Macht vorgehen würden - und nicht passiv darauf warten würden, dass der Angriff stattfindet. Es wurde schnell klar, dass der Irak als Testfall für die neue Doktrin ausgewählt worden war.

Wir fragen uns, warum? Angenommen, der Irak hätte kein Öl, wäre es dann so lebenswichtig gewesen, die Nation zu "entwaffnen"? Die Argumente gegen Nordkorea waren viel stichhaltiger.

Nordkorea hat offen zugegeben, dass es Atomwaffen besitzt - aber es wurde von den USA und Großbritannien immer noch nicht angefasst, weil es, wie die Logik nahe zu legen scheint, kein Öl hat! Worum geht es also beim Irak? Geht es darum, den Irak zu "entwaffnen", oder geht es darum, seine reichen Ölvorkommen zu übernehmen? Wir wagen die Vermutung, dass

90% der Welt sich für Letzteres entscheiden würden, als den wahren Grund, warum Großbritannien und die USA den Irak zerschlagen wollten.

Anschließend nutzte der Präsident die ausstehenden Entscheidungen der Vereinten Nationen, um die meisten Kongressabgeordneten davon zu überzeugen, die Vorkaufsrechtsdoktrin als US-Politik zu billigen und auf den Irak anzuwenden. Und nachdem er die Unterstützung des Kongresses hatte, konnte er den UN-Sicherheitsrat dazu bewegen, Saddam Hussein etwas zu stellen, was einem einstimmigen Ultimatum gleichkam: Entwaffnen Sie sich oder lassen Sie sich entwaffnen.

Was ist damit nicht in Ordnung?

Was nicht stimmt, ist, dass dieses ganze System zu 100 % verfassungswidrig ist, und dennoch konnte Bush damit durchkommen, weil das amerikanische Volk seine Verfassung nicht kennt, geschweige denn seine Vertreter im Repräsentantenhaus und im Senat.

Es hat noch nie einen US-Kongress gegeben, der so erbärmlich ignorant gegenüber der Verfassung war. Folglich konnte Bush bluffen, indem er ohne offizielle Erklärung in den Krieg zog, was eine Straftat der Anklage darstellt. Was wir wissen, ist, dass die unmittelbare Aussicht auf einen Präventivkrieg gegen den Irak Amerikas Beziehungen zu einem großen Teil der Welt beschädigt hat - indem sie Gräben zu wichtigen Handelspartnern wie Deutschland, Frankreich und China aufriss. Tatsache ist, dass Bush viel Porzellan zerschlagen hat, noch bevor der erste Schuss gefallen ist. Es ist unmöglich, die Nebenwirkungen auf die Nachbarländer Kanada, Mexiko und den Nahen Osten zu bewerten oder zu beurteilen.

Jetzt kommen wir also zu einer der schlimmsten Verdrehungen der Gerechtigkeit, die diese Nation je getroffen hat: Wir würden den Irak ohne einen gerechten Grund angreifen.

Die US-Verfassung besagt, dass die Vereinigten Staaten gegen keine Nation in den Krieg ziehen dürfen, es sei denn, diese

Nation hat nachweislich kriegerische Handlungen gegen sie begangen. Nicht einmal Perle und Wolfowitz konnten behaupten, dass der Irak kriegerische Handlungen gegen die Vereinigten Staaten begangen hatte. Es gab keinen verfassungsrechtlichen Grund für einen "Präventivschlag". Es war eine illegale, verfassungswidrige Handlung, die in der Politik einer Nation, deren Verfassung das oberste Gesetz des Landes ist, keinen Platz hat.

# KAPITEL 4

## Der britische Imperialismus und die Gewaltdiplomatie der USA

Wie sind die USA von einem Erbe, das die Gründerväter und die nachfolgende Generation hinterlassen haben, zu dem heutigen verfassungswidrigen Glauben gelangt, dass sie jede als Bedrohung empfundene Nation angreifen können? Was passiert ist, ist, dass sich die USA zu einer imperialistischen Macht auf der Suche nach Öl entwickelt haben. Die Angloamerikaner mischen sich in die auswärtigen Angelegenheiten der Nationen ein. Wir könnten diesen Kampf "Öldiplomatie" nennen, da er mit Handels- und Militärfragen verwoben ist. Diese werden nicht immer offengelegt, da die Geheimhaltung manchmal besser ist. In der modernen Wirtschaft geht es um Macht. Die Nation, die das Öl kontrolliert, wird die Welt beherrschen. Dies ist die imperialistische Politik, die von der US-Regierung verfolgt wird.

Die politische Trennung vom Erbe der Weisheit, das die Gründerväter Amerikas hinterlassen hatten, wurde durch den spanisch-amerikanischen Krieg verletzt. "Isolation", wie es diejenigen nannten, die Amerika internationalisieren wollten, "ist nicht mehr möglich", trompetete McKinley, ein Refrain, der von Woodrow Wilson übernommen wurde :

> Wir nehmen, ob wir wollen oder nicht, am Leben der Welt teil. Die Interessen aller Nationen sind auch unsere eigenen. Wir sind Partner der anderen. Was die Nationen in Europa und Asien betrifft, ist auch unsere Angelegenheit.

Die Übernahme des internationalen Sozialismus war der Anfang vom Ende des Amerikas der Gründerväter. Sie führte zum "freien Handel" und zu Wilsons Beseitigung unserer Handelsschranken, die die USA zu einer großen Nation gemacht hatten. Wilson ignorierte George Washingtons Warnung, dass die USA sich nicht in ausländische Intrigen verwickeln und verstricken sollten, völlig. Durch das Führen imperialer Kriege um Öl würde sich dies jedoch als unmöglich erweisen. Keine Nation kann sich den imperialistischen Forderungen Washingtons widersetzen und leben, wie der Irak derzeit feststellen muss. Die Völker der Welt verachten weitgehend, was aus Amerika unter der Familie Bush, Vater und Sohn, geworden ist. Sie haben sich der gesamten muslimischen Welt entfremdet, indem sie sich gierig an das Öl klammerten.

Konteradmiral Plunkett wies im Januar 1928 darauf hin:

> Die Strafe für kommerzielle und industrielle Effizienz ist unweigerlich Krieg; wenn ich die Geschichte richtig lese, ist dieses Land dem Krieg näher als je zuvor, denn aufgrund seiner Handelsposition stehen wir heute im Wettbewerb mit anderen großen Handelsnationen. Wenn Sie das Wort "Öl" dort ersetzen, wo es angebracht ist, fangen wir an, das Bild zu verstehen.

Wie der französische Premierminister Clemenceau erklärte:

> Öl ist in den Schlachten von morgen so notwendig wie Blut.

Henri Berringer, ein französischer Diplomat und Stellvertreter Clemenceaus, verfasste ein Memorandum, das es wert ist, zitiert zu werden:

> Wer das Öl besitzt, wird die Welt besitzen, denn er wird die Meere durch Schweröle, die Luft durch ultrahochraffinierte Öle und die Erde durch Benzin und Leuchtöle beherrschen. Außerdem wird er über seine Mitmenschen im wirtschaftlichen Sinne herrschen, aufgrund des fantastischen Reichtums, den er aus dem Öl gewinnen wird - dieser wunderbaren Substanz, die begehrter und wertvoller ist als das Gold selbst.

Präsident McKinley erklärte:

Isolation ist nicht mehr möglich oder wünschenswert.

Präsident Wilson sagte:

> Wir nehmen, ob wir wollen oder nicht, am Leben der Welt teil.

Sie sprechen wie echte Imperialisten, vor allem wenn man bedenkt, dass die USA damals weniger als 12% der weltweiten Ölreserven besaßen. Etwa 70% befanden sich in Ländern, deren Schwäche die Großmächte dazu einlud, in das wirtschaftliche und politische Terrain einzugreifen. Und zu Wilsons Zeiten galt dies für den Nahen Osten, das Karibische Becken und den Golf von Mexiko sowie Russland. Nationen mit großen Ölvorkommen verteidigten ihre Vermögenswerte, indem sie Gesetze verabschiedeten, die ihrer Bevölkerung und Regierung Rechte an den Bodenschätzen einräumten, und indem sie restriktive Barrieren, Regulierungen und hohe Lizenzgebühren einführten. Die imperialen Großmächte Großbritannien und die USA bezeichneten diese Selbstverteidigung als "Herausforderung" und übten diplomatischen Druck aus, um diese Barrieren zu Fall zu bringen. Und wenn dies nicht gelang, kehrten sie zu bewaffneten Interventionen zurück.

Behalten Sie das im Hinterkopf und denken Sie über diese Worte nach, wenn Sie das nächste Mal hören, wie Bush und Cheney verkünden, wie notwendig es war, "Saddam zu entwaffnen", und dann werden wir allmählich verstehen, dass wir im Irak wegen seines Öls sind. Der 11. September war eine künstliche Situation, genau wie Pearl Harbor, und die "Massenvernichtungswaffen" waren nur eine Scheinlösung, die auf der Spur des Öls mitgeschleift wurde.

Lord Curzon sprach nach der schrecklichen Tragödie des Ersten Weltkriegs die Wahrheit, als er erklärte:

> Die Alliierten schwebten auf einer Welle aus Öl zum Sieg.

Alle anderen von Bush angeführten Gründe werden immer weniger stichhaltig, je mehr man sich mit den Problemen befasst. Wie ich bereits sagte, befinden sich rund 70 Prozent des Öls in der Welt in Ländern, die wirtschaftlich und national schwach sind. Allein durch ihre Schwäche laden sie die USA und das Vereinigte Königreich dazu ein, sich in ihre nationalen Angelegenheiten einzumischen. Das Beispiel des Irak liegt gerade vor uns; Venezuela hat gerade einen Angriff der hinter Stellvertretern agierenden USA überlebt. Jede Nation mit nennenswerten Ölreserven wird heute vom US-amerikanischen und britischen Imperialismus bedroht und wird fallen, eine nach der anderen.

Die Selbstverteidigung dieser Nationen, um ihre Bevölkerung zu schützen und ihr Eigentum vor dem räuberischen Zugriff der amerikanischen und britischen Ölmagnaten zu bewahren, wird als "Unnachgiebigkeit" oder "Rachsucht" beschrieben, der zunächst mit "diplomatischem Druck" und dann mit Waffengewalt begegnet wird. Die Bush-Familie hat diesen fragwürdigen Weg eingeschlagen und wir haben gesehen, wie ihre Politik in einem brutalen Angriff auf den Irak gipfelte, eine Nation, die halb so groß wie Kalifornien ist.

Großbritannien und die USA haben bereits die Kontrolle über den Großteil der Ölreserven der Welt übernommen. Was sie nicht durch Diplomatie gewinnen können, werden sie durch massive Wellen von Bombern, Marschflugkörpern und Raketen gewinnen, und zwar in dem Maße, in dem der Schein und die Behauptung, gute und christliche Nationen zu sein, aufgegeben werden. In dem Kampf, der heute auf der Welt ausgetragen wird, stehen Nationen, die wenig oder gar kein Öl haben, der "einzigen Supermacht" der Welt oder besser dem "Imperialismus", den USA, gegenüber. Russland kämpft um seinen Platz in der Welt des Öls, während Großbritannien und die USA versuchen, es zu stürzen. So wird der Kampf um das Öl in einer großen, kataklysmischen Schlacht zwischen den USA und Russland enden, und dieser Tag ist nicht allzu weit entfernt. In naher Zukunft werden die Söhne und Töchter Amerikas dazu aufgerufen sein, in einem totalen Weltkrieg um Öl zu kämpfen.

Das US-Außenministerium beugt sich in der Regel den Forderungen der großen Ölgesellschaften. Dies wird durch eine aggressive Ölpolitik der USA unterstützt, wie A.C. Bedford,

Präsident von Standard Oil of New Jersey, 1923 erklärte. Aufgrund dieser festen Politik folgen die US-Konsuln im Ausland immer der Öllinie, wenn es um außenpolitische Fragen geht. Im Jahr 1923 unterstützte die Federal Trade Commission diese offizielle Politik der US-Regierung. Alle US-Botschaften und diplomatischen Vertretungen erhielten am 16. August 1919 das folgende Memo:

*Meine Herren: Die lebenswichtige Bedeutung der Sicherstellung angemessener Lieferungen von Mineralöl, sowohl für den gegenwärtigen als auch für den zukünftigen Bedarf der Vereinigten Staaten wurde dem Ministerium (dem Außenministerium) nachdrücklich zur Kenntnis gebracht. Staatsangehörige verschiedener Länder und Konzessionen für Mineralölrechte werden aktiv gesucht werden aggressiv angetrieben die Entwicklung von nachgewiesenen Feldern Exploration neuer Gebiete in vielen Teilen der Welt zu erkunden. Es ist wünschenswert, die umfassendsten und aktuellsten Informationen über diese Aktivitäten zu erhalten, unabhängig davon, ob sie von US-Bürgern oder von anderen durchgeführt werden.*

Charles Evans Hughes sagte vor dem US-Kongress und dem Coolidge Oil Board aus :

"... Die Außenpolitik der Regierung, die sich in dem Ausdruck "offene Tür" ausdrückt und die vom Außenministerium ständig verfolgt wird, hat unsere amerikanischen Interessen im Ausland auf intelligente Weise gefördert und die Bedürfnisse unseres Volkes angemessen gewahrt. "

Der Kampf um das Öl im Nahen Osten beginnt erst richtig mit der Ankunft eines Australiers namens William K. D'Arcy und dem US-Amerikaner Admiral Colby Mitchell Chester (1844-1932). 1901 erhielt D'Arcy vom Schah von Persien eine Konzession, die fünf Sechstel des persischen Reiches umfasste und 60 Jahre lang gültig war. D'Arcy zahlte 20.000 $ in bar und erklärte sich bereit, eine Lizenzgebühr von 16% auf das gesamte geförderte Öl zu zahlen. Admiral Chester erreichte nichts und D'Arcy kehrte nach London zurück, um die Anglo Persian

Company zu organisieren. Er kehrt in den Nahen Osten zurück und versucht, das Mossul-Ölfeld in Persien zu erobern. 1912 wurde die Turkish Petroleum Company, bestehend aus British-Dutch Shell Oil und der Deutschen Bank in Berlin, gegründet, um Mosul auszubeuten.

Sir Henri Deterding (bekannt als der "Napoleon" der Ölindustrie) von der Royal Dutch Shell Company war ein wichtiger Akteur in den Intrigen, die sich um die öleignernden Nationen rankten. Die britische Regierung war in der Person von E.G. Prettyman, Civil Lord, aktiv, der dafür sorgte, dass das britische Kapital die Linie über die Turkish Petroleum Company hielt, die D'Arcy an die Franzosen zu verkaufen drohte. 1913 erklärte Deterding vor dem Oberhaus, dass er das Öl in Rumänien, Russland, Kalifornien, Trinidad und Mexiko kontrolliere. Er sei, so Deterding, dabei, Persien auszupressen, das eine nahezu unberührte Region von immenser Größe und voller Öl sei.

Sir Thomas Browning erklärte vor den Lords, dass Royal Dutch Shell in Bezug auf Öl weitaus aggressiver sei als der Standard Oil Trust of America. Deterding hatte die alleinige Kontrolle über die mächtigste Organisation der Welt zur Gewinnung eines Energieträgers. In den Kampf um das Öl trat Winston Churchill ein, damals Erster Lord der Admiralität und frisch von seinen Erfahrungen im Burenkrieg. Churchill erklärte im Oberhaus, er glaube, dass ... wir die Eigentümer oder zumindest die Kontrolleure an der Quelle zumindest eines Teils der Versorgung mit dem von uns benötigten natürlichen Erdöl werden sollten.

# KAPITEL 5

## Neue, beispiellose Doktrin: Mexiko unter Druck

D ie imperialistische Politik der USA war nun in eine neue Phase eingetreten, eine Phase des "Präventivschlags", um Bushs Terminologie zu verwenden. Die britische Regierung machte sich daran, das Öl in Mossul im heutigen Nordirak in die Hände zu bekommen. Die Briten kauften ein Viertel der Anteile an der Turkish Petroleum Company, während die Deutschen und Türken die anderen Anteile hielten.

Innerhalb von drei Monaten kontrollierten die Briten dank einer "Diplomatie durch Täuschung" drei Viertel der Aktien und die Türken wurden vollständig aus ihrem eigenen Unternehmen verdrängt. Die Kurden, denen das Ölland oberhalb von Mossul gehörte, erhielten keinen einzigen Cent. Die Türkei, die das Land um Mossul herum kontrollierte, ging ebenfalls leer aus.

Dies war nur der Anfang. Die britische Regierung kaufte dann für 12 Millionen Dollar die Mehrheitsbeteiligung an Anglo Persian, die 48 Jahre lang bestehen sollte. Es wurde schnell klar, dass nicht nur das Öl Kriege gewann, sondern dass die Kriege wegen des Öls geführt wurden.

Wenn man sich die Geschichte des Ersten Weltkriegs ansieht, wird dies deutlich, wie Clemenceau später einräumte. Die Kriege endeten nicht mit dem Ersten Weltkrieg. Vielmehr verfolgten Großbritannien und die USA eine aggressive imperialistische Politik gegen Persien (Irak) und die Türkei, um zu versuchen, die Macht nationalistischer Elemente zu untergraben. Im Mai 1920 veröffentlichte das Außenministerium eine Notiz, in der es hieß, Großbritannien bereite sich in aller Stille darauf vor, die gesamten Ölfelder von Mosul zu übernehmen. Die Ölpolitik sorgte in den USA weiterhin für Schlagzeilen, wobei Präsident Harding in einer Rede erklärte:

"Nach der Landwirtschaft und dem Transportwesen ist die Ölindustrie zur wichtigsten Ergänzung unserer Zivilisation und unseres Wohlstands geworden. "

Die Wilson-Regierung wurde in einen Kampf um die Kontrolle des Öls in Mexiko verwickelt, nachdem bekannt geworden war, dass im Golf von Mexiko große Ölvorkommen entdeckt worden waren. Als die Mexikaner Anzeichen von Widerstand gegen die Ausbeutung zeigten, wurden amerikanische Kriegsschiffe nach Tampico entsandt. Wilson erklärte

"... die USA haben nur die Absicht, die Demokratie in Mexiko zu erhalten. "

Die USA sind auch in anderen Bereichen beschäftigt und verhandeln mit Großbritannien über einen Anteil an der Turkish Petroleum Company, wobei die Ölfelder von Mossul als prestigeträchtiger Preis winken. Die Türkei wird vollständig aus ihrer eigenen Gesellschaft verdrängt. Die USA konzentrierten sich jedoch vor allem auf die mexikanischen Felder, die Edward Doheny dank seines Freundes, Präsident Diaz, auf der Hacienda del Tulillo erhalten hatte. Doheny sicherte sich bald weitere Felder, darunter Potrero Del Llano und Cerro Azul. Doch Diaz überholte Doheny und verhalf Weetman (Lord Cowdrey) zum Eintritt in die mexikanische Ölszene.

Der Kampf um das Öl führte zu Unruhen zwischen den "Verbündeten", als die USA die Entscheidung trafen, den seit 35 Jahren regierenden Präsidenten Diaz zu stürzen.

Wie in solchen Fällen üblich, wurden US-amerikanische Geheimdienstoperationen und wirtschaftliche "Auftragskiller" aus den USA entsandt, um in den Reihen von Diaz Unruhe zu stiften. Die USA haben den Sturz von Diaz direkt herbeigeführt, wie später eine Aussage vor dem Ausschuss für Außenbeziehungen der Vereinigten Staaten bestätigte.

Lawrence Converse, ein amerikanischer Stabsoffizier, sagte aus:

> Herr Madero selbst sagte mir, dass, sobald die Rebellen eine gute Machtdemonstration zeigten, mehrere große Bankiers aus El Paso bereit waren, ihm Vorschüsse zu geben - ich glaube, es waren 100.000 Dollar; und dieselben Männer (Gouverneur Gonzalez und Staatssekretär Hernandez) sagten mir auch, dass die Interessen von Standard Oil sie unterstützten und Anleihen der provisorischen Regierung von Mexiko gekauft hatten. Sie sagten, dass die Interessen von Standard Oil sie in ihrer Revolution unterstützten.

Standard Oil sollte von einem hohen Zinssatz profitieren und es gab eine vorläufige Vereinbarung über eine Ölkonzession in den südlichen Bundesstaaten Mexikos. Madero wurde abgesetzt und hingerichtet und General Huerta übernahm die Macht. Als Präsident Wilson an die Macht kam, stellte er sich offen gegen Huerta und erklärte, dass die Vereinigten Staaten ... keine Sympathie für diejenigen haben könnten, die versuchen, die Regierungsmacht an sich zu reißen, um ihre persönlichen Interessen oder Ambitionen voranzutreiben. Gleichzeitig gewährte Wilson einer revolutionären Regierung in Peru die Anerkennung.

Die Ölinteressen in Gestalt von Albert Fall begannen zu fordern, dass die Vereinigten Staaten Streitkräfte nach Mexiko entsenden sollten, um die amerikanischen Interessen zu "schützen" und "bei der Wiederherstellung der Ordnung und der Aufrechterhaltung des Friedens in diesem unglücklichen Land sowie bei der Überführung der Verwaltungsfunktionen in die Hände fähiger und patriotischer mexikanischer Bürger behilflich zu sein". Als Wilson an die Macht kam, stellte er die Dinge im Kongress so dar:

> Die derzeitige Situation in Mexiko ist unvereinbar mit der Erfüllung der internationalen Verpflichtungen Mexikos, mit der zivilisierten Entwicklung Mexikos selbst und mit der Aufrechterhaltung erträglicher politischer und wirtschaftlicher Bedingungen in Zentralamerika.

Wilson bereitete sich nun auf eine bewaffnete Intervention mit der Begründung vor, dass die Amerikaner in Mexiko "bedroht" würden. Das war die Art von Refrain, die wir später von George Bush in seinen endlosen Klagen über Präsident Hussein hören sollten, und wie bei Wilson hatten sie den Klang von Unaufrichtigkeit.

Das amerikanische Volk, das so leicht in die Irre geführt werden konnte, dass es sich um eine nationale und historische Tragödie handelte, war davon überzeugt, dass Mexiko eine "Bedrohung" für sie darstellte, was Wilson den Weg ebnete, einen Brief an die amerikanischen Konsuln in Mexiko zu schicken, mit der Anweisung, dass sie warnen sollten

> "Behörden, dass jede Einschüchterung oder Misshandlung von Amerikanern wahrscheinlich die Frage nach einer Intervention aufwerfen wird."

Wir haben hier einen klaren Fall eines imperialen US-Präsidenten, der einen Vorwand suchte, um sich in die inneren Angelegenheiten Mexikos einzumischen. Dieses Verhalten wurde von der imperialen Familie Bush, Vater und Sohn, wiederholt, als sie einen Vorwand suchten, um sich das Öl des Irak anzueignen, und sie fanden den fadenscheinigen Vorwand, dass der Irak "Massenvernichtungswaffen" besitze. Gestärkt durch die Tatsache, dass er das amerikanische Volk getäuscht hatte, indem er es glauben machte, dass seine Bürger in Mexiko misshandelt würden und dass ein "schrecklicher Diktator an der Macht sei und beseitigt werden müsse" (hören Sie hier den Refrain "Saddam Hussein"? ), wurde Wilson mutig:

> Ich bin davon überzeugt, dass es meine unmittelbare Pflicht ist, Huertas Rückzug aus der mexikanischen Regierung zu fordern, und dass die Regierung der Vereinigten Staaten nun die notwendigen Mittel einsetzen muss, um dieses Ergebnis zu erreichen.

Echos von "Saddam muss sich zurückziehen, oder die US-Streitkräfte werden es tun", die der Präsident immer wieder von sich gab, als hätte er das Recht, wie ein Räuber und Bandit zu handeln, genauso wenig wie Wilson dieses Recht hatte. Sowohl Wilson als auch Bush kamen mit einer brutalen Aggression gegen den souveränen Staat Mexiko bzw. den Irak davon, weil das amerikanische Volk seine Verfassung nicht kennt. Niemand forderte die Bush-Regierung vor Gericht heraus, Beweise aus der Verfassung der Vereinigten Staaten vorzulegen, die belegen, woher plötzlich diese erstaunliche Macht kam?

Woher kommt diese erstaunliche Macht, die normalerweise den Kaisern über ihre Reiche vorbehalten ist? Sie kommt sicherlich nicht aus der amerikanischen Verfassung oder dem Völkerrecht. Sie kam unter der Ägide des Imperialismus, und offenbar wurde es, indem die USA unter diesem Banner auf die Trommel traten, legal, sich in die souveränen Angelegenheiten eines souveränen Staates einzumischen!

Solange das amerikanische Volk seine Verfassung nicht kennt, können Tyrannen damit durchkommen, sich in die souveränen Angelegenheiten souveräner Staaten (wie Mexiko und Irak) einzumischen, und solange die Kenntnis der Verfassung nicht die Unwissenheit ersetzt, werden wir weiterhin zusehen müssen, wie die amerikanische Außenpolitik weltweit Verwüstungen anrichtet. Weil das amerikanische Volk seine Verfassung nicht kennt, hat es auch keine Verfassung mehr. Das amerikanische Volk hat Wilson erlaubt, mit weiteren imperialistischen Akten in Mexiko davonzukommen, und den Bush-Administrationen, den Irak zu verwüsten, nachdem ihre Pläne, Hussein zu ermorden, nicht umgesetzt werden konnten.

Im November 1912 erteilte Wilson den folgenden erstaunlichen Befehl, der deshalb überraschend war, weil seine Militärkommandeure die Verfassung auswendig hätten kennen müssen und daher wussten, dass das, was er anordnete, verfassungswidrig war und sie den Befehl hätten missachten müssen.

> Schneiden Sie ihm (Huerta) die ausländische Sympathie und Hilfe und den nationalen Kredit ab, sei es moralisch oder materiell, und zwingen Sie ihn zum Gehen... Wenn General Huerta nicht mit Gewalt zurücktritt, wird es zur Pflicht der Vereinigten Staaten, weniger friedliche Mittel einzusetzen, um ihn zum Gehen zu bewegen.

Wilson war nun ermutigt und setzte den Weg der imperialen Tyrannei fort, indem er sich in den souveränen Staat Mexiko einmischte, seinen Führer und sein Volk bedrohte und, was noch schlimmer war, erklärte, es sei die "Pflicht" der Vereinigten Staaten, ihren gewählten Führer zu vertreiben, wenn er nicht zurücktrete! Nicht einmal Cäsar in seiner imperialen Majestät hatte sich jemals so geäußert.

Selbst heute, all diese Jahre später, ruft Wilsons Kühnheit immer noch Erstaunen hervor. Und wie reagierte das amerikanische Volk auf Wilsons Drohungen? Genau gar nichts! Tatsächlich ermutigte das amerikanische Volk Wilson durch sein Schweigen, das Richtige zu tun und seine Verfassung zu verletzen. Plötzlich nahmen sich die Vereinigten Staaten unter einem imperialen Banner das Recht heraus, Mexiko zu befrieden. Als Antwort auf einen britischen Vorschlag, Huerta den Rücktritt zu gestatten, verfasste Sekretär Bryan ein weiteres erstaunliches Schreiben:

> Der Präsident beabsichtigt, Huerta loszuwerden, indem er den Rebellenführern amerikanische Hilfe gewährt. Die Aussichten auf Frieden, Sicherheit des Eigentums und schnelle Bezahlung ausländischer Verpflichtungen sind vielversprechender, wenn Mexiko den Kräften überlassen wird, die sich dort derzeit bekämpfen. Er (Wilson) beabsichtigt daher, fast unverzüglich das Verbot der Ausfuhr von Waffen und Munition aus den USA aufzuheben.

Dies geschah kurz nachdem Huerta in einer friedlichen und fairen Wahl wiedergewählt worden war. Jahrzehnte später sollte das amerikanische Volk wieder einmal abseits stehen und seiner Regierung erlauben, im Irak und in Afghanistan politisch-imperiale Verwüstungen anzurichten, und dabei behaupten, dass dies alles nach der Verfassung der Vereinigten Staaten legal sei. In Wirklichkeit hätte Bush, Vater und Sohn, angeklagt, seines Amtes enthoben und wegen Hochverrats vor Gericht gestellt werden müssen. Doch wie es aussieht, wird dies nie geschehen, und das amerikanische Volk verdient es nun, seine Verfassung zu verlieren, weil es den Führern der Ölindustrie seine Zustimmung gegeben hat, sie ohne auch nur ein Murmeln des

Protests mit Füßen zu treten.

Es ist kein Wunder, dass die Nation in Schwierigkeiten ist, wenn wir einem sogenannten "Oberbefehlshaber", der nicht zum Dienst eingezogen wurde, erlauben, diese Nation in einen Krieg zu führen, zu dem er kein Recht hat, weil der Kongress den Krieg nicht erklärt hat, im Amt zu bleiben und die kriminelle Verschwendung von Menschenleben und Milliarden von Dollar aus unserem Staatsschatz zu verursachen. Wir verdienen alles, was wir für unsere entsetzliche Vernachlässigung der Verfassung bekommen werden.

Die Aussicht auf eine Einmischung der USA in Mexiko alarmierte Chile, Argentinien und Brasilien sehr, und sie beschlossen, Mexiko mit einem Schlichtungsangebot zu helfen. Als diese drei Länder sich durch ein Schlichtungsangebot bewegten, versuchte Wilson, die Konferenz von Argentinien, Brasilien und Chile zu blockieren, als diese an den Niagarafällen zusammentrat. Wie die Bush-Familie 1991 und 2002 wollte Wilson keinen Frieden; er wollte Huerta gewaltsam vertreiben, weil er sich denjenigen in den Weg stellte, die unter dem Banner des Öl-Imperialismus voranschritten. Wilson zeigte sein wahres Gesicht und seine Missachtung der amerikanischen Verfassung, indem er direkt in Mexiko intervenierte und gleichzeitig die Bemühungen um eine friedliche Lösung sabotierte.

Wilson isolierte die Regierung Huerta durch finanzielle Machenschaften und eine Waffen- und Munitionsblockade für ihre Regierungstruppen. Gleichzeitig versorgte er die Rebellenführer Carranza und Villa mit Waffen und Geld. Den Vorfall mit der Flagge in Tampico heckte er als Entschuldigung für die Besetzung von Vera Cruz aus. Als General Huerta sich für den Flaggenvorfall entschuldigte, weigerte sich Wilson, wie der falsche Princeton-Gentleman, der er war, und Verräter durch und durch, diese Entschuldigung anzunehmen.

In diesem beklagenswerten Verhalten sehen wir ähnliche Taten und Handlungen, wie die Bush-Familie Saddam Hussein behandelt hat. In beiden Fällen, General Huerta und Präsident Hussein, sehen wir, dass sich die Ölmänner wie Kakerlaken im

Dunkeln bewegen, sich weigern, ihre Steuern in Mexiko zu zahlen, und Carranza auf Schritt und Tritt helfen. Das amerikanische Volk konnte nie wissen, wie imperial Wilson als Präsident war, und es zahlte den Preis für seine Unwissenheit, als es unter Verletzung des Dick Act seine Söhne der nationalen Armee zum Sterben auf die Schlachtfelder Frankreichs schickte, obwohl sein Generalstaatsanwalt Wickersham ihm immer wieder sagte, dass er keine verfassungsmäßige Befugnis habe, die nationalen Streitkräfte außerhalb der USA in den Kampf zu schicken. Weil sich das amerikanische Volk erlaubt hat, so schutzlos zu sein, sind seine Söhne wieder auf Schlachtfeldern außerhalb der Vereinigten Staaten, was gegen die Verfassung verstößt, und wieder einmal erlaubt das amerikanische Volk den Gesetzesbrechern, der Bush-Familie, die Verfassung mit Füßen zu treten und den Folgen ihrer Gewalt zu entgehen, alles in einer imperialen Jagd nach Öl, das das nationale Eigentum anderer Nationen ist.

Vor dem Ausschuss für auswärtige Beziehungen des Senats im Jahr 1919 brüstete sich Doheny damit, dass alle US-Ölfirmen an der Beseitigung Huertas beteiligt gewesen seien, so wie sich später alle Führungskräfte der Ölfirmen verpflichten sollten, den Schah von Iran zu schwächen und ihn von der Macht zu vertreiben. Der Kampf um das Öl ging weiter, die imperiale Armee der USA marschierte unter dem Banner der Ölkonzerne, während diese ihre Kriegshymne sangen:

> "Christliche Soldaten voraus, marschieren wie im Krieg, mit der Flagge der Ölindustrie, gehen voraus."

Es gab viele Nächte, in denen in den Büros von Standard Oil Champagner über den Rauswurf von Huerta geköpft wurde. Doch die Ölmanager hatten sich verkalkuliert. Carranza versuchte, die Revolution als etwas des Volkes zu verkaufen, und nahm die Ölkonzessionen zurück, die er den US-amerikanischen Ölkonzernen eingeräumt hatte. Als General Obregon an die Macht kam, wurde ganz Mexiko aufgrund der Machenschaften der amerikanischen Öllobby, die vom Außenministerium und Außenminister Hughes voll unterstützt wurde, in Unruhen gestürzt.

Hughes behauptete, Wilsons Vorgehen, das US-Truppen und zwei Kriegsschiffe nach Tampico schickte, sei "moralisch gerechtfertigt" gewesen. Es handelte sich dabei um leere Worte, die in der amerikanischen Verfassung nicht vorkamen und die eine Welt beeindrucken sollten, die über die imperialistische Einmischung der USA in die inneren Angelegenheiten ihres Nachbarn zutiefst beunruhigt war. In einer Erklärung vor dem Nationalkomitee der Republikaner im Jahr 1924 behielt Hughes seinen "moralischen" Tonfall bei:

> Der Aufstand von Huerta war keine Revolution mit den Bestrebungen eines unterdrückten Volkes. Er war ein Versuch, die Präsidentschaft an sich zu reißen: Er bedeutete die Untergrabung jedes verfassungsmäßigen und geordneten Verfahrens. Die Weigerung, der etablierten Regierung zu helfen, hätte unseren moralischen Einfluss auf die Seite derer geworfen, die den Frieden und die Ordnung in Mexiko herausforderten...

Jahre später, 1991 und 2006, mussten wir uns von der Bush-Familie, Vater und Sohn, die gleichen Refrains anhören, wonach ihre Angriffe auf den Irak "moralisch" gewesen seien.

In Wahrheit war daran nichts "moralisch" - es war einfach eine offene imperialistische Aggression gegen eine kleinere und schwächere Nation, die Ölinteressen verfolgte; Hughes und Wilson kämpften nicht, um die Moral zu verteidigen - sie marschierten unter dem Banner des Ölimperialismus. Die US-Ölfirmen mischten sich während der gesamten Coolidge-Regierung weiter in Mexiko ein, und ein Korrespondent der *New York World* schrieb aus Mexiko einen Artikel, der die Situation zusammenfasst:

> Es ist zum Beispiel eine imperiale Tatsache, dass in der jüngeren Vergangenheit die persönliche Verbindung von US-Beamten nicht mit der Regierung bestand, bei der sie akkreditiert waren, sondern mit jener Klasse von Mexikanern, zu der die reichen, gebildeten und manchmal charmanten Leute gehörten, die die Rebellion finanzieren

und provozieren. Nicht weniger bekannt ist, dass viele Anwälte und Vertreter der Ölgesellschaften nicht nur ihre Ansprüche nach internationalem Recht geltend machten, sondern offen und beharrlich ihren gesamten Einfluss nutzten, um die mexikanische Regierung zu unterminieren.

Dieses notorische Verhalten hat sich auf Venezuela, den Irak und den Iran ausgeweitet, wo von US-Agenten, Ölkonzernen und ihren CIA-Verbündeten jede erdenkliche Anstrengung unternommen wurde, um die Regierungen dieser Nationen zu stürzen und sie durch Marionettenregime zu ersetzen, die denjenigen wohlgesonnen sind, die unter dem Banner des Ölimperialismus operieren. Dieses kriegerische Verhalten hielt über 90 Jahre lang an, bis heute, wo wir miterleben mussten, wie es den Urhebern dieser Taten beinahe gelang, den gewählten Führer Venezuelas zu stürzen, den Schah des Iran zu stürzen und nun in einen totalen Krieg im Irak zu ziehen, um die Kontrolle über Mossul und andere lang begehrte irakische Ölfelder zu erlangen. Die imperialistischen Tendenzen derjenigen, die eine ungezügelte Macht besitzen und hinter den Kulissen in Washington operieren, wurden von *El Universal, der* Zeitung aus Mexiko-Stadt, gut dargelegt:

> Der amerikanische Imperialismus ist ein schicksalhaftes Produkt der wirtschaftlichen Entwicklung. Es ist sinnlos, zu versuchen, unsere nördlichen Nachbarn davon zu überzeugen, nicht imperialistisch zu sein; sie können gar nicht anders, als imperialistisch zu sein, egal wie gut ihre Absichten auch sein mögen.

Wir sollten die Naturgesetze des Wirtschaftsimperialismus studieren, in der Hoffnung, eine Methode zu finden, die es uns ermöglicht, ihre Aktionen abzuschwächen und zu unserem Vorteil zu nutzen, anstatt uns ihnen blindlings zu widersetzen.

# KAPITEL 6

## Öl und nicht Massenvernichtungswaffen sind der Auslöser für die Invasion des Irak

E s ist nicht mehr zu leugnen, dass der fatale Imperialismus heute in den gesamten Vereinigten Staaten wütet, nachdem er von der Bush-Familie und ihren Unterstützern, Richard Cheney, Kristol, Perle, Wolfowitz und den christlichen Fundamentalisten, einen Freibrief erhalten hat. Dieser schleichende Bush-Imperialismus wird nicht mit dem Irak aufhören, wenn wir diese Nation überschwemmt haben, sondern er wird sich fortsetzen, bis die Bush-Imperialisten unter völliger Missachtung der amerikanischen Verfassung alle ölproduzierenden Nationen des Nahen Ostens überschwemmt und die Araber ihres Erbes an natürlichen Ressourcen beraubt haben.

Und in diesem Prozess werden die Nationen des Nahen Ostens blindlings bestohlen. Nehmen Sie das anglo-persische Abkommen, das für 12 Millionen Dollar gekauft wurde. Winston Churchill erklärte, dass Großbritannien zwischen 1921 und 1925 einen Gewinn von 250 Millionen Dollar aus diesem Abkommen gezogen habe. Tatsache ist, dass die Gier der Ölbarone, sich die Ölfelder von Mossul im Irak unter den Nagel zu reißen, den Ersten Weltkrieg ausgelöst hat.

Die unheilige Unordnung im Nahen Osten wurde direkt durch die Einmischung der britischen Ölkonzerne und des US-Imperialismus verursacht. Das tückische Sykes-Picot-Abkommen führte zu nichts anderem als zu Zwietracht und Blutvergießen in Palästina, das bis heute anhält.

Es ist seltsam, die Geschichte dieser Zeit zu lesen und zu erkennen, dass das, was damals (1912-1930) als nationale Politik galt, nichts anderes als schmutzige Ölpolitik war. Es ist in der Tat ernüchternd, die Geschichte dieser Zeit zu lesen - für die auf beiden Seiten der Kämpfenden Millionen von Menschenleben sinnlos geopfert wurden. Nachdem die Briten 1916 die Türken besiegt hatten (größtenteils dank der Araber unter Lawrence von Arabien im Austausch für Versprechen, ihnen Palästina zu geben, die nie eingehalten wurden), bot das Sykes-Picot-Abkommen den französischen Ansprüchen auf Syrien und Mossul Unterstützung im Austausch für französische Hilfe im Nahen Osten. Die britische Offensive gegen Bagdad war im Frühjahr 1917 erfolgreich. Doch der Zusammenbruch ihrer zaristischen russischen Verbündeten hinderte die Briten daran, Mossul zu erreichen.

Durch den Waffenstillstand wurde die deutsch-türkische Armee, die Mossul verteidigte, abgeschafft. Das war nichts anderes als Manöver und Gegenmanöver der westlichen Nationen, vor allem Großbritanniens und der USA, um sich die begehrten Ölfelder von Mossul zu sichern. Die Nationen der Region wurden nicht einmal konsultiert. Es war die imperiale Diplomatie des Kampfes um das Öl in ihrer hässlichsten Form.

Um den von den raffgierigen Ölgesellschaften verursachten Tumult zu beruhigen, wurde im November 1922 eine Konferenz in Lausanne in der Schweiz abgehalten, doch vor dieser Veranstaltung führten britische Truppen einen Vorstoß nach Mosul durch, während Außenminister Hughes erklärte, dass die USA den britischen Anspruch auf Mosul nicht anerkennen würden, da er ungültig sei. Die Briten glaubten, Mossul dank der Besatzung "im Sack" zu haben, und der Korrespondent der *London Times* konnte seine Freude nicht verbergen:

> Für uns Briten ist es eine Genugtuung zu wissen, dass drei riesige, nahe beieinander liegende Lagerstätten, die den Ölbedarf des Empire für viele Jahre decken könnten, fast vollständig von einem britischen Unternehmen ausgebeutet werden. Die Geologen von Turkish Petroleum bestätigten die Existenz von drei großen Lagerstätten in der Mosul-

Konzession. Das nordöstliche Vorkommen reicht von Hammama Ali über Kirkuk und Tuz Kharmati bis Kind-I-shrin. Ein zweites erstreckt sich südlich von Mossul von Khaiyara über Kifri bis Jebej Oniki Imam. Ein weiteres Becken beginnt südwestlich von Mossul und erstreckt sich in Richtung Bagdad entlang des Tigris bis zum Fet Haha-Pass und Mandali.

Um an diese reiche Trophäe zu gelangen, griff George Bush senior 1991 den Irak an, nachdem er "versagt hatte, Hussein auf den rechten Weg zurückzuführen", um John Perkins zu paraphrasieren. Wir können die politischen Reden über das irakische Volk, das unter einem Diktator lebt, ignorieren. Wir können die frommen Plattitüden über den Beitrag der Demokratie im Irak vergessen. Wir können die Lügen vergessen, die 1991 aus dem Weißen Haus flossen, und wir können die Lügen vergessen, die 2008 aus dem Mund der Öljunta flossen. Was wir greifen können, ist der stichhaltige Beweis, dass das, was die Ölmagnaten heute im Irak tun und was sie seit 1914 getan haben, nur eine Fortsetzung ihres imperialistischen Strebens nach Öl ist. Dieses imperialistische Streben nach Öl wurde noch nie so offen zur Schau gestellt wie durch den Angriff mit Marschflugkörpern auf Bagdad am 20. März 2003. Unter Verletzung aller Grundsätze des Völkerrechts und ohne den Hauch einer Autorität der amerikanischen Verfassung, ganz zu schweigen davon, dass die UNO der Bush-Cheney-Öljunta keine Zustimmung zum Angriff auf den Irak gegeben hatte, begann ein Bombardement von Bagdad.

Die frommen Plattitüden von George Bush junior, können getrost in den Mülleimer der Geschichte geworfen werden, denn die kaiserliche Familie Bush repräsentiert nicht das amerikanische Volk. G. W. Bush wurde vom Obersten Gerichtshof der Vereinigten Staaten an die Macht gewählt. Es ist fair zu sagen, dass es heute keinen Ölkrieg gäbe, wenn der Oberste Gerichtshof nicht George Bush gewählt hätte, denn es ist eine bekannte Tatsache, dass Al Gore offen erklärt hatte, dass es im Falle eines Wahlsiegs keinen Angriff auf den Irak geben würde und dass das amerikanische Volk nicht gezwungen wäre, an den Tankstellen horrende Benzinpreise zu zahlen.

Das Folgende sollte zeigen, wie wenig sich die Imperialisten und ihre Hintermänner um die Menschen kümmern, wie hohl die Worte von George Bush jr. klangen, als er seine Liebe zum irakischen Volk erklärte, verkörpert durch seinen Wunsch, den "Saddam" loszuwerden, der es unterdrückte. Der Hintergrund dieser Erzählung aus der Saga der Ölkriege ist, dass die USA die Rechte der Armenier auf Mossul gnadenlos ablehnten und so taten, als ob die mehr als eine Million Armenier nicht die geringste Rolle spielten.

Vahan Cardashian, Anwalt der Delegation der Republik Armenien, versuchte, diese Vernachlässigung der Rechte der Armenier in einem Antrag auf Anhörung und Untersuchung im Senat geltend zu machen. In seinem Brief vom 14. März 1928 an Senator Borah erklärte er, dass er Präsident Coolidge auffordern werde, den amerikanisch-armenischen Streitfall dem Haager Tribunal zur Entscheidung vorzulegen, falls der Ausschuss für auswärtige Beziehungen seinem Antrag nicht stattgeben sollte. Der Brief Cardashians an Senator Borah lautet wie folgt:

*Ich beschuldige zwei Mitglieder des Kabinetts des Präsidenten, auf der Konferenz von Lausanne um den armenischen Fall gefeilscht und sich verschworen zu haben, um die Vertreibung von fast einer Million Armeniern aus ihren angestammten Häusern zu beeinflussen.*

*Ich klage diese Männer und ihre Komplizen bei dieser Schandtat an, dass sie das Außenministerium als williges Werkzeug für ihre schändlichen Pläne benutzt haben und benutzen, und dass das Außenministerium in dem Bemühen, die Spuren derer zu verwischen, die seine Politik in dieser Hinsicht diktiert haben, auf Falschaussagen, Intrigen und sogar Terrorismus zurückgegriffen und das Land mit unverantwortlicher und schamloser Propaganda überschwemmt hat.*

*Was ist unter diesen Umständen also das Motiv, der Zweck hinter der Türkei-Politik des Außenministeriums? Wir behaupten, dass es um Öl geht. Eine Regierung, die auf legitime amerikanische Rechte verzichtet hat und dann die Frechheit besaß, die Luft mit Belanglosigkeiten, wilden Anspielungen und Lügen zu füllen, um von ihrer schändlichen Politik abzulenken; eine Regierung, die in ihren Außenbeziehungen bewusst die Verfassung der Vereinigten Staaten mit Füßen getreten hat - eine solche Regierung, so klage ich sie an, würde nicht zögern und hat nicht gezögert, das armenische Volk und seine Häuser für Öl zu verkaufen, im Interesse einer privilegierten Gruppe.*

*Sollte der Senatsausschuss für auswärtige Beziehungen aus irgendeinem Grund nicht in der Lage und nicht willens sein, das Unrecht zu untersuchen, das einem mutigen Volk angetan wurde, dann werde ich den Präsidenten der Vereinigten Staaten bitten, den Streitpunkt zwischen der Regierung und Armenien dem Ständigen Schiedsgericht in Den Haag zur Entscheidung vorzulegen.*

Es scheint, dass, wenn die von Rechtsanwalt Vahan Cardashian erhobenen Anklagen heute neu formuliert würden und die Namen des Öljunta-Regimes der USA durch Cheney, Bush, Rumsfeld, Blair und andere ersetzt würden und "Armenier" durch "Irak" und das "irakische Volk" ersetzt würde, hätten wir eine perfekte Anklageschrift, die wir dem Internationalen Gerichtshof in Den Haag vorlegen und Druck ausüben könnten, damit diese Personen, die sich hinter der Maske der falschen "Korrektur" verstecken, in Wirklichkeit ihren imperialen Zugriff auf das dem Irak gehörende Öl fördern. Wir sollten zunächst eine Petition mit Beschwerden an den Vorsitzenden des Senats und den Vorsitzenden des Repräsentantenhauses richten, zusammen mit einem bestimmten Gesetzentwurf, in dem wir die Mitglieder der Öljunta des Verrats anklagen, das Repräsentantenhaus auffordern, Anklage gegen sie zu erheben, und den Senat bitten, sie für schuldig zu erklären und sie zu zwingen, ihre Ämter zu räumen. Anschließend sollten wir eine Petition einreichen, damit diese Männer von den Gerichten des Landes abgeurteilt werden, wie es die Verfassung der Vereinigten Staaten vorsieht.

Und wenn diese Appelle und Petitionen auf taube Ohren stoßen, dann müssen wir eine Beschwerde an den Weltgerichtshof in

Den Haag richten und fordern, dass die Mitglieder der imperialistischen Öl-Junta vor Gericht gestellt werden. Nichts anderes wird die Sache erledigen und nichts anderes wird diese Öl-Junta davon abhalten, weiterhin in der Welt zu wüten, denn wie immer setzt sie sich unter dem Banner der Ölindustrie über alle Nationen hinweg.

1991 wurde vom Abgeordneten Henry Gonzalez ein Versuch unternommen, G. W. H. Bush anzuklagen, der jedoch von Politikern beider Parteien, die keine Rücksicht auf die Verfassung der Vereinigten Staaten nahmen, im Keim erstickt wurde. Zweifellos würde eine ähnliche Resolution gegen George W. Bush das gleiche Schicksal erleiden, denn die heutigen Politiker im Repräsentantenhaus und im Senat nehmen noch weniger Rücksicht auf die Verfassung als diejenigen, die 1991 dabei waren. Wenn die Resolution auf Gleichgültigkeit oder eine politische Haltung stößt, dann hat das Volk das Heilmittel, sie dem Internationalen Gerichtshof in Den Haag vorzulegen. Zumindest sollte ein Schritt in die Richtung getan werden, dass die Verfassung wieder an ihren rechtmäßigen Platz zurückgebracht wird und die Öljunta sie nicht weiter mit Füßen tritt.

Die Imperialisten, die um Öl kämpfen, haben ihre Bemühungen nicht auf den Irak, den Iran und Mexiko beschränkt. Sie haben sich über die ganze Welt ausgebreitet und sogar die souveränen Rechte des russischen Volkes verletzt, ganz zu schweigen von ihrer Intervention in Venezuela. Einer der außergewöhnlichsten Vorfälle ereignete sich in Sibirien, über den kaum etwas geschrieben wurde.

Im Jahr 1918 versuchte Japan, die sibirische Küste zu besetzen. Wilson versuchte, es mit Diplomatie daran zu hindern, aber als das nicht funktionierte, schickte er ohne Genehmigung des Kongresses eine US-Armee nach Sibirien, nicht so sehr, um Russland zu helfen, sondern um Japan daran zu hindern, die wertvollen Öl- und Kohlevorkommen auf Sachalin zu erobern, denn Wilson wollte sie für Sinclair Oil, die US-Firma. Russland sah Sinclair mit Wohlwollen, da es glaubte, die Amerikaner hätten "saubere Hände". Doch diejenigen, die unter dem imperialen Banner der Ölindustrie operieren, spielen nicht mit offenen Karten. Sie spielen krumme Dinger, wie sie es gewohnt sind.

Während die Russen Sinclair Oil begünstigten, schmiedete hinter ihrem Rücken das bunt zusammengewürfelte Team der Ölmagnaten Komplotte und stellte sich gegen die russische Kontrolle des Kaukasus und seiner wertvollen Ölfelder. Es war die gleiche Geschichte wie in Mexiko. Die USA unterstützen heimlich georgische Splittergruppen in der Annahme, dass ihnen im Erfolgsfall die begehrten Ölkonzessionen zufallen würden. Die USA dürstet es nach der Kontrolle über die Ölfelder von Grosni-Baku, doch Moskau schlägt die Rebellion nieder und beschlagnahmt Dokumente, die die Einmischung der USA in Grosni-Baku belegen.

Die Imperialisten besuchten daraufhin den Kongress und versuchten, die Anerkennung einer "Nationalen Republik Georgien" zu erreichen, deren Regierung sich im Pariser Exil befand. Doch das Außenministerium, das mit den Bolschewiki unter einer Decke steckte, stellte sich gegen dieses Vorhaben, das daraufhin scheiterte. Unbeirrt erwirkte Rockefeller-Standard daraufhin Zugeständnisse, um russisches Öl zu niedrigen Preisen zu kaufen, und die Anglo-American Oil Company kaufte 250.000 Tonnen Öl aus Baku. Plötzlich hörte die antibolschewistische Rockefeller-Öllobby auf, Russland zu verleumden, und begann, es in den Himmel zu loben. Rockefeller versuchte nun, immer größere Verträge mit russischen Öllieferanten abzuschließen und kaufte 1927 500.000 Tonnen.

Die Dinge begannen, zwischen Rockefeller und den Bolschewiken sehr gut zu laufen, trotz der Horrorgeschichten, die aus dem von den Kommunisten kontrollierten Regime kamen. Im Juni 1927 bestellte Standard Oil 360.000 Tonnen zusätzliches Öl und Vacuum-Standard unterzeichnete einen Vertrag über 12 Millionen Dollar pro Jahr mit den Bolschewiken.

Die Horrorgeschichten der imperialistischen Öl-Junta (Bush, Cheney und Rumsfeld) über Saddam Hussein (die Bestie) bereiteten den Boden für einen beispiellosen Angriff auf den Irak, einen sogenannten "Präventivschlag", der gegen alle Grundsätze der amerikanischen Verfassung verstieß und das Völkerrecht mit Füßen trat.

Dabei waren ihre Vorfahren sehr glücklich, Geschäfte mit den bolschewistischen Bestien zu machen, deren Bilanz an brutalen Morden und der Unterdrückung der Freiheiten in Russland alles, was Saddam Hussein seinem Volk angetan hat, um das Hunderttausendfache übertrifft. Die Bush-Regierung wagt es, in edlen Worten von der "Moral" zu sprechen, die auf ihrer Seite sei, und dann erzählen fundamentalistische christliche Fernsehprediger der Nation, dass diese teuflische imperiale Öl-Junta einen "gerechten Krieg" führe.

Die britische Zeitschrift *The Outlook* hat die Situation des Ölhandels mit den Bolschewiken zusammengefasst, und die darin vertretene Ansicht würde der Öljunta von Bush, Cheney und Rumsfeld sehr gut zu Gesicht stehen, wenn wir den Zeitrahmen von 1928 bis 2003 ändern würden:

Die britischen und amerikanischen Behörden betrachten den Handel mit russischem Öl als legitim... Tatsache ist einfach, dass die verschiedenen Unternehmen versucht haben, sich gegenseitig schöne Augen zu machen.

Schmutzige Intrigen und Wettbewerb sind schon düster genug; Erklärungsversuche in Bezug auf Moral und Ethik sind pure Heuchelei. Das ist unanständig und ekelhaft.

Wir kommen nun zur "Moral" der imperialen Öl-Junta von Bush und Cheney an der Spitze der Vereinigten Staaten. Sie haben den Irak angegriffen, ohne ein einziges Fragment, einen einzigen Rest an Autorität der amerikanischen Verfassung und des Völkerrechts, und haben Tausende von Bomben abgeworfen und Cruise Missiles auf die offene und unverteidigte Stadt Bagdad regnen lassen, was gegen das Völkerrecht verstößt, und sie hoffen zuversichtlich, der Bestrafung und dem Urteil der

Nürnberger Protokolle zu entgehen.

Darüber hinaus hat die imperialistische Junta enorme Profite eingefahren, indem sie den Irak nach der Bombardierung wieder "aufgebaut" hat. Die Firmen des Vizepräsidenten der Öljunta Richard Cheney, Haliburton und Bechtel, erhielten lange vor Beginn der "Feindseligkeiten" einen lukrativen Auftrag im Wert von 6 Milliarden Dollar. Wenn das amerikanische Volk dies akzeptiert, dann verdient es das Schicksal, das ihm zugedacht ist. Für seinen Mut wurde Bechtel von Königin Elisabeth II. heimlich mit einem CBE (Commander of British Empire) ausgezeichnet. Der Erfolg der riesigen Propagandamaschine verhinderte jede vernünftige Diskussion seitens des amerikanischen Volkes, das, wie wir zu Beginn des Angriffs sagten, den Krieg der Öljunta gegen den Irak mit einer Marge von 75% unterstützte. Folglich ist die Wahrheit über den barbarischen Angriff vom 20. März 2003 in den Köpfen von relativ wenigen Menschen.

George Orwell hätte die Öl-Junta und ihren imperialen Marsch auf den Irak durchschaut. Der 1903 geborene Meistertechniker, der in den Künsten der Propaganda und der Diplomatie durch Täuschung geschult war, hätte nicht gezögert, die Öl-Junta Bush-Cheney-Rumsfeld anzugreifen. Doch zum Unglück für Amerika starb Orwell 1950 und hinterließ der Welt mit seinem Buch "1984" ein tiefes Verständnis dafür, wie die Dinge funktionieren. Die von Paul Foot verfasste und am 1. Januar 2003 veröffentlichte Zusammenfassung verdient es, zitiert zu werden:

> Dieses Jahr wird, so vermute ich, für viele von uns das George-Orwell-Jahr sein. Der 1903 geborene und 1950 gestorbene Autor hat die britische Literaturszene immer wieder dominiert. In diesem Jubiläumsjahr wird es sicherlich zu einer unterhaltsamen Wiederholung der linken Debatten zwischen seinen Anhängern, zu denen auch ich gehöre, und seinen Kritikern, die sich an die guten alten Zeiten des Genossen Stalin erinnern, kommen.

# KAPITEL 7

## Übergang zur Barbarei

Wir beginnen das Orwell-Jahr, indem wir daran erinnern, dass seine berühmte Satire "1984" eine schreckliche Welt voraussah, die in drei Machtblöcke aufgeteilt war, die ständig die Seiten wechselten, um sich weiterhin zu bekämpfen.

Die Regierungen dieser drei Länder halten die Loyalität ihrer Bürger aufrecht, indem sie behaupten, es habe immer nur einen Krieg und einen Feind gegeben. Die Partei behauptete, Ozeanien sei nie im Bündnis mit Eurasien gewesen. Er, Winston Smith, wusste, dass Ozeanien erst vor vier Jahren ein Bündnis mit Eurasien eingegangen war. Aber wo existierte dieses Wissen? Nur in seinem eigenen Bewusstsein. Alles, was er brauchte, war eine endlose Reihe von Siegen über sein eigenes Gedächtnis. Realitätskontrolle, wie sie es nennen: Novlangue; "doppeltes Denken".

Wir haben dieses "doppelte Denken" in Bezug auf den Irak und es existiert an anderen Orten als in unseren Köpfen. Da gibt es Margaret Thatchers Ozeanien-Dossier (die USA und Großbritannien) und ihre perfide Verschwörung, die USA 1991 zum Krieg gegen den Irak zu bewegen. Und dann ist da noch die Doppelzüngigkeit von April Glaspie, die Präsident Saddam Hussein in diese Falle lockte - ein weiterer Schritt auf dem langen, mit Versuchen übersäten Weg der US-Imperialisten, den Irak seines Öls zu berauben.

Das amerikanische Volk hat durch sein Schweigen 1991 und erneut 2008 die imperialistischen Akte der Barbarei und

Massenvernichtung gebilligt, ohne ein Murmeln des Protests. Das amerikanische Volk hat der vorsätzlichen Zerstörung seiner Verfassung durch die aufeinanderfolgenden Bush-Regierungen wenig Beachtung geschenkt und nicht einmal ein Murmeln des Protests erhoben. Warum sollte Deutschland nach ihren Handlungen im Irak an die Doktrin der "kollektiven Verantwortung" gebunden sein und die USA nicht? Wo bleibt die kollektive Verantwortung für die Kriegsverbrechen gegen den Irak, die auf Befehl von George Bush, Margaret Thatcher und ihren imperialistischen Kollegen begangen wurden? Zwölf Jahre lang blieben die Dokumente in den britischen und amerikanischen Archiven unsichtbar, Dokumente, die detailliert darlegen, wie "Ozeanien" den Irak getäuscht und belogen hat. Margaret Thatcher gab, bevor sie Hussein denunzierte, mehr als 1,5 Milliarden Dollar aus, um den Irak mit "Massenvernichtungswaffen" auszustatten. Dies geschah, weil "Ozeanien" mit dem Irak einen Block gebildet hatte und Hussein das blauäugige Kind des Ozeanien-Regimes war. Während der gigantischen Scott-Untersuchung, die 1996 in Großbritannien stattfand, sickerten einige Details dieser gigantischen Doppelzüngigkeit durch.

In den 1980er Jahren hatte die Regierung Thatcher dem Irak den Großteil der angeblich gesetzlich "verbotenen" militärischen Ausrüstung geliefert. Chieftain-Panzer wurden nach Jordanien geschmuggelt, von wo aus sie nach Bagdad verschifft wurden. Die Vorschriften für Werkzeugmaschinen wurden "gelockert", um irakischen Waffenherstellern die Möglichkeit zu geben, ins Geschäft einzusteigen. Kredite für den Kauf von Rüstungsgütern wurden als Bedarf für "zivile Entwicklung" verschleiert.

In den 1980er Jahren wurde die in den Whitehall-Akten beschriebene "gewagte Strategie", dem bankrotten irakischen Diktator Kredite zu garantieren, von Frau Thatcher selbst, ihrem Außenminister Douglas Hurd und ihrem Handels- und Industrieminister Nicholas Ridley gebilligt. Diese wiederum wurden von Beamten der Whitehall-Abteilung für Waffenverkäufe - der Organisation für Rüstungsexportverkäufe -, die enge Verbindungen zu Rüstungsunternehmen hatten, hartnäckig lobbyiert. Die irakischen Garantien waren zu riskant, um echte Geschäftsangebote zu sein. Sie wurden nach Abschnitt zwei einer Sonderbestimmung angeblich "im nationalen Interesse" gewährt.

Die Garantien sollten eigentlich nur zivile Projekte abdecken. Doch ein Unternehmen, RACAL, das unter dem Vorsitz von Sir Ernie Harrison den Tories regelmäßig 80.000 Dollar pro Jahr spendete, erhielt dann eine geheime "Verteidigungszulage" in Höhe von 45 Millionen Dollar an Sonderversicherungen vom ECGD, nachdem es 1985 einen Vertrag mit dem Irak erhalten hatte. Aus den ECGD-Dokumenten geht hervor, dass die Beamten dagegen protestierten, dass ein einziges Unternehmen praktisch alle Vorteile dieser geheimen Vereinigung erhielt. Sie wurden jedoch abgewiesen.

RACAL baute gerade eine Fabrik im Irak, als der Golfkrieg ausbrach. In der Folge musste die ECGD den Bankern von RACAL einen Versicherungsscheck über 18 Millionen US-Dollar ausstellen. 1987 erhielt Marconi Command and Control einen Bankkredit in Höhe von 12 Millionen US-Dollar, der durch eine Bürgschaft des Steuerzahlers gestützt wurde, um AMERTS - das Artillerie-Wettersystem an die irakische Armee zu verkaufen. AMERTS ist entscheidend für einen präzisen Artillerieschuss und verwendet Wetterballons, die mit einem Radar verbunden sind, um die Windgeschwindigkeit zu messen.

Es waren zwei dieser mobilen Einheiten, die die amerikanischen MVW-Jäger mit großem Pomp als "biologische Waffen" ankündigten und sich dann mit roten Gesichtern zurückzogen, als Experten erklärten, dass sie dazu dienten, Artillerie-Spürballons mit Wasserstoff zu füllen.

Die geheime ECGD-Zuweisung war jedoch für RACAL verwendet worden. Die Beamten des Verteidigungsministeriums erreichten daher, dass der Vertrag als zivil eingestuft wurde. Die obskure Vereinbarung führte dazu, dass die ECGD-Beamten privat protestierten, dass sie vom MoD getäuscht worden waren. Die ECGD stellte schließlich einen Scheck über 10 Millionen US-Dollar aus, als Marconi sein Geld nicht erhielt.

Auch ein anderer Vertrag war Gegenstand von Manövern: Tripod Engineering, unterstützt von John Laing International, schaffte es, einen Auftrag im Wert von 20 Millionen Dollar als zivil einzustufen, obwohl es sich um einen Ausbildungskomplex für Kampfpiloten für die irakische Luftwaffe handelte. Bei seinen Verhandlungen wurde Tripod von einem Vize-Luftwaffenmarschall unterstützt, der kurz nach seiner Pensionierung von Tripod als Berater bezahlt wurde, ohne die Zustimmung des Verteidigungsministeriums einzuholen, wie es die Vorschriften verlangten. Der Scott-Bericht kam zu dem Schluss, dass sein Verhalten, auch wenn es nicht beabsichtigt war, Verdacht erregen könnte.

Der Scott-Bericht zitiert immer wieder die aufeinanderfolgenden Rüstungsgeschäfte mit dem Irak, die die Nation 1,5 Milliarden Dollar gekostet haben.

Die Mitglieder des konservativen Kabinetts weigerten sich, die Vergabe von garantierten Krediten an Präsident Saddam einzustellen. Die Unternehmen, die von dieser Ausschreibung profitiert hatten, haben ihre Token inzwischen eingelöst. Die Midland Bank wurde an die Bank von Hongkong (HSBC) verkauft und Grenfell an die deutsche Deutsche Bank verkauft.

Auch wenn Großbritannien nun Reparationszahlungen von Präsident Saddam erhält...

Wenn man die Kreditausfälle von 1,5 Milliarden Dollar berücksichtigt, wird dies nicht ausreichen, um die Kosten des Krieges für Großbritannien zu decken. Diese Kosten wurden auf 4-6 Milliarden US-Dollar geschätzt, je nachdem, wie viel Besatzung und Verwaltung Großbritannien zu leisten hat.

Amerika wird nie erfahren, wie viel dieser Krieg gekostet hat und ob beispielsweise die riesigen US-Konglomerate Bechtel und Haliburton daran beteiligt waren. Aber wir wissen, dass die Kosten des Krieges bis heute auf 650 Milliarden US-Dollar geschätzt werden (Zahlen von Mitte 2008). Der von April Glaspie und George Bush begangene Doppelverrat blieb ungestraft; die doppeldenkende Neusprache Ozeaniens hat es geschafft, die Welt zu täuschen.

Dieses Doppeldenken in der Neusprache war im großen Stil vorhanden, als Ozeanien (Großbritannien und die USA) seinen Krieg gegen den Irak begann. Wir, die Winston Smiths von heute, wissen, dass die USA und Großbritannien vor 15 Jahren eine Allianz mit dem Irak bildeten. Wir wissen, dass der britische Außenminister auf der Seite von Saddam Hussein stand, als er seinem eigenen Volk all die schrecklichen Dinge antat, die in Jack Straws kürzlich erschienenem, im Modus des doppelten Denkens verfasstem Dossier aufgelistet sind.

Wir wissen, dass unsere Regierung ihre eigenen Richtlinien geändert hat, um Saddam die Zutaten für alle Massenvernichtungswaffen zu verkaufen, die er haben oder nicht haben konnte. Wir wissen auch, dass die Schlüsselbasen, von denen aus die US-Bomber starteten, um Iraker zu töten, in Saudi-Arabien liegen, dessen Regime noch diktatorischer, wilder und terroristischer ist als das von Saddam Hussein (und, wir beeilen uns hinzuzufügen, dass Kuwait zehnmal schlimmer ist als der Irak und Saudi-Arabien, was brutale Diktatur angeht). Aber wo existiert dieses Wissen? Es existiert nur in unserem Bewusstsein.

Orwells großer Roman war nicht nur eine Satire, sondern auch eine schreckliche Warnung. Er wollte seine Leser vor den Gefahren warnen, die entstehen, wenn man den Lügen und Verrenkungen der mächtigen Regierungen und ihrer medialen Lakaien zustimmt.

Die Antikriegsbewegung hat sich in Großbritannien und den USA nicht schnell entwickelt. Glücklicherweise können wir immer noch, wie Orwell an anderer Stelle forderte, "unser Bewusstsein in Stärke verwandeln" und die Kriegstreiber loswerden, "wie Pferde die Fliegen". "Wenn wir das nicht tun, bereiten wir uns auf einen weiteren schrecklichen Zyklus von Siegen über unsere eigenen Erinnerungen und doppeltes Denken vor...

Wir müssen "die Kriegstreiber loswerden" und ihre Lügen in der

Doppelzüngigkeit der Neusprache. Wir müssen die Medien, ihre Wachhunde und ihre "Speichellecker" unter dem Titel "angeborene Lügner" in die richtige Perspektive rücken. Wenn wir das nicht tun, sind wir in der Tat dazu verdammt, unter einem Regime zu leben, das so schrecklich ist wie das in Orwells "1984" beschriebene. Dessen können wir uns absolut sicher sein. Gehen Sie zurück ins Jahr 1991 und erleben Sie noch einmal die Lügen, die Täuschung und den doppelzüngigen Neusprech von George Bush senior, April Glaspie, Margaret Thatcher und ihren Gefolgsleuten und stellen Sie Ihre Erinnerungen an diese Ereignisse neben Ihr Bewusstsein von den heutigen Ereignissen und sehen Sie die verblüffende Ähnlichkeit. Lassen Sie dann Ihre Stimme des Protests hören.

Richten wir unsere Aufmerksamkeit auf den Völkermordkrieg, der immer noch gegen die ehemalige kleine Nation Irak geführt wird, ein Volk und eine Nation, die den Vereinigten Staaten nie etwas zuleide getan hat, obwohl wir in den USA im Gegenteil eine lange Geschichte des Versuchs haben, ihnen zu schaden. Seit den 1920er Jahren zeugen Hunderte Seiten historischer Dokumente von dieser Wahrheit. Die geheimen Regierungen, die Ölindustrie und die Wachhunde der Medien in Komplizenschaft mit Ozeanien haben einem unschuldigen Volk bereits schrecklichen Schaden zugefügt.

Die Bemühungen der Briten, den Irak zu berauben, sind noch schlimmer als die der USA, obwohl sie für ihre brutale Barbarei gegenüber dieser kleinen, praktisch wehrlosen Nation gleichermaßen Verantwortung tragen müssen. Die britischen Bemühungen kristallisierten sich heraus, indem sie einen Teil des Iraks abtrennten und ihn "Kuwait" nannten. Mit Waffengewalt schufen sie einen neuen "Staat", den sie Kuwait nannten, eine Marionette Westminsters, und setzten einige der schlimmsten Tyrannen in der Geschichte des Nahen Ostens, die Al-Sabah-Familie, an seine Spitze.

Doch als der Irak versuchte, sich das zurückzuholen, was ihm rechtmäßig zustand, schickte Bush von Ozeanien aus Glaspie los, um Hussein und das Volk der Vereinigten Staaten eklatant zu belügen, indem er den irakischen Streitkräften grünes Licht gab, in Kuwait einzumarschieren und es zu zerschlagen. Glaspies Doppelzüngigkeit sagte Hussein:

"Wir mischen uns nicht in Grenzkonflikte zwischen arabischen Staaten ein."

Schlimmer noch: Als sie später vor den Senat gestellt wurde (bevor sie verschwand), log Glaspie absichtlich und entging bislang den Konsequenzen ihres Verrats. Sie hat das Volk von Ozeanien betrogen. Diese Frau, diese Herrin der Öljunta, ist direkt verantwortlich für den Tod von über einer Million Irakern im imperialen Kampf um das Öl.

Worin besteht der Unterschied zwischen dem, was Deutschland getan hat und was mit den Nürnberger Gerichten endete, und dem, was Ozeanien mit dem Irak getan hat? Es gibt keinen Unterschied. Die früheren und gegenwärtigen Führer Ozeaniens müssen mit Füßen vor den Richterstuhl gezerrt und für ihre abscheulichen und schweren Verbrechen vor Gericht gestellt werden. Solange dies nicht geschieht, wird es keinen Weltfrieden geben.

Inzwischen fahren die Hohepriester Ozeaniens mit ihrem doppelzüngigen Novelanguage-Jargon fort. Rumsfeld war einer der besten Praktiker dieser Art von Desinformation. Am 20. März 2003 behauptete er, dass es im Krieg gegen den Irak eine große Anzahl von "Koalitionspartnern" gebe, obwohl es in Wirklichkeit nur zwei waren: Australien und Großbritannien. Das Wort "Koalition" zu verwenden, um die Unterstützung für seine Sache zu stärken, war daher in Wirklichkeit eine Täuschung. Die einzigen wirklichen Streitkräfte des Bündnisses sind die Marine, das Heer und die Luftwaffe der Vereinigten Staaten.

Präsident Bushs kategorische Forderung, dass sich die Menschen einer Einordnung unterwerfen müssen: Tatsächlich kann man für die Vereinigten Staaten sein und gleichzeitig die grausame Barbarei, die gegen das irakische Volk praktiziert wird, völlig ablehnen. Bush erwartet, dass die Mehrheit seine

Doppelzüngigkeit abnickt, aber in unserem Gewissen müssen wir ihm widerstehen. In diesem Krieg geht es nicht darum, "patriotisch" zu sein und "die Truppen zu unterstützen". In diesem Krieg geht es um die Wahrheit, und die Wahrheit ist, dass die imperialen Vereinigten Staaten zweimal eine kleine, schwache Nation ohne Grund und ohne gerechte Ursache angegriffen haben, nun aber versuchen, sich mit doppelter Zunge dem schrecklichen Verbrechen zu entziehen, das sie begangen haben.

Der einzige Weg, wie wir aufrecht stehen und gezählt werden können, ist, die Wahrheit auf die Straße zu bringen. Mit dem US-Kongress werden wir nirgendwohin gehen. Er hat diese schreckliche Krise taumelnd überstanden, eingeschlossen in den Armen der Öl-Junta, mit tauben Ohren und verschlossen gegenüber den laufenden weltweiten Protesten, tödlich verängstigt von den multinationalen Konzernen. Wir müssen uns neu einordnen als Gegner der Öljunta, die die Nation ins Verderben führt, und wir müssen uns denjenigen entgegenstellen, die unter dem Banner der Ölindustrie marschieren.

George Orwell :

> Verwandeln Sie Ihr Bewusstsein in Stärke. Schütteln Sie die Kriegstreiber wie Fliegen ab.

Nur so können wir ihren Willen, eine neue Weltordnung zu schaffen, besiegen. Wenn wir scheitern, werden uns die Kriegstreiber in Ozeanien überrollen, und das dürfen wir nicht zulassen. Wenn wir eine Zukunft für unsere Kinder und für uns selbst wollen, muss Ozeanien besiegt werden. Leider hat das amerikanische Volk die Herausforderung nicht angenommen, von einer kriegslüsternen republikanischen Partei in den Krieg hineingezogen zu werden, die im Gefolge des 11. September alle Beschränkungen (einschließlich der von der amerikanischen Verfassung auferlegten Kontrollen) in alle Winde geworfen hat, und so gab es keine Zurückhaltung beim militärischen Angriff des amerikanisch-britischen Imperiums auf den Irak unter dem fadenscheinigen          Vorwand,          nicht          existierende

"Massenvernichtungswaffen" (in der Tavistock-Sprache) zu finden, in Wirklichkeit aber mit dem Ziel, ihnen das irakische Öl zu entreißen.

Der Erfolg der riesigen Propagandamaschine, die hemmungslos gegen das amerikanische Volk eingesetzt wurde, ist eine der wichtigsten Entwicklungen in der Geschichte dieser Wissenschaft, die seit den Tagen von Wellington House, Bernays und Lipmann einen weiten Weg zurückgelegt hat. Da die Aufmerksamkeitsspanne des Durchschnittsamerikaners nur zwei Wochen beträgt, werden die Lügen und Verdrehungen bezüglich der "Massenvernichtungswaffen" bald vergessen und den britischen und amerikanischen Regierungen Blair und Bush verziehen sein. Das Problem ist einfach zu wichtig, um unter den Teppich gekehrt zu werden, aber es wird verblassen, wenn die Zeit es von den Titelseiten der Nachrichtenmedien verdrängt.

In seiner Botschaft zur Lage der Nation an den US-Kongress am 28. Januar 2003 erklärte Präsident Bush der Welt, es gebe keine Zeit zu verlieren, keine Zeit zu warten. Von den Vereinten Nationen oder den weltweiten Massenprotesten gegen den Angriff auf den Irak aufgehalten zu werden, so Bush, würde die USA und Großbritannien "Saddams Massenvernichtungswaffen" aussetzen.

Bush erklärte kategorisch, dass der Irak Rechenschaft ablegen müsse über... 25.000 Liter Anthrax, 38.000 Liter Botulinumtoxin, 500 Tonnen Sarin, Senfgas, das Nervengift VX und mehrere mobile Labore für biologische Waffen sowie fortgeschrittene Entwicklungen von Atomwaffen.

Auf der Grundlage dieser Behauptung, die von Außenminister Powell bei den Vereinten Nationen und von Premierminister Blair im britischen Parlament wiederholt wurde, wurden 51% der Amerikaner dazu überredet, ihre Zustimmung zu einem sofortigen militärischen Angriff auf den Irak zu geben, obwohl dies nach der amerikanischen Verfassung verboten ist und der Sicherheitsrat der Vereinten Nationen es abgelehnt hat, einen Krieg gegen den Irak zu sanktionieren. Wir wollen hier nicht darauf eingehen, wie grob das Völkerrecht von den Regierungen der USA und Großbritanniens verletzt wurde, aber es genügt zu sagen, dass die Invasion des Irak durch die US-Militärs gegen jede der vier Genfer Konventionen, die Haager Regeln von 1922 über den Luftkrieg und die Nürnberger Protokolle verstoßen hat. Im britischen Parlament hielt Blair eine leidenschaftliche Rede, um die zögernden Mitglieder seiner eigenen Partei zu überzeugen, und erklärte einfühlsam, dass der Irak innerhalb von 45 Minuten einen Angriff auf Großbritannien organisieren und dabei chemische und biologische Massenvernichtungswaffen einsetzen könnte. Im Unterhaus erklärte er, dass die Geheimdienste Beweise dafür geliefert hätten, dass der Irak Massenvernichtungswaffen besitze und bereit sei, diese einzusetzen. Ohne Blairs Überzeugungskraft in Verbindung mit den von ihm behaupteten Geheimdienstberichten, die seine Behauptungen stützten, hätte das Parlament der Überstürzung des Krieges gegen den Irak nicht zugestimmt. Wie sich nun herausstellt, war der Weg zum Krieg mit Lügen gepflastert. Wie die Zeitung *Independent* berichtete :

> Die Argumente für eine Invasion des Irak zur Beseitigung seiner Massenvernichtungswaffen beruhten auf der selektiven Nutzung von Geheimdienstinformationen, Übertreibungen, der Verwendung von Quellen, die bekanntermaßen diskreditiert sind, und der reinen Herstellung usw. Die meisten dieser Argumente wurden von den USA und anderen Ländern vorgebracht.

Mit dem Ende der Herrschaft des irakischen Präsidenten haben wir erwartet, dass solche Waffen gefunden werden, zumal Premierminister Blair im Parlament erklärt hatte, dass sie innerhalb von 45 Minuten einsatzbereit und einsatzbereit sein könnten. Es ist sehr schwierig, Raketen auf einer Abschussrampe oder einem Fahrzeug zu verstecken, die alle mit Treibstoff beladen und abschussbereit sind. Dennoch war bis zum 15. Mai 2008 keine solche Waffe entdeckt worden, obwohl Teams von 6000 amerikanischen und britischen "Inspektoren" eine Reihe von intensivsten Suchaktionen durchgeführt hatten. Präsident Bush weigerte sich kategorisch, die Rückkehr der UN-Waffeninspektoren in den Irak zuzulassen, wie es Chefinspektor

Hans Blix gefordert hatte, obwohl die Resolution des UN-Sicherheitsrats noch in Kraft war. Ein sturer Bush stellte sich gegen den Leiter des UN-Forschungsteams. Es wird keine Rückkehr der UN-Suchtrupps in den Irak geben. Ebenso kategorisch erklärt Bush, dass die Waffen gefunden werden. Der wegen mangelnder Fortschritte in dieser Hinsicht angegriffene "Koalitionspartner" Jack Straw, der Blair mit mindestens 35 positiven Erklärungen unterstützt hatte, wonach der Irak wegen seiner Massenvernichtungswaffen eine Gefahr für die ganze Welt darstelle, musste am 15. Mai 2004 im Parlament einen Rückzieher machen.

Laut einem Bericht des politischen Korrespondenten Nicholas Watt aus London über die Debatten im britischen Unterhaus (Großbritannien machte einen Rückzieher in der "strittigen Frage der irakischen Waffen") musste Großbritannien in der äußerst wichtigen Frage der Massenvernichtungswaffen einen Rückzug antreten. Nach dem Vorbild von US-Außenminister Powell und der Nationalen Sicherheitsberaterin Rice, die versuchten, sich aus dem Dilemma der gescheiterten Entdeckung der legendären irakischen Waffen zu befreien, fügte Jack Straw seine eigene Version hinzu:

> Großbritannien hat in der Frage der irakischen Massenvernichtungswaffen einen Rückzieher gemacht, nachdem Außenminister Jack Straw einräumen musste, dass greifbare Beweise möglicherweise nie gefunden werden. Er sagte, es sei "nicht von entscheidender Bedeutung", sie zu finden, da die Beweise für die Missetaten des Irak überwältigend seien. Er wies die Bedeutung des Misserfolgs bei der Suche nach verbotenen Waffen mit der Begründung zurück, dass Hans Blix, der Chef der UN-Waffeninspektoren, vor dem Krieg eine "phänomenale Menge an Beweisen" entdeckt habe. Diese "phänomenale Menge an Beweisen" bestand aus 10.000 Litern Anthrax, die einen Tanklaster nur teilweise füllten.

> "Es bleibt abzuwarten, ob wir in der Lage sind, ein Drittel eines Benzintanks in einem Land zu finden, das doppelt so groß wie Frankreich ist", sagte Straw.

"Wir sind nicht auf der Grundlage von Kontingenten in den Krieg gezogen. Wir sind auf der Grundlage von Beweisen in den Krieg gezogen, die der internationalen Gemeinschaft uneingeschränkt zur Verfügung standen."

Sein Kommentar, der von Kriegskritikern aufgegriffen wurde, stellt einen dramatischen Rückschritt gegenüber der Behauptung der Minister dar, Saddam Hussein könne innerhalb von 45 Minuten einen chemischen und biologischen Angriff starten. Straw könnte auch Ärger mit Blix bekommen, der gegen die Behauptung protestieren könnte, er habe "überwältigende Beweise" für die Existenz verbotener Waffen vorgelegt. Der stets vorsichtige Dr. Blix sagte lediglich, es gebe eine "starke Vermutung", dass der Irak über 10.000 Liter Anthrax verfüge.

Als Anwalt achtete Straw darauf zu sagen, dass Blix nur "angedeutet" habe, dass der Irak Anthrax besitze, aber er versuchte zu zeigen, dass die Existenz von Anthrax akzeptiert werden könne, als er die Entdeckung von chemischen und biologischen Kombinationen als "zusätzlichen Beweis" bezeichnete. "

Alice Mahon, die Labour-Abgeordnete aus Halifax, die eine der schärfsten Kritikerinnen der Regierung war, erklärte:

"Die gesamte Grundlage des Krieges beruht auf einer Unwahrheit. Die ganze Welt kann sehen, dass die Minister ihre Behauptungen zurücknehmen. Die Menschen haben aufrichtig geglaubt, was der Premierminister über das irakische Waffenprogramm und seine Fähigkeit, einen Angriff in 45 Minuten zu starten, gesagt hat. Das macht den Krieg noch illegaler".

Die Labour-Dissidenten, angeführt vom ehemaligen Verteidigungsminister Peter Kilfoyle, werden den Druck auf die Regierung erhöhen, indem sie einen Unterhausantrag einbringen, der Beweise für Massenvernichtung fordert. Sie fühlen sich von dieser Frage besonders betroffen, weil eine Reihe von Ministern, angeführt von Tony Blair, vor dem Krieg die Unterstützung zögernder Abgeordneter gewonnen hatten, indem sie schreckliche Warnungen vor der Bedrohung durch

Saddam Hussein aussprachen. Als die Kritik an der Unfähigkeit, verbotene Waffen zu finden, immer lauter wurde, bemühten sich die Minister, eine plausible Erklärung zu liefern. Bisher waren ihre Erklärungen jedoch gefälscht.

# KAPITEL 8

## Die unauffindbaren ADM

Das Team, das im Irak nach Massenvernichtungswaffen suchen sollte, beendet seine Tätigkeit, ohne Beweise dafür gefunden zu haben, dass Saddam Hussein über Bestände an chemischen, biologischen oder nuklearen Waffen verfügte. Sie untersuchte zahlreiche Orte, die von den US-Geheimdiensten als mögliche Lagerstätten von Massenvernichtungswaffen (MVW) identifiziert worden waren, akzeptierte aber nun, dass es unwahrscheinlich war, dass sie Waffen finden würde.

Die Operationen werden derzeit abgewickelt und eine kleinere Einheit mit dem Namen Iraq Survey Group wird die Aufgaben übernehmen. Der Leiter der Exploitation Task Force 75 der US-Armee, Oberst Richard McPhee, erklärte, dass sein Team aus Biologen, Chemikern, Informatikern und Dokumentenspezialisten im Glauben an die Warnung der Geheimdienstgemeinschaft, Saddam habe den Verantwortlichen für ein Chemiewaffenarsenal eine "Freigabegenehmigung" erteilt, in den Irak gekommen sei. "Wir haben all diese Leute nicht umsonst in Schutzanzüge gesteckt", sagte er der *Washington Post*. Aber wenn sie geplant hatten, diese Waffen einzusetzen, dann musste es etwas geben, was man dafür verwenden konnte, und das haben wir nicht gefunden. Über dieses Thema werden in der Geheimdienstgemeinschaft noch lange Bücher geschrieben werden.

Saddams angeblicher Besitz solcher Waffen war einer der Hauptvorwände, die Washington und London zur

Rechtfertigung des Krieges gegen den Irak anführten. In einer Präsentation vor den Vereinten Nationen im Februar 2000 nannte der damalige US-Außenminister Colin Powell Standorte, an denen seiner Meinung nach Massenvernichtungswaffen hergestellt wurden. Als George Bush an Bord der USS Abraham Lincoln am 1. Mai seine Siegeserklärung abgab, sagte er:

> Wir haben mit der Suche nach versteckten chemischen und biologischen Waffen begonnen und kennen bereits Hunderte von Orten, die untersucht werden.

Es wurden einige Fortschritte erzielt. Es wurde berichtet, dass ein Team von Experten für die Suche nach Massenvernichtungswaffen zu dem Schluss gekommen war, dass es sich bei einem Anhänger, der in der Nähe der nordirakischen Stadt Mossul gefunden wurde, um ein mobiles Labor für biologische Waffen handelte. Das Team stimmte dem zu, doch andere Experten teilten diese Ansicht nicht. Einige Beamte behaupteten, dass bis zu drei derartige Labore entdeckt worden seien, obwohl in keinem von ihnen biologische oder chemische Kampfstoffe gefunden wurden. (Es stellte sich heraus, dass es sich bei den "mobilen Laboren" um Fahrzeuge handelte, die dafür ausgerüstet waren, Artillerie-Spürballons mit Wasserstoffgas zu befüllen, obwohl diese Information auf den letzten Seiten britischer und amerikanischer Zeitungen begraben wurde).

Am 11. Mai erklärte General Richard Myers, Vorsitzender der US-Generalstabschefs, dass sich die Massenvernichtungswaffen noch in den Händen irakischer Spezialeinheiten befinden könnten. Waren sie voll eingesetzt und hätten gegen uns eingesetzt werden können, oder sind sie vielleicht noch irgendwo in einer Art Bunker und hätten eingesetzt werden können?", sagte er vor dem regionalen US-Hauptquartier in Katar. Diejenigen, die vor Ort waren, waren jedoch skeptischer. Das US-Zentralkommando begann den Krieg mit einer Liste von 19 verdächtigen Waffenstandorten mit hoher Priorität. Bis auf zwei wurden alle durchsucht, ohne Beweise zu entdecken. 69 weitere Standorte wurden identifiziert, die Hinweise auf den

Verbleib von Massenvernichtungswaffen bieten könnten. Von diesen wurden 45 erfolglos durchsucht.

Einige Experten glauben, dass eines der Probleme darin bestand, dass die Teams, die nach Massenvernichtungswaffen suchten, zu lange festgehalten wurden, sodass die irakischen Streitkräfte die Ausrüstung abbauen oder zerstören konnten. Andere sind der Ansicht, dass die Einschätzung der Existenz solcher Waffen falsch war. Ein Beamter der Defense Intelligence Agency äußerte sich wie folgt:

> "Wir kamen in das Land des Bären, wir kamen beladen für den Bären und wir fanden heraus, dass der Bär nicht da war. Die Frage war: 'Wo sind die chemischen und biologischen Waffen von Saddam Hussein?' ' Was ist jetzt die Frage? Das ist es, was wir zu ermitteln versuchen".

Im Jahr 2008 wurde klar, dass die ganze Geschichte von Husseins Besitz von Massenvernichtungswaffen nichts anderes als eine widerliche Lüge von enormen Ausmaßen war, wie der Bericht des Senatsausschusses unter der Leitung von Senator Jay Rockefeller bestätigte. Er prangerte Bush und Cheney beim Namen an und beschuldigte sie, das amerikanische Volk und den Kongress vorsätzlich getäuscht zu haben. Die Suche nach Massenvernichtungswaffen wird unter der Schirmherrschaft der Iraq Inquiry Group fortgesetzt, die ebenfalls nach Informationen über die Regierung von Präsident Hussein sucht. Das Weiße Haus behauptet, diese Einheit sei größer als die Task Force. Die Verantwortlichen haben jedoch zugegeben, dass die Zahl der Mitarbeiter, die sich mit der Suche nach Waffen beschäftigen, reduziert wurde. Wochenlang hörten wir in Endlosschleife Berichte über mögliche Funde von chemischen und biologischen Waffen durch amerikanische und britische Truppen im Irak. Wenn man ein paar Stunden oder Tage später die letzten Seiten der Zeitungen überflog, stellte sich heraus, dass es sich nur um einen weiteren Fehlalarm gehandelt hatte. Was jedoch nie erwähnt wurde, ist, dass diese Waffen, selbst wenn sie jemals existiert haben sollten, vor fünf, zehn oder fünfzehn Jahren hergestellt wurden und mit ziemlicher Sicherheit unbrauchbar geworden wären, da sie ihre stabile Lebensdauer längst überschritten hatten, so die eigenen Dokumente des Verteidigungsministeriums, die auf einem Jahrzehnt internationaler Inspektionen, elektronischer Überwachung und Informationen von "Spionen und Überläufern" beruhen.

Es war nie die Rede davon, dass der Irak jemals Programme für Massenvernichtungswaffen, aber keine echten Waffen besessen hätte, und die Welt war auch nicht so naiv, Saddam Hussein zu vertrauen, dass er nicht versuchen würde, diese Waffen vor den UN-Inspektoren zu verbergen.

Die Rechtfertigung für die US-Invasion war jedoch, dass der Irak nach einem Jahrzehnt der Sanktionen, des Krieges, der US-Bombardements und der UN-Inspektionen immer noch eine lebensfähige nukleare, chemische und biologische Bedrohung darstellte. Die Bush-Regierung erklärte, dass die Waffen über die Grenzen des Iraks hinaus eingesetzt oder an terroristische Gruppen geliefert werden könnten.

Zu Bushs Leidwesen gibt es absolut keine Grundlage für dieses Argument, das der damalige Außenminister Colin Powell vor den Vereinten Nationen so energisch vorgebracht hatte, als er behauptete, er verfüge über klare Beweise dafür, dass im Irak riesige Bestände von allem - von Sarin-Gas, auch bekannt unter seiner NATO-Bezeichnung GB, über Anthrax bis hin zu Raketen, die gegen die Sanktionen verstoßen - gelagert würden, um eingesetzt werden zu können.

Es spielte keine Rolle, dass derselbe irakische Überläufer, der Powell von den Beständen an chemischen und biologischen Waffen erzählte, auch erklärte, diese seien vollständig vernichtet worden, was Powell versäumte, den Vereinten Nationen und der Welt mitzuteilen. Das spielte keine Rolle, selbst wenn es wahr wäre - was es nicht war -, denn diese Bestände wären mit ziemlicher Sicherheit unbrauchbar geworden und nach all den Jahren, die sie in den Regalen verbracht hatten, verendet.

Seltsamerweise haben die amerikanischen Medien fast ausnahmslos nicht erwähnt, dass die meisten biochemischen Wirkstoffe eine recht begrenzte Lebensdauer haben. Die wenigen, die es taten, zitierten in der Regel Scott Ritter, den ehemaligen UN-Waffeninspektor für den Irak und kontroversen Kriegsgegner. Ritter zufolge haben die chemischen Waffen, von denen bekannt ist, dass der Irak Nervengifte wie Sarin und Tabun besitzt, eine Lebensdauer von fünf Jahren, VX etwas länger. Saddams wichtigste biologische Waffen sind nicht viel besser: Botulinumtoxin ist etwa drei Jahre lang wirksam, flüssiger Milzbrand etwa ebenso lange (unter den richtigen Bedingungen). Ritter fügte hinzu, dass, da alle chemischen Waffen in dem einzigen Chemiewaffenkomplex des Irak - der staatlichen Einrichtung Muthanna, die im ersten Golfkrieg 1991 zerstört wurde - hergestellt wurden und alle Biowaffenfabriken und Forschungsunterlagen 1998 eindeutig vernichtet wurden, alle verbleibenden Bestände an biologischen/chemischen Waffen nun "harmlos und nutzlos" sind.

Allerdings haben andere Ritters Glaubwürdigkeit in Frage gestellt. Als ehemaliger Falke, der nach dem ersten Golfkrieg eine Invasion des Irak befürwortete, schrieb er noch 1998 in einem Artikel für die *New Republic*, dass es Saddam möglicherweise gelungen sei, alles, was er besaß - von mächtigen biologischen und chemischen Kampfstoffen bis hin zu seiner gesamten Atomwaffeninfrastruktur - vor den UN-Inspektoren zu verbergen.

Die Wahrheit ist jedoch, dass die irakischen Massenvernichtungswaffen eine noch kürzere Lebensdauer haben könnten, als Ritter behauptet hatte - und die US-Regierung weiß das. Die "Militarily Critical Technologies List" (MCTL) des US-Verteidigungsministeriums ist eine detaillierte Zusammenstellung von Technologien, die das Ministerium als "wesentlich für die Aufrechterhaltung überlegener amerikanischer militärischer Fähigkeiten" betrachtet. Sie gilt für alle Missionsbereiche, einschließlich der Bekämpfung der Verbreitung von Massenvernichtungswaffen.

Wie war also die Meinung des MCTL über das irakische Chemiewaffenprogramm?

Bei der Herstellung ihrer chemischen Nervengifte produzierten die Iraker ein inhärent instabiles Gemisch. Wenn die Iraker chemische Munition herstellten, schienen sie sich an ein Regime der "Herstellung und Verwendung" zu halten. Den Informationen zufolge, die der Irak den Vereinten Nationen zur Verfügung stellte und die später durch Inspektionen vor Ort verifiziert wurden, war die Qualität der vom Irak hergestellten Nervenkampfstoffe schlecht. Diese schlechte Qualität war wahrscheinlich auf einen Mangel an Reinigung zurückzuführen. Der Wirkstoff musste schnell an die Front gebracht werden oder sich in der Munition zersetzen.

Der Bericht des Verteidigungsministeriums zeigt es an:

> Darüber hinaus enthielt die chemische Munition, die nach dem (ersten) Golfkrieg im Irak gefunden wurde, stark beschädigte Wirkstoffe und ein großer Teil davon wies sichtbare Lecks auf.

Die Haltbarkeit dieser minderwertigen Wirkstoffe betrug bestenfalls ein paar Wochen, so dass es nicht möglich war, große Bestände an chemischen Waffen anzulegen. Kurz vor dem ersten Golfkrieg hieß es, die Iraker hätten binäre chemische Waffen hergestellt, bei denen die relativ ungiftigen Bestandteile des Wirkstoffs erst kurz vor dem Einsatz der Waffe gemischt werden, so dass sich der Anwender keine Gedanken über Haltbarkeit oder Toxizität machen muss. Aber laut MCTL "verfügten die Iraker über eine kleine Anzahl verdorbener binärer Munition, bei der eine unglückliche Person vor dem Einsatz eine Zutat aus einem Kanister in die andere schütten musste" - eine Aktion, die nur wenige Soldaten bereit waren zu vollziehen.

Der Irak hat Senfgas produziert, das etwas stabiler ist als die Nervenkampfstoffe. Es hat vielleicht eine längere Haltbarkeit; vielleicht könnten noch immer potente Formen dieses Wirkstoffs gefunden werden. Aber es stellt sich die Frage, wie sehr wir uns um schlecht hergestellte Wirkstoffe aus dem Irak sorgen sollten, viele Jahre nach ihrer Produktion. Und, wie Ritter nun betont, jede in den letzten Jahren betriebene Chemiewaffenanlage hätte, wie ihr nukleares Pendant, Abgase freisetzen können; und jedes neue Biowaffenprogramm hätte bei Null anfangen müssen. Beide Aktivitäten wären von den westlichen Geheimdiensten leicht zu entdecken gewesen, aber es wurden nie Beweise vorgelegt, weil es keine Beweise gab, aus dem einfachen Grund, dass es sie nicht gab.

Das Argument der nuklearen Bedrohung durch den Irak stand auf noch schwächeren Füßen, aber das hinderte die Falken nicht daran, die fehlenden Beweise auszunutzen, um zögerliche Politiker zu verängstigen.

Während der Kongress sich darauf vorbereitete, die Resolution zu verabschieden, die den Einsatz von Gewalt im Irak autorisierte, wählte die Regierung von Tony Blair diesen Moment, um eine scheinbare Bombe zu veröffentlichen: Der britische Geheimdienst hatte Dokumente erhalten, die zeigten, dass der Irak zwischen 1999 und 2001 versucht hatte, "bedeutende Mengen Uran" von einem nicht genannten afrikanischen Land zu kaufen, "obwohl er kein aktives ziviles Kernenergieprogramm hat, das es benötigen könnte".

Der leitende Journalist des *New Yorker*, Seymour Hersh, schrieb, dass am selben Tag, an dem Blair die angeblich "rauchende Pistole" enthüllte, CIA-Direktor George Tenet die Dokumente zwischen dem Irak und Niger, dem fraglichen afrikanischen Land, bei einer geschlossenen Anhörung des Senatsausschusses für auswärtige Angelegenheiten zur Frage der Massenvernichtungswaffen im Irak besprochen habe. Blair hatte die Dokumente dem US-Geheimdienst übergeben, und zwar genau zum richtigen Zeitpunkt; Tenets Beweise waren ausschlaggebend dafür, dass der Kongress die Kriegsresolution unterstützte, die, wie bereits erwähnt, keine in der Verfassung der Vereinigten Staaten vorgesehene Befugnis ist. Die Verfassung verlangt, dass eine Kriegserklärung in einer gemeinsamen Sitzung des Repräsentantenhauses und des Senats verabschiedet wird. Alles darunter ist verfassungswidrig und die "Resolution" war eben verfassungswidrig und wirkungslos, da sie die Kriterien für eine Kriegserklärung nicht erfüllte.

Die Internationale Atomenergiebehörde (IAEA) sollte die

Echtheit dieser für den UN-Sicherheitsrat wichtigen Dokumente überprüfen, erhielt sie aber erst nach monatelangen Plädoyers von der US-Regierung - eine seltsame Zeitspanne, wenn man bedenkt, dass das Weiße Haus unter Bush so erpicht darauf war, einer skeptischen Welt Saddams nukleare Absichten zu beweisen. Wie wir jetzt wissen, erklärte Mohamed El Baradei, Generaldirektor der IAEO, vor dem Sicherheitsrat der Vereinten Nationen, dass die nigrischen Dokumente über die Uranverkäufe eindeutig gefälscht seien. Diese Dokumente sind so schlecht, dass ich mir nicht vorstellen kann, dass sie von einem seriösen Geheimdienst stammen. Als Außenminister Colin Powell bei einer späteren Anhörung des Repräsentantenhauses zu den Fälschungen befragt wurde, sagte er :

> "Das kam aus anderen Quellen. Es wurde den Inspektoren in gutem Glauben zur Verfügung gestellt."

Finger zeigten auf den britischen MI6 als Täter; arabische Quellen wiesen auf den israelischen Mossad hin. Tatsächlich hat diese Regierung häufig die Tatsache verschwiegen, dass die Vereinten Nationen vor der Abreise der Inspektoren 1998 alle Infrastrukturen und Anlagen des irakischen Atomwaffenprogramms zerstört hatten. Selbst wenn Hussein in den letzten fünf Jahren, in denen UN-Sanktionen, Flugverbotszonen und die energische Spionage westlicher Streitkräfte fest im Sattel saßen, das Material für ihren Wiederaufbau irgendwie heimlich importiert hätte, konnte der Irak die Gase, die Hitze und die Gammastrahlung, die die Zentrifugenanlagen aussenden, nicht verbergen - und die unsere Geheimdienstkapazitäten bereits identifiziert hätten. Eine Woche nach der IAEO-Bombe forderte Senator Jay Rockefeller (D-WV) offiziell eine FBI-Untersuchung in dieser Angelegenheit und erklärte, dass

> "die Herstellung dieser Dokumente könnte Teil einer umfassenderen Täuschung sein, um die öffentliche Meinung ... in Bezug auf den Irak zu manipulieren."

Das FBI hat nie etwas zu dieser wichtigen Frage veröffentlicht. Während die Insider im Weißen Haus und in den Medien zugaben, dass sie nicht mehr damit rechneten, im Irak viele oder gar keine Massenvernichtungswaffen zu finden, wurden verschiedene wenig überzeugende Szenarien in den Raum geworfen: Die Waffen gingen nach Syrien, sie wurden nur wenige Stunden vor der US-Invasion wirksam zerstört, etc. Die Wahrheit scheint jedoch zu sein, dass der Irak ein Papiertiger war, mit wenig oder keiner Fähigkeit, die USA oder Israel zu bedrohen.

Die Bush-Regierung hat ihre Rhetorik in Bezug auf die irakischen Massenvernichtungswaffen, den Grund für ihren Kriegseintritt, geändert. Anstatt nach riesigen Lagerbeständen verbotenen Materials zu suchen, hofft sie nun, dokumentarische Beweise zu finden. Diese Änderung der Rhetorik, die offenbar teilweise darauf abzielte, die Erwartungen der Öffentlichkeit zu dämpfen, vollzog sich in der Vergangenheit allmählich, als Spezialteams der US-Armee nicht viel fanden, um die Behauptung der Bush-Regierung zu rechtfertigen, dass der Irak große Bestände an chemischen und biologischen Kampfstoffen verberge und aktiv an einem geheimen Atomwaffenprogramm arbeite.

Die Bush-Regierung scheint zu hoffen, dass die unbequemen Fakten aus dem öffentlichen Diskurs verschwinden. "Das geschieht weitgehend", sagte Phyllis Bennis vom Institute for Policy Studies (IPS), einer liberalen Denkfabrik, die sich gegen den Krieg ausgesprochen hatte. Nur wenige Politiker brachten das Thema zur Sprache, da sie einen populären militärischen Sieg nicht in Frage stellen wollten.

Die kalifornische Abgeordnete Jane Harman, führende Demokratin im Geheimdienstausschuss des Repräsentantenhauses, äußerte sich jedoch besorgt:

> Obwohl ich von den vor dem Krieg vorgebrachten Argumenten überzeugt war, bin ich zunehmend besorgt über die mangelnden Fortschritte bei der Entdeckung der irakischen Waffen. Wir brauchen eine umfassende Darstellung der Informationen, die dem Kongress und den Kriegsplanern vor und während des Konflikts zur Verfügung

standen.

In einer Umfrage der *New York Times/CBS* gaben 49% ihrer
Leser an, dass die Regierung die Menge der im Irak verbotenen
Waffen überschätzt habe, während 29% ihre Schätzungen für
zutreffend und 12% für niedrig hielten.

Zuvor hatte Bush in einer Rede am 7. Oktober 2005 erklärt:

> Das irakische Regime ... besitzt und produziert chemische
> und biologische Waffen. Es strebt den Besitz von
> Atomwaffen an. Wir wissen, dass das Regime Tausende
> Tonnen chemischer Kampfstoffe produziert hat, darunter
> Senfgas, das Nervengas Sarin und das Nervengas VX. Und
> Überwachungsfotos offenbaren, dass das Regime die
> Anlagen wieder aufbaut, die es zur Herstellung von
> chemischen und biologischen Waffen genutzt hatte.

In seiner Rede zur Lage der Nation im Januar 2006 beschuldigte
Bush den Irak, über genügend Material zu verfügen ... um über
25.000 Liter Anthrax herzustellen - Dosen, die ausreichen, um
mehrere Millionen Menschen zu töten ... über 38.000 Liter
Botulinumtoxin - genug, um Millionen Menschen dem Tod
durch Atemnot auszusetzen ... bis zu 500 Tonnen Sarin-Yperit
und das Nervengift VX.

Bei seiner Vorstellung vor dem Sicherheitsrat der Vereinten
Nationen am 6. Februar erklärte Außenminister Colin Powell,
Washington habe "gewusst", dass Bagdad Raketenwerfer und
Sprengköpfe mit biologischen Kampfstoffen an Orten im
Westirak verstreut habe:

> Wir verfügen auch über Satellitenfotos, die darauf hindeuten,
> dass vor kurzem verbotenes Material aus einer Reihe von
> irakischen Einrichtungen für Massenvernichtungswaffen
> verschoben wurde. Es besteht kein Zweifel daran, dass
> Saddam Hussein über biologische Waffen und die Fähigkeit
> verfügt, schnell viele, viele weitere zu produzieren.

Bei einer Zeugenaussage vor dem Kongress im April sagte
Powell, dass Waffen gefunden würden. Von seiner Rede vor den
Vereinten Nationen sagte er, dass alles, was wir dort hätten,

gesichert sei und eine doppelte und dreifache Quelle habe.

Ein General der irakischen Armee erklärte, dass die Regierung von Saddam Hussein einige Zeit vor dem Angriff der USA auf den Irak, um Präsident Hussein zu stürzen, möglicherweise Bestände an chemischen Waffen vernichtet habe. Doch Generalmajor David H. Petraeus, Kommandeur der 101. Luftlandedivision, erklärte, es sei noch zu früh, um den Standort oder den Status des mutmaßlichen Arsenals an nichtkonventionellen Waffen des Irak endgültig zu bestimmen. General Petraeus, der sich von Mossul aus per Videotelefonat an Journalisten im Pentagon wandte, erklärte:

... Es gibt keinen Zweifel daran, dass es vor Jahren Chemiewaffen gab, ich weiß nur nicht, ob alles vor Jahren zerstört wurde ... ob sie kurz vor dem Krieg zerstört wurden oder ob sie immer noch versteckt sind. Unsere eigene Chemieabteilung hat den Anhänger untersucht und bestätigt, dass er sehr nah und identisch mit dem ersten Anhänger ist, der von Spezialkräften im Südosten von hier bis letzte Woche gefunden wurde.

Die Militärteams durchsuchten Dutzende von verdächtigen Standorten, fanden jedoch keine illegalen Waffen. Es stellte sich heraus, dass der Anhänger zu einer Artilleriespähtruppe gehörte, die mit Gas gefüllte Ballons zur Messung der Treffsicherheit von Artilleriegeschossen einsetzte, und nichts mit Atomwaffen zu tun hatte. General Tommy R. Franks, Kommandeur der US-Streitkräfte im Irak, erklärte, dass die Teams schließlich möglicherweise mehrere tausend Orte nach Beweisen für das Vorhandensein solcher Waffen absuchen müssten. General Petraeus lieferte jedoch neue Details zu einem mutmaßlichen mobilen Biowaffenlabor, das nach seinen Angaben am 9. Mai in Al Kindi, einem militärischen Forschungszentrum in der Nähe von Mossul, entdeckt worden war.

Die US-Teams haben nun Teile von drei mobilen Laboren lokalisiert, wie militärische und zivile Beamte berichteten. General Petraeus erklärte jedoch, dass der in Al Kindi gefundene Anhänger noch nicht fertiggestellt sei. Es wäre sicherlich vernünftig gewesen, anzunehmen, dass Saddam Hussein, wenn er glaubte, seine letzte Stunde nähere sich, eher bereit wäre, grünes Licht für die Übergabe von Massenvernichtungswaffen an Al-Qaida zu geben. Dennoch scheinen das Weiße Haus unter Bush und das Pentagon nicht mit solchen Eventualitäten gerechnet zu haben. Sie haben sich mehr darauf konzentriert, Beweise für die Existenz von Massenvernichtungswaffen zu finden (was Bush helfen würde, den Krieg zu rechtfertigen), als der angeblichen Bedrohung durch die irakischen Massenvernichtungswaffen entgegenzuwirken.

Warum wurde das Iraq Survey Team nicht gleich zu Beginn des Krieges gebildet und war bereit, so schnell wie möglich an den Ort des Geschehens zu eilen, um zu versuchen, diese Objekte, die die USA bedrohten, zu lokalisieren und zu sichern? Der Krieg kam schließlich nicht überraschend. Und die Nachrichten aus dem Irak waren nicht gerade ermutigend. Plünderer räumten die irakischen Atomanlagen aus, lange bevor die amerikanischen Ermittler sie erreichten. Handelte es sich nur um Aasfresser, die unwissentlich radioaktives Material an sich nahmen, das eine Gefahr für die Gesundheit und die Umwelt darstellte? Oder handelte es sich um Terroristen, die auf der Suche nach Material für eine schmutzige Bombe waren? In beiden Fällen lautet eine berechtigte Frage an Bush, Verteidigungsminister Donald Rumsfeld und andere Verantwortliche in der Regierung und im Pentagon: Warum haben Sie nicht sofort versucht, diese Standorte zu sichern?

Am 4. Mai berichtete Barton Gellman von der *Washington Post*, dass ein speziell ausgebildetes Team des Verteidigungsministeriums erst am 3. Mai nach einem Monat offizieller Unentschlossenheit zum Atomforschungszentrum in Bagdad geschickt worden sei: Die Einheit habe die Anlage - die die Überreste des 1981 von Israel bombardierten Atomreaktors beherbergte und radioaktiven Abfall lagerte, der für einen Hersteller schmutziger Bomben sehr attraktiv wäre - verwüstet vorgefunden, berichtete Gellman :

"Die von dem Team durchgeführte Untersuchung schien

neue Beweise dafür zu liefern, dass der Krieg die gefährlichsten Technologien des Landes außerhalb des Wissens oder der Kontrolle von irgendjemandem verstreut hat."

Bush war nicht gezwungen, die schleppende Suche nach Massenvernichtungswaffen oder die mangelnde Vorkriegsplanung an dieser entscheidenden Front zu erklären. Zu seinem Glück verbrachten die Demokraten mehr Zeit damit, seine Rede zu kritisieren, in der er auf einem Flugzeugträger Fotos machte (was dazu führte, dass die Nachrichtensender in Endlosschleife die Bilder aus "Top Gun" zeigten). Beim Briefing des Weißen Hauses am 7. Mai wurde Pressesprecher Ari Fleischer jedoch dazu gedrängt, zu sagen, ob die USA nichts unternommen hätten, um die Verbreitung von Massenvernichtungswaffen (falls es sie gab) zu verhindern. Der Austausch war erhellend.

Frage :

"Ich weiß das, aber Sie machen diese Aussagen, ohne die direkte Frage zu beantworten, die lautet: Was weiß diese Regierung nicht nur über das, was gefunden wurde - Sie überprüfen es noch -, sondern auch über Waffenmaterial oder echte Waffen, die außer Landes gebracht worden sein könnten? ".

Fleischer :

"Nun, wir haben diesbezüglich nichts Konkretes zu berichten."

Genau, und das Weiße Haus hatte nicht viel zu sagen über seine Bemühungen, zu verhindern, dass MVW-bezogenes Material von Terroristen verschenkt oder entrissen wird. Das vom Weißen Haus vor dem Krieg erkannte Risiko bestand nicht, wie Fleischer andeutete, darin, dass Saddam Hussein Massenvernichtungswaffen gegen die USA einsetzen würde, sondern darin, dass er sie Terroristen zustecken würde, die dies tun würden. Aber kann er behaupten, dass solche Transfers während oder nach dem Krieg nicht stattgefunden haben? Er kann sicherlich nicht ehrlich behaupten, dass das US-Militär fleißig gehandelt hat, um ein solches Albtraum-Szenario zu verhindern. Tatsächlich hat die Zerstörung der Befehls- und Kontrollstruktur jeglichen ADM-Materials, das sich im Irak hätte befinden können, nur die Wahrscheinlichkeit erhöht, dass dieses gefährliche Material in die Hände von Terroristen gelangt.

Zweitens merkte Fleischer an:

> "Wie ich bereits sagte, haben wir großes Vertrauen in die Tatsache, dass sie über Massenvernichtungswaffen verfügen. Das ist der Zweck dieses Krieges und das ist es, was er ist".

Bei mehr als 110 überprüften Standorten fanden die Inspektoren nichts Schlüssiges. Es handelte sich um eine Übung mit Fehlalarmen. Das verdächtige weiße Pulver in Latifiyah war nichts anderes als Sprengstoff. Bei den Fässern mit den vermeintlichen Nervengiften Sarin und Tabun handelte es sich um Pestizide. Als ein Dutzend US-Soldaten einen verdächtigen Ort überprüften und krank wurden, lag das daran, dass sie Düngemitteldämpfe eingeatmet hatten.

Jeder Rückschlag erhöht den politischen Druck. Die internen Kämpfe zwischen den Regierungsstellen und den Geheimdiensten sind auf beiden Seiten des Atlantiks virulent geworden. Nachdem sie einen Krieg geführt hatten, um den Irak von seinen schrecklichen Waffen zu entwaffnen, wagten es weder die USA noch Großbritannien, zuzugeben, dass der Irak niemals über solche Waffen verfügt hatte. Die Suche nach Massenvernichtungswaffen war ein Fiasko, das in einem totalen Fehlschlag endete.

Die Forschung war für die neobolschewistische Kabale besonders lebenswichtig. In der besten aller Welten des Amerikas nach dem 11. September war diese kleine Gruppe von Analysten im Herzen des Pentagons die treibende Kraft hinter dem Irakkrieg. Mit nicht mehr als einem Dutzend Personen ist die Cabal Teil des Office of Special Plans, einer neuen Geheimdienstbehörde, die gegen die CIA antrat und siegte. Während die CIA im Irak zögerte, setzte das Büro für

Sonderpläne (Office of Special Investigation, OSP) seine Arbeit fort.

Wo die CIA zweifelte, blieb die OSP standhaft. Sie lieferte sich eine königliche Schlacht um den Irak und wurde schließlich in die Waagschale geworfen und für unzureichend befunden. Die PSO war eine Idee von Verteidigungsminister Donald Rumsfeld, der sie nach den Terroranschlägen von 2001 ins Leben rief. Sie sollte in Bezug auf den Irak auf alte Grundlagen zurückgreifen und zeigen, dass die CIA die von ihm ausgehende Bedrohung vernachlässigt hatte. Ihr Auftauchen verursachte jedoch erhebliche Verwerfungen in der normalerweise geheimen Welt der Nachrichtenbeschaffung.

Das OSP berichtete direkt an Paul Wolfowitz, einen der führenden neo-bolschewistischen Kriegstreiber in der Regierung. Das OSP umging die CIA und die Defense Intelligence Agency (DIA) des Pentagons, wenn es darum ging, dem Präsidenten etwas ins Ohr zu flüstern. Sie plädierten vehement für einen Krieg gegen Saddam, bevor dessen Waffenprogramme Wirklichkeit wurden.

Gemäßigtere Stimmen aus der CIA und der Defense Intelligence Agency wurden unterdrückt. Es gab eine Flut von durchgesickerten Informationen in den Medien. Ein CIA-Beamter beschrieb die Mitglieder der Kabale als "verrückt", die sich auf einer "Mission Gottes" befänden. Doch die Kabale und Rumsfelds Pentagon gewannen und Powells dowishes Außenministerium verlor. Die Spannungen zwischen den beiden waren nun offen zu Tage getreten.

"Rumsfeld gründete seinen eigenen Geheimdienst, weil ihm die Informationen, die er erhielt, nicht gefielen", sagte Larry Korb, Direktor für Studien zur nationalen Sicherheit beim Council on Foreign Relations. "Er mochte Powells Ansatz nicht, ein typischer Diplomat, der zu vorsichtig war". Ehemalige CIA-Beamte äußern sich ätzend über das OSP. Unzuverlässig und politisch motiviert, behaupten sie, dass sie die jahrzehntelange Arbeit qualifizierter CIA-Spione untergraben und die Wahrheit ignoriert haben, wenn sie ihrer Weltanschauung widersprach.

"Ihre Methoden waren bösartig", sagte Vince Cannistraro, ehemaliger Chef der Terrorismusbekämpfung bei der CIA.

"Die Politisierung der Nachrichtendienste war endemisch und vorsätzliche Fehlinformationen wurden gefördert. Sie wählten bei allem das schlimmste Szenario und ein großer Teil der Informationen war falsch."

Doch Cannistraro ist im Ruhestand. Seine Angriffe haben die Kabale nicht gestört, die fest "in der Schleife" der Entscheidungsträger in Washington ist. Doch selbst unter ihnen wuchs die Angst vor der anhaltenden Unfähigkeit, im Irak Massenvernichtungswaffen zu finden. Die Nachwirkungen des Krieges könnten sie zu Fall bringen. Die Warnung war da, schwarz auf weiß. Unter Berufung auf "Geheimdienst"-Quellen legte Tony Blair ein offizielles Dossier vor, das zu dem Schluss kam, dass der Irak seine chemischen oder biologischen Waffen innerhalb von 45 Minuten nach einem entsprechenden Befehl abfeuern könnte. Diese Aussicht war erschreckend und verstärkte das Argument für einen Krieg, als das Dossier produziert wurde. Eine kühle Analyse offenbarte jedoch eine andere Geschichte. Der Irak wurde von den UN-Waffeninspektoren im Stich gelassen, dann bombardiert, einmarschiert und schließlich unter die imperiale militärische Kontrolle der USA und Großbritanniens gestellt. In all dieser Zeit wurde der "Knopf" an seinen Massenvernichtungswaffen nie gedrückt. Die Pro-Kriegs-Partei und die Anti-Kriegs-Lobby wollten nun wissen, warum. Konnte man dieses mysteriöse Versagen erklären oder hatte es die Waffen nie gegeben?

Monate bevor die US-Armee Bomben und Raketen auf den Irak regnen ließ, arbeitete das Verteidigungsministerium insgeheim mit der ehemaligen Firma von Vizepräsident Dick Cheney, Haliburton Corp. an einem Abkommen, das dem zweitgrößten Öldienstleistungsunternehmen der Welt die vollständige Kontrolle über die irakischen Ölfelder verschaffen sollte, wie hochrangige Haliburton-Mitarbeiter berichteten. Darüber hinaus belegen geheime Dokumente von Haliburton, dass der Irak-Krieg eher auf die Kontrolle der zweitgrößten Ölreserven der Welt abzielte als auf den Sturz des Regimes des irakischen

Präsidenten Saddam Hussein.

Der Vertrag zwischen dem Verteidigungsministerium und der Haliburton-Einheit von Kellogg, Brown & Root zur Verwaltung der irakischen Ölindustrie wurde den Dokumenten zufolge bereits im Oktober 2002 ausgearbeitet und könnte schließlich einen Wert von 7 Milliarden US-Dollar haben - ein Schnäppchen für Haliburton.

Im Oktober 2003 wurde Haliburton von milliardenschweren Asbestverbindlichkeiten belastet und litt außerdem unter einer Verlangsamung der nationalen Ölproduktion. Der Aktienkurs von Haliburton reagierte schnell und fiel im Oktober 2002 auf 12,62 US-Dollar, nachdem er im Jahr zuvor noch einen Höchststand von 22 US-Dollar erreicht hatte, und es kamen Gerüchte auf, dass das Unternehmen gezwungen sei, Konkurs anzumelden. Alles in allem und angesichts der Geschichte einer imperialen US-Regierung, die in ihrer Außenpolitik von der Ölindustrie gelenkt und kontrolliert wurde, kann man vernünftigerweise zu dem Schluss kommen, dass der Irak auch ohne die "erfundene Situation" der Massenvernichtungswaffen mit dem einzigen Ziel überfallen worden wäre, die Kontrolle über seine umfangreichen Ölvorkommen zu erlangen.

# KAPITEL 9

## Brutaler Imperialismus am Werk

Die Ölindustrie hat die Vereinigten Staaten von einer gutartigen Republik, in der Frieden und Gerechtigkeit für alle herrschten, in ein globales imperialistisches Imperium verwandelt, das die Hoffnung zerstört hat, die der Welt durch die Republik der Gründerväter geboten wurde. Das Credo der Republik basierte auf einer Moralphilosophie, die eindeutig nicht-materialistisch war. Doch die Großunternehmen und Bankinstitute stellten sich gegen die Amerikanische Republik und Amerika wurde gierig, materialistisch kriegerisch und dem totalen Merkantilismus verschrieben.

Die Ölindustrie, die für diesen weitreichenden Wandel hauptsächlich verantwortlich ist und als solche stark verunglimpft wird, hat sich alle bekannten Epitheta, die von einer Vielzahl staatlicher und privater Kritiker gegen sie vorgebracht wurden, mehr als verdient.

Das Ziel der folgenden Kapitel ist es, eine ultrageheime Gruppe zu erforschen und festzustellen, ob die Ölindustrie den schlechten Ruf, den sie zweifellos hat, verdient. Es handelt sich um eine Industrie, die alle Versuche, ihre Mauern zu durchbrechen, überlebt hat. Sie hat zahlreiche Untersuchungen des Senats, Kartellverfahren und die persönlichen Fehden zweier erfahrener und entschlossener amerikanischer Senatoren, des verstorbenen Henry Jackson und des verstorbenen Frank Church, überstanden.

Nur ein Mann, Oberst Gaddafi, war in der Lage, die "Majors" zu erschüttern; ein einsamer Beduine aus den Wüsten Libyens, der

Mann, der das Kartell der "Sieben Schwestern" erschütterte, sehr zum Leidwesen - und zur Verwunderung - der "Regierung in der Regierung", der Direktoren und Vorstandsmitglieder der mächtigsten Ölgesellschaften der Welt. Doch im Zuge des Krieges gegen den Irak 2003 wurde Libyen davon überzeugt, "das Licht zu sehen", und steht nun unter der Kontrolle der großen Ölgesellschaften. Es war mit der Präsidentschaft Reagans, dass die Vereinigten Staaten offen von der Republik zum Imperium übergingen. Ronald Reagan füllte sein Kabinett mit Managern multinationaler Konzerne; Außenminister George Schultz von Bechtel, Verteidigungsminister Casper Weinberger, Präsident desselben Unternehmens, u.a.. Während Präsident Carter versucht hatte, den Frieden zu erhalten, startete Reagan eine Kampagne der Kriegstreiberei, die den Ton für die künftigen US-Regierungen angeben sollte.

Die Ölindustrie kann nicht erwähnt werden, ohne dass der Name John D. Rockefeller (1839-1937) im Vordergrund steht. John D. Rockefeller und Standard Oil in New Jersey sind zu Synonymen der imperialen amerikanischen Ölindustrie geworden.

Rockefeller und Standard Oil sind zu Synonymen für Verrat, Hass und Gier geworden. Ungezügelter Hass ist das Markenzeichen von John D. und seine Söhne bemühen sich, die Legende aufrechtzuerhalten, anstatt Maßnahmen zu ergreifen, um das schlechte Image zu verbessern, das ihr Vater hinterlassen hat - und das, obwohl der alte John D. in einem strengen baptistischen Glauben auf einer Farm in der Nähe von Cleveland, Ohio, erzogen wurde. In seinen Schuljahren war er für seine außergewöhnliche Naschhaftigkeit bekannt - er kaufte Süßigkeiten und verkaufte sie mit Gewinn an andere Kinder.

John D. war immer fleißig. Im Alter von sechzehn Jahren arbeitete er in einem Lebensmittelgeschäft als Buchhalter und sein Arbeitgeber war sehr zufrieden mit seinem Fleiß. Er erwies sich als guter Beobachter, der alles sah und nichts versäumte. Selbst in diesem Alter zeigte er nie auch nur die geringste Gefühlsregung. Er stieg zum Alleininhaber einer Handelsgesellschaft in Cleveland auf und gründete 1870 die

Standard Oil.

Bemerkenswert ist, dass der Aufstieg von Rockefellers Standard Oil Trust durch zertifizierbare dokumentarische Beweise verifiziert werden kann, die in gewissem Sinne mit einer Notiz in der Geschichte der Außenpolitik vergleichbar sind. Fast seit seiner Gründung im Jahr 1870 wurde der Standard Oil Trust Rockefellers wegen seiner dubiosen Geschäfte von mehreren Gesetzgebern der Bundesstaaten und des Kongresses der Vereinigten Staaten angegriffen.

Die Führer des Trusts wurden 1872 und erneut 1876 vor die Ausschüsse des Kongresses gezerrt. Der Commonwealth of Pennsylvania versuchte 1879, den Trust zu stürzen, und zwei Jahre zuvor war er gezwungen worden, vor der Interstate Trade Commission zu erscheinen. Ein virtueller Kriegszustand zwischen dem Standard Oil Trust und dem Bundesstaat Ohio bestand im Jahr 1882. Eine Industrieuntersuchungskommission wurde von Präsident McKinley ernannt und 19 Bände mit Zeugenaussagen wurden gesammelt. Während dieser ganzen Zeit stand der Standard Oil Trust wie ein Fels in der Brandung, der nicht bewegt werden konnte. Es kam zu zahlreichen Zivilprozessen, die jedoch alle erfolglos blieben.

Als ich die Recherchen für dieses Buch durchführte, war ich verblüfft, wie sehr Millionen Menschen auf der ganzen Welt den Namen Rockefeller und das Vorzeigeunternehmen der Familie, Standard Oil, hassten. Dieser anhaltende Hass ist heute, im Jahr 2008, genauso heftig wie damals, als die "große Hand" der Rockefellers auf den Ölfeldern von Pennsylvania auftauchte. Dies gilt insbesondere unter den Nachkommen der Bohrpioniere, die 1865 nach Titusville und Pithead strömten, als der "schwarze Goldrausch" seinen Höhepunkt erreichte. Ich stehe in der Schuld von Ida Tarbell, deren ausgezeichnetes Buch, das die "Pionierleistungen" von John D. Rockefeller darlegt, eine unerschöpfliche Quelle von Insiderinformationen über die Person und den Charakter des Oberhaupts des Rockefeller-Clans war.

John Ds Fähigkeit, Bohrer und Schürfer mühelos um ihre

Konzessionen zu bringen, ähnelte verblüffend den Methoden, mit denen Cecil John Rhodes Diamantenkonzessionen von Schürfern, die auf den Kimberly-Feldern in Südafrika hart arbeiteten, stahlen und entwendeten. Beide Männer waren rücksichtslos und gefühllos in Bezug auf die Rechte anderer und beide Männer zeigten nie Emotionen.

Wenn Rockefeller und seine Söhne Selbstdarsteller waren, dann war das, was sie ankündigten, nicht im Interesse der freien Menschen auf der ganzen Welt. Nelson Rockefeller sagte einmal, dass der immense Reichtum seiner Familie ein Unfall gewesen sei, doch die Geschichte sagt etwas anderes.

John D.s wortkarger Charakter und seine Unehrlichkeit wurden wahrscheinlich an seine Söhne weitergegeben, ebenso wie sein Geheimhaltungsparanoia und seine völlige Abwesenheit von Gefühlen. Der Geheimhaltungswahn, den die Majors vom Standard Oil Trust geerbt haben, zeigt sich in den Barrieren, die diese Unternehmen um sich herum errichtet haben, um neugierige "Fremde" fernzuhalten. Sie vertrauen ihre Geschäfte nur den Banken der Ölindustrie an, wie der Morgan Guarantee, der Trust Bank und der Chase Manhattan Bank des 300er Komitees, während ihre Bücher und Geschäfte hinter den dicken Mauern von Price, Waterhouse, den offiziellen Buchhaltern und Rechnungsprüfern des 300er Komitees, eingeschlossen sind. Mehr als ein Senatsausschuss hat sich in dem klebrigen Netz verheddert, das von dieser großen Buchhaltungsfirma gesponnen wurde. Selbst die besten Ermittler und Prüfer, die die Regierung zusammenstellen konnte, wurden von den Buchhaltern von Price, Waterhouse völlig verwirrt. Vom alten John D. wurde gesagt, dass er schneller rechnen konnte als die heutigen Taschenrechner, eine Leistung, die er von seinem Vater gelernt hatte, als er auf Jahrmärkten und ähnlichen Orten den Preis für sein "Heilmittel gegen Krebs" berechnete. Tatsächlich war das "Heilmittel" einfach nur Rohöl, das direkt aus den Ölquellen stammte und in kleine Flaschen abgefüllt wurde.

Während das Geschäft gut lief, musste John D. um sein Leben rennen, da die Polizei ihn wegen erzwungenen

Geschlechtsverkehrs mit einem sechzehnjährigen Mädchen verhaften wollte. Der alte John D. hielt nichts von Freundschaften und warnte seine Söhne davor, sich von dem fernzuhalten, was er als "die gute Kameradschaft über einen kommen lassen" bezeichnete. Er betrog auch seine Söhne, "um sie in Form zu halten", wie er sagte. Sein Lieblingslied war das von der alten, weisen Eule, die nichts sagte, aber viel hörte. Ein altes Porträt zeigt einen Mann mit einem langen, hageren und unheimlichen Gesicht und kleinen Augen ohne eine Spur von menschlicher Emotion.

Sein Beruf als Buchhalter bringt es mit sich, dass er nicht viel sagt, sondern seine Bücher in Ordnung hält. Umso erstaunlicher ist es, dass ein Mann mit einem so strengen Gesicht, wortkarg und unsympathisch, die Clark Brothers von der Clark Brothers Raffinerie überreden konnte, ihm einen Anteil an ihrer Ölraffinerie zu verkaufen, in der er angestellt war.

Die Brüder Clark stellen bald fest, dass sie einen schrecklichen Fehler begangen haben, als sie Rockefeller in ihr Geschäft einsteigen ließen. Schnell mit Zahlen und Berechnungen, ist John D. in der Lage, die beiden Brüder dazu zu bringen, ihren Anteil an der Raffinerie zu verlieren. Er behauptet immer noch, er habe sie "aufgekauft", aber die Clarks entgegnen, sie seien "betrogen" worden.

Einige Autoren führen John D.s Neigung, sich seiner Partner zu entledigen, auf sein Erbe zurück, und es stimmt, dass sein Vater ihm zu sagen pflegte: "Sei so schnell wie ein Jude". Obwohl er ein baptistisches Erbe beanspruchte und eine Baptistenkirche besuchte, ist dies unwahrscheinlich, da seine Eltern aus Osteuropa stammten. John D. kümmerte sich nicht um Menschen; er trat auf ihnen herum und entledigte sich seiner ehemaligen Partner, die ihm nicht mehr nützlich waren. Es gab nur eine Person, die ihn interessierte, und das war er selbst. Auf diese Weise wurde Standard Oil zum geheimsten Großunternehmen der USA, eine Tradition, der auch EXXON folgte. Standard wurde als verriegelt und verbarrikadiert bezeichnet, wie eine Festung. John D.s Charakter war so verdorben und er war so allgemein verhasst, dass er einen PR-Mann engagierte, der versuchen sollte, sein Image aufzupolieren, wobei ihm großzügige, steuerlich absetzbare "philanthropische" Spenden halfen. Doch trotz aller Bemühungen von Ivy Lee, von dem es heißt, er sei der erste PR-Mann in der amerikanischen Geschichte, blieb das Erbe des Hasses, das John D. verdient hatte, an ihm haften und wird bis heute mit dem Namen Rockefeller und EXXON in Verbindung gebracht.

Rockefellers "große Hand" ruinierte Hunderttausende von Bohrern, Prospektoren und Pachtvertragsinhabern in Titusville und Pithead. Im Großen und Ganzen handelte es sich um junge Männer einer anderen Generation, die glaubten, das Rätsel der Preisschwankungen lösen zu können - was Rockefeller nicht wollte. Obwohl das Leben rund um Titusville und Pithead ziemlich turbulent war, war es nie nachtragend und jeder behandelte jeden fair - das heißt, bis Rockefellers "große Hand" gegen alle "Konkurrenten" erhoben wurde.

Im Alter von 26 Jahren, gestärkt durch seinen Erfolg beim Raub der Raffinerie der Brüder Clark und mit Oil City in der Nähe von Cleveland unter seiner Kontrolle, begann Rockefeller, sich nach neuen Eroberungen umzusehen.

Sein Sohn, David Rockefeller, erbte die Kaltblütigkeit seines Vaters und setzte sich selbst durch. Schon früh in seiner Karriere verlagerte David den Großteil des Familienvermögens "off-shore" in Steueroasen, wo das Bankgeheimnis praktisch unantastbar war. David Rockefeller führte die Ölindustrie weiterhin wie eine Regierung in einer Regierung und kaufte durch einen Glücksfall auch INTERPOL, das weltweite Polizei- und Geheimdienstsystem.

Alle großen Ölgesellschaften stehen in Verbindung mit Banken, Bergbauunternehmen, Eisenbahnen, Reedereien, Versicherungen und Investmentgesellschaften; und im Rahmen ihrer Tätigkeiten tauschen sie Informationen aus, aber nur dank der vielen "Spione", die er beschäftigte, waren der alte John D. und seine Söhne über alles bestens informiert.

Sein effektivstes Netzwerk ist in Größe und Reichweite gewachsen, und heute gibt es kein Land, das nicht von Rockefellers Geheimdienstnetzwerk erfasst wird, das in vielen Fällen die offiziellen Geheimdienste in Größe und Budget übertrifft. Es gibt noch viel zu tun. Es darf nie der Zeitpunkt kommen, an dem wir einfach das Handtuch werfen und sagen: "Sie sind zu groß, zu mächtig, als dass eine einzelne Person etwas Sinnvolles gegen sie unternehmen könnte". Jeder von uns kann und muss sich anstrengen.

Steuerhinterziehung stand ganz oben auf der Liste des alten John D. Rockefeller, und seine Spione waren schnell in der Lage, die besten Informationen darüber zu liefern, wie Steuergesetze in fremden Ländern umgangen werden konnten, meist über ihre "persönlichen" (bestochenen) Quellen. Wenn die Steuergesetze streng waren, ließen die Rockefellers sie einfach ändern, um sie ihren Zielen der Steuervermeidung anzupassen. Es war dieser in der Ölindustrie eingepflanzte Bazillus, der den Fluch der amerikanischen Abhängigkeit von aus dem Ausland importiertem Öl verursachte und die amerikanischen Produzenten wiederum auf die Straße des Vergessens schickte.

Sie ist auch der Hauptgrund dafür, dass die USA zu einer imperialen Macht geworden sind, die versucht, Länder mit bekannten und nachgewiesenen Ölquellen zu beherrschen. Sie kam den Rockefellers auch auf andere Weise zugute - sie schaltete Konkurrenten außerhalb des Teufelskreises der "Majors" aus, ohne auf den Einsatz von Dynamit zurückgreifen zu müssen, wie es der alte John D. in seinen Anfangsjahren recht häufig getan hatte.

Was war das Endergebnis? Sicherlich sind es immer höhere Preise für den amerikanischen Verbraucher und höhere Gewinne für die großen Ölgesellschaften. EXXON (Standard) machte und macht immer noch riesige Gewinne. Zum Beispiel 1972 - und wir haben dieses Jahr gewählt, weil es das durchschnittliche (mediane) Jahr der von der Ölindustrie erzielten Gewinne ist, und wir haben kein einzelnes Jahr genommen, um deutlich zu machen, dass wir Verbraucher von der Ölindustrie grob ausgebeutet werden - erzielte EXXON in diesem Jahr 3700 Milliarden Dollar, zahlte aber nur 6,5 % Steuern in den USA. Ist das fair für den amerikanischen Verbraucher? Wir glauben nicht, dass dies fair, gerecht oder angemessen ist.

Wenn man sie danach fragt, bringen EXXON und eigentlich alle großen Ölgesellschaften die schwache Ausrede vor, dass sie den Großteil ihrer Gewinne in die Ölexploration reinvestieren, aber wenn man sich die Gewinne von Exxon in einem einzigen Jahr ansieht, und nehmen wir als Beispiel das Jahr 1972, EXXON erzielte allein im dritten Quartal einen Gewinn von 2,5 Billionen US-Dollar, und es ist überhaupt nicht ersichtlich, dass ein Großteil dieses enormen Gewinns in das Unternehmen reinvestiert wurde oder dass das amerikanische Volk in irgendeiner Weise davon profitiert hat. 1973 war das Jahr des von Kissinger und Rockefeller angezettelten arabisch-israelischen Krieges, und angesichts dessen, was wir heute über dieses Ereignis wissen und wie Kissinger dank seiner engen Beziehung zu David Rockefeller darauf hingearbeitet hat, es herbeizuführen, hätte man annehmen können, dass der Kongress diese Abmachung schon längst untersucht hätte. Kissinger und David Rockefeller sind seit der Entdeckung der "Bamburg Files" in Deutschland durch Kissinger und Helmut Sonnenfeldt, Kissingers rechte Hand und vertrauenswürdiger Assistent, wie siamesische Zwillinge.

Die Frage, die sich stellt, ist folgende: Wusste EXXON, dass ein arabisch-israelischer Krieg bevorstand, und wie viel profitierte EXXON von dieser Information? Diese Art von "Insiderinformationen" wurden angeblich von Rockefellers Privatarmee geliefert, die aus Geheimdienstagenten aus aller Welt besteht und von der Zentrale der Ölindustrie aus gesteuert wird, die den Namen Logistics, Information and Communication Systems trägt und sich im Hauptquartier von EXXON in New York befindet.

INTERPOL ist nicht zuletzt der geheimdienstliche Trumpf der Rockefellers. Sie operiert illegal von einem Anwesen der Bundesregierung in Washington, D.C. aus, unter völliger

Missachtung der Verfassung der Vereinigten Staaten und unter Verstoß gegen das oberste Gesetz des Landes, unsere Verfassung und die Bill of Rights. INTERPOL sollte nicht in den Vereinigten Staaten operieren, aber der Kongress hat Angst, sich mit einem Monster anzulegen, das so groß und mächtig ist wie die Rockefeller-Familie. Dies ist eine besorgniserregende Situation, die nicht angesprochen wird, was die Frage aufwirft, ob Geld den Besitzer wechselt, um INTERPOL in Washington zu halten?

Der Kongress braucht eine Untersuchungskommission, die die sogenannte "Banker-Fraktion" untersucht, die in die CIA integriert ist. Diese Art von Operationen beeinflusst illegal unsere Außenpolitik, berührt oft unser tägliches Leben, und wenn diese Organisationen und Gruppen einen Krieg wollen, schicken sie unsere Söhne und Töchter in den Kampf. Die Golfkriege von Bush sind ein sehr gutes Beispiel dafür. Die Rockefeller-Dynastie bildet das Rückgrat der imperialen Gruppe, die für die Gestaltung der Ölpolitik zuständig ist. Das reife Unkraut, das John D. Rockefeller unter den Weizen gesät hat, erstickt nun den Weizen, das Leben der Menschen in dieser einst so großen Nation. Der alte John D. lernte schnell und sehr früh in seiner Karriere den Wert des Spionagegeschäfts kennen, in dem er von Charles Pratt, einem seiner ersten Geschäftspartner, unterrichtet wurde. Die heutige hochrangige geheime Parallelregierung, die die USA regiert, der Council on Foreign Relations (CFR), ist eine Idee von Pratt.

Das Pratt Manor in New York wurde später zum Sitz des CFR, und das war kein Zufall. Die Präsenz von John D. wurde so allgegenwärtig und seine rücksichtslosen Methoden wurden so bewundert, dass sie von allen großen Unternehmen, angefangen bei EXXON, weitgehend übernommen wurden, so dass die amerikanische Ölindustrie heute in der Lage ist, allen Regierungen der Welt, einschließlich der der Vereinigten Staaten, ihr Verhalten zu diktieren.

Es gibt zahlreiche Beweise dafür, dass die großen, im Ausland operierenden Ölkonzerne die Außenpolitik der Vereinigten

Staaten diktieren und lenken und dass diese Konzerne sich zusammengeschlossen haben, um eine De-facto-Regierung innerhalb unserer amerikanischen Regierung zu bilden. EXXON ist der unbestrittene Anführer dieses imperialistischen Angriffs auf die Kontrolle über alle Ölressourcen und nirgendwo sonst so sehr wie im Iran.

# KAPITEL 10

## Dr. Mossadegh kämpft gegen das Kartell

Ab 1950 hatten die USA und die britische Anglo Persian Oil Company nach dem Ersten Weltkrieg, in dem das Verhalten der "Alliierten" zum Himmel stank, die Oberhand über das iranische Öl. Die Invasion und Besetzung des Iran während des Krieges auf dünnster Grundlage muss viel genauer betrachtet werden. Kurz nachdem die "Alliierten" in den Iran eingedrungen waren, wurde der Schah gezwungen, zugunsten seines Sohnes Mohammed Reza Pahlevi abzudanken, der dem vom iranischen Konsortium, der Iraqi Petroleum Company und ARAMCO auferlegten Diktat eher zustimmte. Eine der schändlichsten Episoden in der Geschichte des sogenannten "christlichen" Großbritanniens und der Vereinigten Staaten war der Hungertod Zehntausender Iraner während dieser Zeit.

Die alliierte Besatzungsarmee, die aus 100.000 russischen Soldaten (die auf Einladung Winston Churchills anwesend waren) und 70.000 amerikanischen und britischen Soldaten bestand, unternahm nichts gegen die Beschlagnahmung von Lebensmitteln durch die Besatzungsarmee auf Kosten der Iraner, die wie die Fliegen verhungerten. Typhus breitete sich aus und tötete Tausende weitere Menschen, während die amerikanischen und britischen Streitkräfte tatenlos zusahen. Diejenigen, die nicht an Hunger oder Krankheiten starben, erfroren im eisigen Winter, da die Bevölkerung keinen Zugang zu Heizöl hatte.

Die Besatzer bemühten sich, Konflikte zwischen den verschiedenen Fraktionen im Land zu schaffen und aufrechtzuerhalten, und unterdrückten und unterdrückten die iranische Regierung vollständig. Da die iranische Regierung immer noch glaubte, die USA seien eine christliche Nation, die für humanitäre Erwägungen empfänglich sei, richtete sie einen verzweifelten Hilferuf an Washington. 1942 schickte Washington General M. Norman Schwarzkopf in den Iran, um einen Bericht über die Lage zu erstellen. (1991 wurde sein Sohn als Kommandeur von "Desert Storm" in den Krieg gegen den Irak geschickt). Er blieb bis 1948 im Iran, hauptsächlich um sich aus erster Hand Kenntnisse darüber anzueignen, wie der Iran seine verschiedenen Regierungsabteilungen und Geheimdienste führt. Weit davon entfernt, den Iranern zu helfen, bestand Schwarzkopfs Aufgabe darin, möglichst viele Informationen über die Infrastruktur des Iran für eine spätere Verwendung zu erwerben, was auch geschah, als die Bewegung zum Sturz des Schahs ins Rollen kam. In all den Jahren der Entbehrungen, die das iranische Volk erleiden musste, wurde ihm keine Hand gereicht, doch im Dezember 1944 brachte ein kluger, gut ausgebildeter und erfahrener Politiker namens Mohammed Mossadegh im Parlament einen Gesetzesentwurf ein, der jegliche Verhandlungen über Öl mit ausländischen Ländern verbot, was dem schockierenden Diebstahl des iranischen Öls durch die USA, Großbritannien und Russland ein Ende setzte.

Dr. Mossadegh wurde am 19. Mai 1882 als Sohn eines Bakhtiari-Finanzministers und einer Gujar-Prinzessin geboren. Er studierte Naturwissenschaften in Paris und promovierte an der renommierten Universität Neuchâtel in der Schweiz. Dr. Mossadegh trat 1920 in die Politik ein, als er von Scheich Ahmad Shah Qajar zum Generalgouverneur der Provinz Fars ernannt wurde und vom Schah den Titel "Mossadegh os-Saltanch" erhielt. 1921 wurde er zum Finanzminister ernannt und später ins iranische Parlament gewählt, wo er gegen die Wahl von Reza Khan zum Reza Sha Pahlavi stimmte. 1944 wurde Mossadegh erneut ins Parlament berufen, wo er als Mitglied der Nationalen Front des Iran kandidierte, einer sehr patriotischen und nationalistischen Bewegung, deren Gründer er war. Ziel der Organisation war es, nach dem Zweiten Weltkrieg alle ausländischen Präsenzen im Iran zu beenden und der Ausbeutung des iranischen Öls ein Ende zu setzen. Um Unterstützung für seine Gesetzesvorlage zu erhalten, die den Preis für iranisches Öl erhöhen sollte, enthüllte Mossadegh einen Vorschlag der Besatzungsmächte, den Iran untereinander aufzuteilen, und zitierte einen Artikel der *Times* vom 2. November 1944, der seine Enthüllung tendenziell bestätigte.

Es folgte ein erbitterter Kampf, der den Fall 1948 vor die Vereinten Nationen brachte und zu einem Kampf führte, der den Abzug aller ausländischen Truppen aus dem Land zur Folge hatte. Der Iran hatte eine schwere Sünde begangen, als er sich über die britischen Interessen zugunsten der nationalen iranischen Interessen hinwegsetzte. Von nun an würde Mossadegh ein Staatsfeind sein und das Tavistock-Institut entwickelte einen Plan, um ihn zu unterminieren und ihn aus dem Amt zu entfernen. Die Besetzung des Iran durch die USA, die Briten und die Russen neigte sich dem Ende zu, aber es gab immer noch die (hauptsächlich britische) Anglo-Iranian Oil Company, die das iranische Öl kontrollierte und seit 1919 die iranische Regierung anführte. 1947 legte Dr. Mossadegh in London einen Vorschlag vor, in dem er eine Erhöhung des iranischen Anteils an den Einnahmen aus dem Ölverkauf forderte. Die Anglo-Iranian Oil Company erzielte 1948 einen Gewinn von 320.000.000 $, wovon der Iraner die Kleinigkeit von 38.000.000 $ erhielt. Dr. Mossadegh verlangte, dass die Bedingungen des alten Abkommens neu verhandelt werden sollten. Daraufhin folgte sofort ein äußerst bösartiger Angriff auf ihn, der vom Tavistock Institute und der BBC inszeniert wurde, die einen ständigen Strom von Propaganda, vermischt mit reinen Lügen, gegen Mossadegh und die iranische Regierung verbreiteten. Die Kampagne wurde von der CIA und dem US-General Huyser unterstützt und gefördert. Zwei Monate vor dem Ende von Mossadeghs zweijähriger Amtszeit hatten britische und amerikanische Geheimdienstler alles daran gesetzt, den Stachel aus dem Fleisch zu ziehen, indem sie jeder Bewegung, die Mossadegh versuchte zu machen, eine Reihe von Hindernissen in den Weg legten.

Die britischen und amerikanischen Kartelle waren es nicht gewohnt, auf Widerstand zu stoßen, da sie unter dem wachsamen Auge der CIA und in geringerem Maße des MI6 mühelos Marionettenregierungen in Kuwait, Saudi-Arabien, Katar, den Vereinigten Arabischen Emiraten, Bahrain und Oman installiert hatten. Das erinnert mich an die verblüffende Ähnlichkeit zwischen der Ostindischen Kompanie (Vorläufer des Komitees der 300) und dem Ölkartell der Sieben Schwestern. Nachdem die Ostindien-Kompanie im Jahr 1600 unter der Herrschaft von Elizabeth I. eine Charta erhalten hatte, erhielt sie von König Stuart, Charles II. eine zweite Charta, die ihr das Recht gab, Krieg zu führen, Frieden zu schließen und mit allen Nationen Handel zu treiben. Im Jahr 1662 erlaubte König James I., der Stuart-König, der Gesellschaft, sich in eine beschränkte Aktiengesellschaft umzuwandeln. Die Ölindustrie ist zwar weniger formalisiert, aber ähnlich strukturiert. Die Briten hielten sich das ganze Jahr 1948 über zurück, ohne dass es auch nur ein einziges Zugeständnis aus London gab. Währenddessen verbreiteten die britischen und amerikanischen Geheimdienste mithilfe der Informationen von General Schwarzkopf Uneinigkeit und Unzufriedenheit unter den einfachen Iranern, um die Regierung im Hinblick auf die nationalen Wahlen 1949 zu schwächen. Die kleine Nationale Front unter der Führung von Dr. Mossadegh war mit einer von Briten und Amerikanern als gering eingeschätzten Chance auf einen Sitzgewinn in die Wahlen gegangen, überraschte sie aber mit sechs Sitzen und einer Tribüne im Parlament. Schlimmer noch: Ihr Feind wurde zum Vorsitzenden eines Parlamentsausschusses ernannt, der die Ölgeschäfte zwischen Großbritannien und den USA untersuchen sollte. Mossadegh forderte sofort einen gleichen Anteil für die Anglo-Iranian Oil Company und die iranische Regierung mit einer vollen Beteiligung des Irans an den Geschäften der Gesellschaft.

Unterstützt von den USA lehnten die Briten alle Vorschläge ab und stürzten den Iran in ein Chaos, bis im April 1951 Dr. Mossadegh demokratisch zum Premierminister gewählt und aufgefordert wurde, eine Regierung zu bilden. Daraufhin wurden in Windeseile verleumderische Anschuldigungen erhoben. Die wichtigste war, dass Mossadegh ein Kommunist sei, der das iranische Öl für Russland sichern wolle. Britische Zeitungen bezeichneten ihn unter anderem als "hinterhältigen Irren". Natürlich steckte in diesen grundlosen Anschuldigungen nicht die geringste Wahrheit. Dr. Mossadegh war ein echter iranischer Patriot, der nichts für sich selbst suchte und dessen einziges Ziel es war, das iranische Volk von der raffgierigen Umklammerung der Anglo-Iranian Oil Company, der späteren British Petroleum (BP), zu befreien. Das iranische Parlament stimmte dafür, Dr. Mossadeghs Empfehlung anzunehmen, die Anglo-Iranian Oil Company zu verstaatlichen, wobei Großbritannien, das das iranische Volk jahrelang ausgebeutet hatte, eine angemessene Entschädigung zugesprochen werden sollte. Das Angebot umfasste den gleichen Umfang an Öllieferungen, den Großbritannien bis dahin genossen hatte, und britische Staatsbürger, die in der iranischen Ölindustrie arbeiteten, würden ihre Arbeitsplätze behalten. Am 28. April 1951 wurde die Empfehlung, die für Großbritannien absolut fair war, formell gebilligt.

Die britische Antwort bestand darin, die USA um Hilfe zu bitten und Kriegsschiffe in die Gewässer in der Nähe von Abadan zu schicken, wo sich die größte Ölraffinerie der Welt befindet. Im September 1951 erklärten Großbritannien und die USA, die kein Recht auf Einmischung in die inneren Angelegenheiten des Iran hatten, umfassende Wirtschaftssanktionen gegen den Iran, und ihre Kriegsschiffe blockierten die an Abadan angrenzenden Gewässer. Mit diesen kriegerischen Handlungen sicherten die USA Großbritannien ihre volle Unterstützung von einer imperialen Macht zur anderen zu und unterstützten es durch von der CIA verursachte Störungen.

Dies war nicht unerwartet, wenn man die imperialen Kriege bedenkt, die Großbritannien in der Vergangenheit und in jüngerer Zeit die USA geführt haben, und die Tatsache, dass die britische Regierung (das Haus Windsor) 53% der anglo-iranischen Aktien besaß. Mit Marineeinheiten auf dem Weg war die nächste Drohung, Abadan mit britischen Fallschirmjägern zu besetzen, obwohl der Iran nach internationalem Recht voll in seinem Recht war, die von der iranischen Regierung vorgeschlagenen und vom iranischen Parlament akzeptierten Maßnahmen zu ergreifen. Die Furcht vor einer sowjetischen Militärintervention an der Seite des Iran hielt Großbritannien und die USA möglicherweise davon ab, die militärische Option wahrzunehmen. Über Kermit Roosevelt, den Enkel von Teddy Roosevelt, war die CIA im Land sehr aktiv gewesen und hatte viele wichtige Bank- und Wirtschaftsinstitutionen infiltriert. Den Käufern von iranischem Öl wurde grob mit Vergeltung gedroht und sie wurden verängstigt. So verhielten sich die beiden tyrannischsten Nationen, die die Welt je gesehen hat. Die aufschlussreiche Wirkung des Boykotts ließ die iranische Wirtschaft in einem Chaos versinken, da die Öleinnahmen von 40 Millionen US-Dollar im Jahr 1951 auf weniger als 2 Millionen US-Dollar Anfang 1952 zurückgingen. Mossadegh hatte wie Mohammed Reza Pahlavi, der Schah von Iran, keine Ahnung von der Macht und dem Einfluss der US-amerikanischen Ölkartelle und von BP. Mossadegh, der aus einer wohlhabenden Familie stammte, war ein begabter und talentierter Politiker, wurde aber in der ganzen Welt als dummer kleiner Mann dargestellt, der im Pyjama durch Teheran rannte und in Emotionen versunken war. Die Presse des Establishments in den USA und England verunglimpfte und verhöhnte Mossadegh im Rahmen eines von Tavistock gesteuerten Programms systematisch, dessen einziges Verbrechen darin bestand, dass er versuchte, die Kontrolle der Majors über das iranische Öl zu brechen, und es wagte, ihre imperialistische Ölpolitik herauszufordern.

1953 reiste Dr. Mossadegh erfolglos nach Washington, um dort um Hilfe zu bitten. Stattdessen stieß er auf die Blockadehaltung von Präsident Eisenhower, der vorschlug, dass W. Averill Harriman ein Team in Teheran anführen sollte, "um ihm über die Lage zu berichten". Zu Harrimans Team gehörten die Brüder Allen Dulles von der CIA und John Foster Dulles, Außenminister und langjähriger Diener der "300", sowie General Schwartzkopf.

1951 wurde eine gemeinsame Operation zum Sturz der Regierung von Mossadegh unter dem Codenamen "AJAX" geplant und von Präsident Eisenhower unterzeichnet. Wir müssen an dieser Stelle innehalten und betonen, dass der Iran den USA nie etwas Böses getan hatte und nun auf eine Weise belohnt wurde, die den schlimmsten kriminellen Elementen der Mafia würdig war. Inzwischen hatte Großbritannien seinen schäbigen Fall vor den Weltgerichtshof zur Schlichtung gebracht. Dr. Mossadegh, der in Frankreich und der Schweiz studiert hatte, vertrat sein Land und argumentierte erfolgreich für seinen Fall, wobei der Weltgerichtshof gegen Großbritannien entschied. Es war nicht das erste Mal, dass die Briten versuchten, die iranische Regierung zu stürzen. Winston Churchill war ein niederträchtiger Imperialist, genau wie sein skrupelloser Vorgänger Lord Alfred Milner, der die ehrenwerten burischen Führer, die im Anglo-Burischen Krieg (1899-1902) so tapfer gegen die Briten gekämpft hatten, ins Exil geschickt hatte. Churchill ordnete die Verhaftung und Verbannung von Reza Shah an, zunächst auf Mauritius und später in Südafrika, wo er im Exil starb.

Die Sünden von Winston Churchill sind Legion. Die Buren hatten eine wunderbare Kampagne gegen die Rothschild-Oligarchie geführt, die entschlossen war, sich des Goldes und der Diamanten zu bemächtigen, die unter dem Boden der Republiken Transvaal und des Oranje-Freistaats in Südafrika lagen. Als die britischen Verluste ein unannehmbares Ausmaß erreichten, griff Milner zur Brandschatzung von Burenfarmen, zum Abschlachten des Viehs und zur Verschickung von Burenfrauen und -kindern in Konzentrationslager, wo 27.000 von ihnen an Ruhr und Unterernährung starben. Präsident Paul Kruger wurde in die Schweiz ins Exil geschickt, wo er starb. Es ist daher leicht zu verstehen, dass Churchill keine Skrupel hatte, den Iran zu vergewaltigen. Es gab viele Präzedenzfälle, die sein Vorgehen unterstützten. Entschlossen, das irakische Öl für den britischen Bedarf zu sichern, hielt Churchill dann eine seiner deklaratorischen PR-Reden, die ganz auf Bombast, Wind und heiße Luft setzte und ihn berühmt machte:

Wir (d. h. die großen Ölgesellschaften, einschließlich BP, das eine Partnerschaft mit der britischen Regierung hatte) haben einen Diktator aus dem Exil vertrieben und eine verfassungsmäßige Regierung eingesetzt, die sich zu einer ganzen Reihe ernsthafter Reformen und Wiedergutmachungen verpflichtet hat.

Es ist schwer, an eine solche Heuchelei und so unverschämte Lügen des britischen Diktators heranzukommen, der Reza Schah beschmutzte, weil er es gewagt hatte, sein Land gegen die britische Aggression zu verteidigen, aber angesichts des enormen Heiligenscheins, der Churchill umgibt, dessen Name für die großen Betrügereien der Geschichte stehen wird, konnte er damit durchkommen. Wie in den USA gelang es British Petroleum, die legitime Regierung Englands dazu zu bringen, sich ihren Forderungen zu beugen, unabhängig davon, ob diese Handlungen legal oder illegal waren. Die Usurpation der Außenpolitik durch die Majors ging unvermindert weiter und jeder US-Präsident seit Präsident Wilson war ein Diener dieser umschlungenen Kobra. Dies war der Beginn eines US-Imperialismus, der entschlossen war, sich alle Ölfelder der Welt unter den Nagel zu reißen. Unbeirrt von der internationalen Verhöhnung und im Zuge seines Sieges vor dem Weltgerichtshof setzte Dr. Mossadegh seinen Plan zur Verstaatlichung des iranischen Öls fort.

Rockefeller soll sich von Mossadegh persönlich zutiefst beleidigt gefühlt haben und arbeitete eng mit anderen großen Ölfirmen zusammen, um den Ölboykott durchzusetzen.

Als ein Tanker, die Rosemarie, in Übereinstimmung mit internationalem Recht und Handelsnormen, der iranisches Öl transportierte, versuchte, die Blockade zu umgehen, befahl Churchill den Flugzeugen der RAF, das Schiff anzugreifen und es zu zwingen, in Aden, einem britischen Protektorat, einen Zwischenstopp einzulegen. Es gab absolut kein Gesetz, das die britische Aktion rechtfertigte, und Churchill bewies einmal mehr, dass er der Anführer einer imperialen Macht war, die keinen Respekt vor dem Völkerrecht hatte. Dieser eklatante Akt der Piraterie fand die volle Unterstützung der Sieben Schwestern und des US-Außenministeriums.

Ein Kollege aus London, der mit der Überwachung der Ölgesellschaften in aller Welt betraut ist, sagte, das Parlament habe Churchill nur mit Mühe davon abhalten können, der RAF den Befehl zu erteilen, den Iran zu bombardieren. Ein Jahr ist vergangen, ein Jahr, in dem das iranische Volk sehr unter dem Verlust der Öleinnahmen gelitten hat. Im Jahr 1955 schrieb Premierminister Mossadegh an Präsident Eisenhower und bat ihn um Unterstützung im Kampf seines Landes gegen die Ölindustrie. Eisenhower, der immer noch eine Marionette des CFR war, ließ den iranischen Führer absichtlich auf eine Antwort warten. Diese geplante Taktik hatte den gewünschten Effekt, Dr. Mossadegh zu verängstigen. Als Eisenhower schließlich antwortete, teilte er der iranischen Regierung mit, sie müsse ihren "internationalen Verpflichtungen" nachkommen und die Ölförderung an Royal Dutch Shell vergeben! Auf welche "internationalen Verpflichtungen" sich Eisenhower berief, wurde nie näher erläutert.

Das sollte uns über die Macht der Ölindustrie und der geheimen Parallelregierung des CFR der imperialen USA aufklären. Dennoch wagen wir es immer noch zu glauben, dass unsere Regierung ehrenhaft ist und dass wir ein freies Volk sind. Als Zeugnis dafür schickten die Vereinigten Staaten Kermit Roosevelt, der für die CIA arbeitete, in den Iran, um Unruhe zu stiften und die Bevölkerung aufzustacheln. Gemäß der Charta, die der Ostindien-Kompanie im Jahr 1600 gewährt wurde und die es ihr erlaubte, Außenpolitik zu betreiben und Kriege gegen Nationen zu führen, deckten die Erben der Ostindien-Kompanie, das Komitee der 300, die CIA, indem sie Organisationen wie den Internationalen Währungsfonds (IWF) und die Weltbank nutzten, um Roosevelts schmutzige Arbeit zu finanzieren, sodass er nicht direkt mit den Vereinigten Staaten in Verbindung gebracht werden konnte.

Auf Anweisung der Banker-Fraktion innerhalb der CIA wurde dem Schah gesagt, dass es gut wäre, wenn er Mossadegh entlassen würde, damit die "normalen Beziehungen" mit

Großbritannien und den USA wieder aufgenommen werden könnten. Mit Hilfe royalistischer Elemente in der iranischen Regierung organisierte Kermit Roosevelt einen Staatsstreich und erzwang die Verhaftung von Dr. Mossadegh, dessen Einfluss durch den zweijährigen offenen Wirtschaftskrieg des britischen und amerikanischen Imperialismus untergraben worden war. Die CIA unterstützte daraufhin den jungen Reza Shah Pahlevi und brachte ihn an die Macht, woraufhin die Wirtschaftssanktionen aufgehoben wurden. Wieder einmal hatte die Politik der Ölkonzerne die Regierungen Großbritanniens und der USA zu einem kriegerischen Akt gegen einen souveränen Staat veranlasst, der ihnen nichts zuleide getan hatte. Sie hatten über den iranischen Nationalismus triumphiert. Es war eine Wiederholung, eine virtuelle Durchschlagskopie der Ereignisse des britisch-britischen Krieges.

Der Schah versuchte daraufhin vergeblich, Mossadegh loszuwerden, doch Roosevelt, die CIA und das State Department rüsteten daraufhin eine revolutionäre Bande aus und schickten sie in den Kampf gegen die iranische Armee. Aus Angst vor einer Ermordung floh der Schah aus dem Land, und der von der CIA angeführte Staatsstreich war erfolgreich. Mossadegh wurde gestürzt und unter Hausarrest gestellt, wo er bis zu seinem Lebensende bleiben sollte.

Der Schah durfte in den Iran zurückkehren und man sagte ihm, dass er sicher sei, solange er seinen imperialen Herren gehorche. Die Kosten für den amerikanischen Steuerzahler für dieses illegale Abenteuer im Jahr 1970 beliefen sich auf über eine Milliarde US-Dollar. Die einzige Partei, die von diesem hinterhältigen Verrat profitierte, war das Ölkartell der Sieben Schwestern und ihre bezahlten Marionetten, die das alles möglich gemacht hatten.

Obwohl er es damals nicht wusste, sollte der Schah das gleiche Schicksal erleiden wie Mossadegh und in den Händen der gleichen imperialistischen Clique aus Ölkonzernen, britischen und amerikanischen Regierungsbeamten und der CIA. Auch andere Länder haben seither die Peitsche des Ölkartells in der

Regierung zu spüren bekommen.

# KAPITEL 11

## Enrico Mattei geht gegen das Kartell der sieben Schwestern vor

Eines dieser Länder ist Italien. Durch den Zweiten Weltkrieg und die Invasion seines Territoriums gelähmt, lag Italien praktisch in Trümmern. Es wurden mehrere Staatsunternehmen gegründet, darunter auch die Alienda Generale Italiana Petroli "AGIP", die von Enrico Mattei geleitet wurde, der den Befehl erhielt, sie zu zerschlagen. Da Mattei jedoch der erste Mensch war, der die Existenz einer von den Sieben Schwestern (Sette Sorelle) geführten Öldiktatur anerkannte, befand er sich in offenem Konflikt mit dem Kartell. Anstatt die AGIP zu schließen, reformierte und stärkte er sie und änderte ihren Namen in Ente Nazionale Idrocarburi, ENI. Mattei führte ein Ölexplorationsprogramm und Verträge mit der UdSSR ein, die Italien aus der Umklammerung der Sieben Schwestern befreiten, und zum Leidwesen der Sieben Schwestern begann Mattei erfolgreich zu sein.

Enrico Mattei, geboren am 29. April 1906, war der Sohn eines Carabinieri, des italienischen Militärkorps, mit Polizeiaufgaben. Mit 24 Jahren ging er nach Mailand, wo er sich den Partisanen anschloss. 1945 ernannte ihn das politische Komitee der Partisanen zum Leiter der AGIP, der staatlichen Ölgesellschaft, mit der Anweisung, diese zu schließen. Mattei entschied sich jedoch dafür, den Befehl zu ignorieren und baute sie stattdessen aus, bis sie zu einem der bemerkenswertesten wirtschaftlichen Erfolge im Nachkriegsitalien wurde.

1953 gründete Mattei ein zweites Energieunternehmen namens

ENI, das erfolgreiche Abkommen mit Ägypten schloss und 1961 2,5 Millionen Tonnen Rohöl aus Ägypten importierte. 1957 griff Mattei mutig das Monopol auf Rohöl aus dem Iran an, indem er sich direkt an den Schah wandte. Er hatte Erfolg und gemäß den zwischen Mattei und dem Schah vereinbarten Bedingungen wurde eine Partnerschaft zwischen der National Iranian Oil Company und ENI geschlossen, wobei 75% an den Iran und 25% an ENI gingen, und dem Schwesterunternehmen von ENI, der Iranisch-Italienischen Erdölgesellschaft (SIRIP), einen 25-jährigen Exklusivpachtvertrag zur Erkundung und Bohrung von 8800 Quadratmeilen bekannter Erdöl-Vilayets gab.

Mattei verblüfft die Sieben Schwestern, als er im Rahmen einer gleichberechtigten Partnerschaft Ölabkommen mit Tunesien und Marokko abschließt. Nachdem er auch mit China und dem Iran ein Abkommen geschlossen hat, erklärt Mattei, dass das amerikanische Ölmonopol der Vergangenheit angehört. Die britische und amerikanische Reaktion lässt nicht lange auf sich warten. Eine Delegation trifft sich mit dem Schah und äußert einen scharfen Protest gegen Matteis Vertrag. Doch die Stellungnahme der Delegation wurde zwar zur Kenntnis genommen, blieb aber wirkungslos. Im August 1957 unterzeichnet Mattei einen Vertrag, der italienische "Außenseiter" in den Iran bringt. Der italienische Industrielle macht seinen Standpunkt deutlich. Von nun an würde er sich bemühen, den Nahen Osten zu einem Teil des industriellen Europas zu machen, indem er im gesamten Nahen Osten eine umfangreiche Infrastruktur aufbaue.

Mattei war das, was man heute einen "Agitator" nennen würde, und nur vier Jahre nach der Vertragsunterzeichnung lief der erste ENI-Tanker mit 18.000 Tonnen iranischem Rohöl im Hafen von Bari ein. Von seinem Erfolg beflügelt, reiste Mattei in afrikanische und asiatische Länder mit Ölreserven, um ähnliche Abkommen abzuschließen.

Eines der Dinge, die das Ölkartell aus Großbritannien und den USA am meisten verärgerten, war das Angebot von ENI, in Ländern mit Ölvorkommen Raffinerien zu bauen, die sich in lokalem Besitz befinden und sie zu vollwertigen Partnern machen würden. Die Gegenleistung für ENI bestand in exklusiven Verträgen über Ingenieurleistungen und technische Unterstützung sowie dem exklusiven Recht von ENI, Rohöl und Fertigprodukte weltweit zu verkaufen.

Als die sieben Schwestern die Szene von London und New York aus beobachteten, waren sie fassungslos und wütend über den Erfolg des Eindringlings ENI.

Die Dinge erreichten ihren Höhepunkt im Oktober 1960, als Mattei nach Moskau reiste, um sich mit der russischen Regierung zu treffen und die gegenseitigen Ölinteressen zu besprechen. Waren die Sieben Schwestern zuvor schon verblüfft gewesen, so ließ das, was bei den Gesprächen zwischen dem russischen Außenhandelsminister Patolitschew und Mattei herauskam, sie fassungslos werden und die transatlantischen Alarmglocken läuten. Die schlimmsten Befürchtungen des Ölkartells wurden wahr, als am 11. Oktober 1956 ein Abkommen zwischen ENI und Moskau unterzeichnet wurde, das Folgendes vorsah:

• Im Gegenzug für eine garantierte Lieferung von 2,4 Millionen Tonnen russischen Öls pro Jahr in den nächsten fünf Jahren erhielt ENI einen erheblich größeren Anteil an russischem Öl auf dem europäischen Markt.

• Die Bezahlung des Öls würde nicht in bar, sondern in Form von Sachleistungen erfolgen, und zwar in Form von garantierten Lieferungen von Ölrohren mit großem Durchmesser, die zum Bau eines umfangreichen Pipelinenetzes verwendet werden sollten, um russisches Öl aus dem Wolga-Ural nach Osteuropa zu transportieren.

• Nach Abschluss des Vertrags sollten jährlich 15 Tonnen Rohöl gegen eine Vielzahl von Lebensmitteln, Fertigwaren und Dienstleistungen ausgetauscht werden.

• Die Rohre mit großem Durchmesser würden vom Finsider-Konzern unter der Aufsicht der italienischen Regierung in Taranto gebaut und in einer Menge von 2 Millionen Tonnen pro Jahr nach Russland verschifft werden. (Die Fabrik wurde in Rekordzeit gebaut und produzierte bereits im September 1962 Rohre, was eine ganz erstaunliche Leistung darstellt.)

Der Vertrag mit Russland war ein großer Triumph für Mattei, denn nun konnte Italien russisches Rohöl für 1,00 $ pro Barrel an Bord von Schiffen in Schwarzmeerhäfen kaufen, verglichen mit 1,59 $ pro Barrel plus 0,69 $ Transportkosten aus Kuwait und dem Preis von Standard Oil von 2,75 $ pro Barrel. Wie schon viele Male zuvor wurde, wenn die Bedrohung des Monopols der Sieben Schwestern nicht mit fairen Mitteln abgewendet werden konnte, zu unmoralischen Mitteln gegriffen.

Anfang 1962 wurde Matteis Flugzeug sabotiert. Bevor es jedoch zu Schäden kam, wurde die Störung des Flugzeugs entdeckt und der Verdacht fiel auf die CIA. Doch Mattei hatte auch beim zweiten Mal kein Glück, als sein Jet am 27. Oktober 1962 auf dem Flug von Sizilien nach Mailand über dem kleinen Dorf Bascape in der Lombardei abstürzte. Der Pilot, Inerio Bertuzzi, ein amerikanischer Journalist namens William McHale und Mattei wurden getötet. Gerüchte über eine kriminelle Handlung machen die Runde, aber da die Untersuchung des Unfalls in den Zuständigkeitsbereich des Verteidigungsministers Giulio Andreotti fällt, der für seine Sympathien für die großen Ölgesellschaften und insbesondere für die USA bekannt ist, lässt die offizielle Untersuchung auf sich warten.

2001 strahlten Bernard Pletschinger und Calus Bredenbrock eine Fernsehdokumentation aus, in der sie behaupteten, dass die Beweise an der Absturzstelle des Mattei-Flugzeugs sofort vernichtet worden seien. Die Fluginstrumente seien in einem Säurebad eingeschmolzen worden. Nach der Ausstrahlung des Dokumentarfilms wurden die Leichen von Mattei und Bertuzzi exhumiert. In den Knochen der beiden Männer wurden Metallstücke gefunden, die durch eine Explosion an Bord verursacht worden waren. Das gemeinsame, aber inoffizielle Urteil lautete, dass eine Bombe an Bord von Matteis Jet platziert worden war, die explodieren sollte, wenn das Fahrwerk in der

Ausfahrposition aktiviert wurde.

Obwohl es nie bewiesen wurde, deuten die stärksten Indizien-
und sonstigen Beweise direkt auf die CIA und insbesondere auf
den damaligen Leiter der CIA-Station in Rom, einen gewissen
Thomas Karamessines, der am 17. Oktober 1962, am selben Tag
wie Matteis Flugzeugabsturz in der Lombardei, sein Büro abrupt
verließ und nie wieder zurückkehrte. Eine Erklärung für sein
unerwartetes und abruptes Verlassen des Büros wurde nicht
gegeben. Der CIA-Bericht wurde nie veröffentlicht und bleibt
bis heute als "im Interesse der nationalen Sicherheit" eingestuft.
Alle Anträge auf Informationsfreiheit wurden abgelehnt.

Es gibt ein Postskriptum zu diesem "Ungelösten Rätsel". Zu dem
Zeitpunkt, als das Flugzeug abstürzte und sein Leben beendete,
war Mattei zu einem Treffen mit dem amerikanischen
Präsidenten John F. Kennedy verabredet. Auf ihrer Agenda stand
unter anderem das Ölkartell, dem Kennedy bekanntermaßen
misstraute und das er insgeheim hasste, nicht zuletzt wegen
seiner engen Beziehungen zur CIA, die ihm schon lange ein
Dorn im Auge waren. In seinem engsten Kreis war bekannt, dass
Kennedy die CIA als Krebsgeschwür für die amerikanische
Nation betrachtete; Kennedy glaubte, dass die Regierung der
Vereinigten Staaten, sollte sie jemals durch einen Staatsstreich
gestürzt werden, von der CIA geführt werden würde.

Nur ein Jahr später sollte Kennedy denselben Verschwörern des
US-Geheimdienstes zum Opfer fallen. Wenn man die
Geschichte von Enrico Mattei, die brutale Vergewaltigung
Mexikos im Namen der amerikanischen und britischen
Ölinteressen und die zahllosen Schäden, die dem Iran und dem
Irak zugefügt wurden, hinzufügt, erhält man die tragischsten
Geschichten von Gier, Habsucht und Machthunger, die die
Seiten der Geschichte der Ölkonzerne besudeln. Die von den
Ölkonzernen ausgeübte Macht geht über alle Regierungen und
nationalen Grenzen hinaus; sie hat Regierungen gestürzt und ihre
nationalen Führer geschwächt oder sogar ermordet. Sie hat die
amerikanischen Steuerzahler Milliarden von Dollar gekostet und
ein Ende ist noch nicht in Sicht.

Öl, so scheint es, ist die Grundlage der neuen Weltwirtschaftsordnung, wobei die Macht in den Händen einiger weniger Personen liegt, die außerhalb der Ölkonzerne kaum bekannt sind. John D. Rockefeller erkannte schnell das Potenzial für Profit und Macht und ergriff die Gelegenheit. Dadurch konnte er eine immense persönliche Macht ausüben, auch wenn diese Macht um den Preis des Ruins tausender kleiner Ölfirmen und tausender Menschenleben erlangt wurde.

Wir haben bereits mehrfach auf die Sieben Schwestern hingewiesen. Für diejenigen, die mit dieser Gruppe nicht vertraut sind: Es handelt sich um die sieben größten Ölgesellschaften Großbritanniens und der USA, die für die Gestaltung der Außenpolitik beider Länder verantwortlich sind. Die Ölgesellschaften, die das Kartell bilden, begannen eigentlich erst nach der sogenannten "Zerschlagung" von Standard Oil durch den Obersten Gerichtshof der USA. Es war Enrico Mattei, der den Namen "Seven Sisters" prägte. Ihr mächtiger Einfluss ist auch 2008 noch spürbar.

Standard Oil of New York fusionierte mit Vacuum Oil und wurde zu Socony Vacuum, die 1966 zu Mobiloil wurde, während Standard Oil Indiana sich mit Standard Oil Nebraska und Standard Oil of Kansas zusammenschloss und 1985 zu AMOCO wurde. 1972 wurde aus Standard Oil New Jersey EXXON.

1984 schloss sich Standard Oil California mit Standard Oil Kentucky zusammen und wurde zu Chevron, das später die von Mellon gehaltene Gulf Oil Company aufkaufte. Standard Oil Ohio wurde von BP aufgekauft. 1990 kaufte BP die ehemalige Standard Indiana und wurde zu BP-AMOCO. 1999 schlossen sich EXXON und Mobil in einer 75 Milliarden US-Dollar schweren Transaktion zu EXXON-Mobil zusammen. Im Jahr 2000 fusionierte Chevron mit Texaco zu Chevron-Texaco.

EXXON (in Europa als ESSO bekannt), Shell, BP, Gulf Oil, Texaco, Mobil und Chevron sind Teil einer weltweiten Kette aus Banken, Brokerhäusern, Geheimdiensten, Bergbau-, Raffinerie-, Luft- und Raumfahrtunternehmen, Banken und

Petrochemieunternehmen, die zusammen das Rückgrat des Komitees der 300 bilden, dessen Mitglieder auch als "Olympioniken" bekannt sind. Sie kontrollieren die Rohölproduktion, die Raffinerien und die Schifffahrt, außer in Russland und jetzt auch in Venezuela. Schätzungsweise 75% der vom Ölkartell erzielten Gewinne stammen aus "nachgelagerten" Unternehmen wie Raffinerien, Lagerhaltung, Schifffahrt, Kunststoffen, Petrochemie etc.

Die zweitgrößte Raffinerie der Welt, die sich im Besitz des Kartells befindet und von ihm kontrolliert wird, befindet sich in Pulau Bukom und Jurong in Singapur. Shell besitzt den größten Raffineriekomplex der Welt, der sich auf der Insel Aruba befindet. Der Bau dieser massiven Anlage hat die Bedeutung des venezolanischen Rohöls hervorgehoben. Auf Aruba gibt es auch eine sehr große Mobil-Raffinerie.

1991 wurde geschätzt, dass 60% der Gewinne von EXXON aus dem so genannten "Downstream"-Geschäft stammten. 1990 übernahm EXXON die Kunststoffsparte von Allied Signal und schloss gleichzeitig mit Monsanto und Dow Chemicals eine Vereinbarung über Thermoplaste und Elastomere. Die größten Benzineinzelhändler sind EXXON und Chevron-Texaco. Royal Dutch Shell besitzt mit 114 Tankern in seiner Flotte die größte Anzahl an Tankern. Das Unternehmen beschäftigt weltweit 133.000 Menschen. Das Vermögen von Shell wird auf 200 Milliarden US-Dollar geschätzt.

Ein weiterer "nachgelagerter" Gewinnproduzent ist EXXON Mobil, das mehr Motoröl, Getriebeöl und Schmierfette produziert als alle anderen "Majors". Sie ist in über 200 Ländern der Welt tätig und arbeitet "solo" in der Beaufortsee vor der Küste Alaskas. Sie besitzt riesige Landflächen im Jemen, im Oman und im Tschad, die insgesamt mehr als 20 Millionen Acres betragen sollen. Bei den Investitionen geht es wie immer um die Zukunft der Ölversorgung. EXXON hütet seine Raffineriegeheimnisse wie Staatsgeheimnisse, und in der Tat wird Bahrain, wo die meisten Raffinerien betrieben werden, von Kriegsschiffen der 5. Flotte der US-Marine bewacht. Selbst

Saudi-Arabien hat keinen Zugang zu solchen Geheimnissen. Von den über 500 existierenden Raffinerien befinden sich nur 16 in den Staaten des Persischen Golfs.

# KAPITEL 12

## DIE ROYAL DUTCH SHELL

D as mit Abstand größte der führenden Ölunternehmen des Komitees der 300 ist die aus England und den Niederlanden stammende Royal Dutch Shell (Het Koninklijke Nederlandse Shell). Es ist eines der größten Energieunternehmen der Welt und ein Vorzeigeunternehmen des Komitees der 300. Die Mehrheitsaktionäre sind das Haus Windsor und das Haus Oranien der Niederlande. Es soll nur vierzehntausend Aktionäre geben, wobei Königin Elizabeth (stellvertretend für das Haus Windsor), Königin Juliana (stellvertretend für das Haus Oranien) und Lord Victor Rothschild die größten Aktionäre sind. Es gibt unseres Wissens keine Direktoren, aber der CEO ist Jeroen van der Veer und der Präsident Jorma Ollila, beides niederländische Geschäftsleute.

Das Kerngeschäft des Unternehmens ist die Öl- und Gasexploration, der Transport und die Vermarktung von Kohlenwasserstoffen, mit einer bedeutenden Präsenz im Bereich der Petrochemie. Im Jahr 2005 belief sich sein Jahresumsatz auf 306 Milliarden US-Dollar, womit es das drittgrößte Unternehmen der Welt ist. Das Unternehmen hat seit 1901, als William Knox D'Arcy eine Konzession zur Suche nach Öl im Iran erhielt, einen langen Weg zurückgelegt.

Ähnlich wie bei der Federal Reserve Bank weiß niemand so recht, wer die größten Aktionäre von Shell sind. Im Jahr 1972 unternahm der US-Senat einen einzigen Versuch, das Unternehmen zur Offenlegung der Liste seiner 30 größten Aktionäre zu zwingen. Die Untersuchung lag in den Händen von

Senator Lee Metcalf, doch sein Antrag wurde kategorisch abgelehnt. Die Botschaft: Versuchen Sie nicht, sich in die Angelegenheiten des Komitees der 300 einzumischen. Die elitäre Neue Weltordnung - eine Weltregierung, die durch die Entdeckung des Öls und seiner Verwendungsmöglichkeiten an die Macht gekommen ist, duldet keine Einmischung von irgendjemandem, seien es Regierungen, Führer, Scheichs oder einfache Bürger, Staatsoberhäupter großer oder kleiner Nationen. Die Welt hat längst erkannt, dass das Kartell der Sieben Schwestern das Öl fest in seinen gierigen Händen hält und auch weiterhin das Angebot und die Nachfrage nach Rohöl weltweit kontrolliert.

Die supranationalen Ölgiganten, deren Fachwissen und Buchhaltungsmethoden die besten Köpfe der Weltregierung, Steuereintreiber und Buchhalter verwirrten, brachten die Sieben Schwestern außer Reichweite der Kontrolle der gewöhnlichen Regierungen. Die Geschichte der Sieben Schwestern zeigt, dass Regierungen immer bereit waren, ihre Souveränität und ihre natürlichen Ressourcen zu zerstückeln, sobald diese Banditen das nationale Lager betreten hatten. John D. hätte die geschlossene Werkstatt, den internationalen Club, seine geheimen Absprachen und internationalen Intrigen, von denen die amerikanische Öffentlichkeit bis heute nichts weiß, aus vollem Herzen gebilligt.

In ihren geheimen Verstecken in New York, London und Zürich treffen sich diese allmächtigen Herrscher, um Intrigen zu schmieden und Kriege auf der ganzen Welt zu planen. Sie sind im Jahr 2008 viel mächtiger als zu jedem anderen Zeitpunkt seit Beginn ihrer Aktivitäten im 19. Jahrhundert. Die gleichen Mitglieder des "Komitees der 300", von denen die meisten auch Mitglieder der Illuminaten sind, der alten und berühmten, unglaublich reichen Familien, schwelgen in ihrer Macht. Sie sind es, die entscheiden, welche Regierungen verschwinden und welche politischen Führer stürzen müssen.

Wenn echte Probleme an ihre geheimen Türen klopften - wie die Verstaatlichung des iranischen Öls durch Dr. Mossadegh -, waren sie stets bereit, zurückzuschlagen und die Unruhestifter zu "neutralisieren", wenn sie nicht gekauft werden konnten. Als die Mossadegh-Krise ausbrach, ging es darum, an die guten Parteien in den angeschlagenen Ländern zu appellieren, ihre Macht zu demonstrieren und denjenigen, die nicht gekauft werden konnten, Angst zu machen. Man musste nur die Armee, die Marine, die Luftwaffe und die Regierungsbeamten einsetzen, um die Schädlinge loszuwerden. Das war nicht schwieriger als eine Fliege zu zerquetschen. Die Sieben Schwestern wurden nach dem Vorbild der Ostindischen Kompanie zu einer Regierung innerhalb der Regierungen, und lange Zeit versuchte niemand, sie zu verdrängen.

Wenn man etwas über die Arabienpolitik Großbritanniens erfahren wollte, brauchte man nur BP und Shell zu konsultieren. Wenn man etwas über die Nahostpolitik der USA wissen wollte, reichte es ebenso, EXXON, ARAMCO, Mobil usw. zu konsultieren. ARAMCO wurde zum Synonym für die US-Politik gegenüber Saudi-Arabien. In der Tat, wer hätte sich vorstellen können, dass Standard Oil aus New Jersey eines Tages das Außenministerium leiten würde? Kann man sich ein anderes Unternehmen oder eine andere Gruppe vorstellen, die von enormen steuerlichen Sondervergünstigungen in Milliardenhöhe profitieren? Gab es jemals eine Gruppe, die so sehr begünstigt wurde wie die Mitglieder des Ölindustriekartells?

Ich wurde oft gefragt, warum die amerikanische Ölindustrie, einst voller Versprechungen und Garant für billiges Benzin an den Zapfsäulen, einen derartigen Niedergang erlebt hat und warum die Benzinpreise im Vergleich zum globalen Angebot und zur globalen Nachfrage unverhältnismäßig stark gestiegen sind. Die Antwort ist die Gier des Ölkartells, der "Sieben Schwestern". Keine Organisation oder Gesellschaft kann sich mit der Gier der Sieben Schwestern messen.

Einer dieser Konzerne, EXXON, hat, obwohl er im ersten Quartal 2008 Rekordgewinne von 8,4 Milliarden Dollar erzielte, noch größere Zugeständnisse und Steuererleichterungen gefordert und auch erhalten. Nicht ein einziger Cent wurde in

Form einer Senkung des Benzinpreises an den Zapfsäulen an die Verbraucher weitergegeben.

Hat das amerikanische Volk von den obszönen Gewinnen von Mobil, EXXON und Gulf Oil profitiert? Dafür gibt es keine Beweise. Dank der Machenschaften in Washington, wo es aufgrund des 17. Verfassungszusatzes nun möglich ist, Senatoren und Abgeordnete zu kaufen und zu verkaufen, haben die Ölkonzerne nie und nimmer einen Teil ihrer obszönen Gewinne reinvestiert, um den Gaspreis auf dem heimischen Markt zu senken oder auf dem Festland der USA nach Öl zu suchen und zu bohren. Das ist keine schöne Geschichte, und der Kongress ist schuld daran.

Der 17. Verfassungszusatz änderte die Abschnitte 3 und 4 von Artikel 1, in denen es darum ging, dass die Einwohner der Bundesstaaten ihre Senatoren nicht mehr selbst wählen konnten. Dies bedeutete nun, dass die Senatoren per Abstimmung gewählt wurden, und zusammen mit der Möglichkeit des Missbrauchs von Wahlkampfspenden öffnete dies eine wahre Büchse der Pandora.

Auch wir, das Volk, sind schuld daran, dass dieser Zustand so lange anhalten konnte. Der amerikanische Verbraucher muss ständig mit steigenden Benzinpreisen an den Zapfsäulen zurechtkommen, während die Kassen der Sieben Schwestern immer größer werden, die Ölindustrie mit überhöhten Preisen und allerlei Täuschungsmanövern das amerikanische Volk ausnehmen will und das Volk sich hinlegt und sich von der Ölindustrie erdrücken lässt. Wie man es auch dreht und wendet - und einige Apologeten versuchen, den Blick zu vernebeln, indem sie die Benzinpreise in den USA und in Europa vergleichen (ein Vergleich, der nicht stichhaltig ist) -, man muss zu dem Schluss kommen, dass die Ölindustrie nie von den Grundsätzen und Geboten des alten John D. Rockefeller abgewichen ist. Sie war damals und ist auch heute noch ein Gesetz an sich. Gier und Profit motivierten und bestimmten das Leben des alten John D. und seit seinen besten Tagen hat sich nur wenig geändert. Die Gewinne, die "upstream" an Orten wie

Aruba und Bahrain erzielt werden, werden vom amerikanischen Verbraucher ferngehalten.

John D. riet seinen Söhnen, sich niemals mit anderen Personen anzufreunden oder zu "verbrüdern". Auf diese Weise konnte er aufstrebende Selbstständige aus dem Weg räumen und verhindern, dass sie auf den Ölmärkten Fuß fassen konnten. Er zögerte jedoch nicht, seine Regel der "Nicht-Freundschaft" zu brechen, wenn er darin einen Vorteil sah.

So gewann er beispielsweise die Gunst von Henry Flagler, dem Eisenbahnmagnaten, der Florida erschloss. Als geborener Geschäftsmann erkannte John D. schon früh, dass sein Einstiegspunkt in die Ölbranche die Raffinerie und der Vertrieb des Endprodukts war. Seine Freundschaft mit Flagler diente diesem Zweck, sich die Kontrolle über die Raffination und den Vertrieb zu sichern, und er würde als Sieger daraus hervorgehen. Heimlich, bis zur Paranoia, schloss John D. eine vertrauliche Vereinbarung mit Flagler, wonach seinen Unternehmen besondere Transportrabatte gewährt werden sollten. Auf diese Weise konnte Rockefeller den "Wettbewerb" einschränken und mehrere seiner Rivalen in den Bankrott treiben.

Das "freie Unternehmertum" war nichts, worum sich John D. kümmerte, und noch weniger kümmerte er sich um die Menschen, die er durch seine unlauteren Praktiken ruinierte. Rockefellers Credo war es, gegenüber seinen Rivalen absolut rücksichtslos zu sein. Geheimhaltung war ein weiteres seiner Prinzipien und er lebte sein ganzes Leben lang nach diesen beiden "Leitfäden". Es dauerte nur sieben Jahre rücksichtsloser Praktiken, um die meisten Konkurrenten auszuschalten und John D. die Gründung der Standard Oil Company of California zu ermöglichen.

Im Jahr 1870 kontrollierte Standard bereits 10 % des amerikanischen Ölmarktes, eine erstaunliche Leistung. Indem sie sich dafür entschieden, Rockefellers hinterhältiger Art, Geschäfte zu machen, zu folgen, verkauften die Eisenbahnen in Wirklichkeit die Öffentlichkeit und gingen in die Taschen von John D. Die Central Association kontrollierte die

Eisenbahntarife. Die Central Association kontrollierte die Eisenbahntarife, und andere Ölgesellschaften, die sich ihr anschlossen, mussten einen hohen Preis zahlen, um in die Vereinigung aufgenommen zu werden, erhielten aber Rabatte auf die Eisenbahntarife. Diejenigen, die nicht mitspielen wollten, fuhren gegen die Wand.

Das Buch der Autorin/Lehrerin/Journalistin Ida Tarbell, "The History of the Standard Oil Company", gibt einen klaren und prägnanten Bericht über die äußerst fragwürdigen Taktiken, die John D. anwandte, und es war sein grundlegendes Verhalten, das ihm den Hass und die Feindschaft der meisten Unabhängigen einbrachte, ein Hass, den Standard Oil wegfegen und ignorieren konnte, weil John D. 1970 Märkte für seine Ölprodukte in Europa aufgebaut hatte, was einen erstaunlichen Anteil von 70% des Geschäfts von Standard ausmachte. Ein virtuelles Monopol zu haben bedeutete, dass die öffentliche Meinung wenig zählte.

Um seine Rivalen auszuschalten, schuf Rockefeller eine Privatarmee von Spionen, die zahlenmäßig - ganz zu schweigen von ihren Fähigkeiten - alles weit übertraf, was die Regierungen der Länder, in denen Standard operierte, aufbieten konnten. In Geheimdienstkreisen heißt es, dass "nicht einmal ein Spatz niesen kann, ohne dass John D. davon weiß". Obwohl er angeblich ein strenger Baptist war, war dies eine Parodie auf die Bibel, in der es heißt, dass kein einziger Spatz auf den Boden fällt, ohne dass Gott es sieht, und sollte die Bibel verhöhnen, was John D. auch gerne tat.

Doch Rockefellers Marsch über den nordamerikanischen Kontinent zu den ausländischen Märkten blieb nicht unbemerkt, trotz der geheimen Methoden von John D. Der Hass der Öffentlichkeit auf Standard Oil hatte neue Höhen erreicht - dank der Enthüllungen von Tarbell und H.D. Lloyd, wonach es ein Unternehmen gab, das scheinbar über der lokalen, staatlichen und föderalen Regierung und den Gesetzen der Vereinigten Staaten stand, ein Unternehmen, das "den Frieden erklärte, den Krieg verhandelte, Gerichte, Gesetzgebungen und souveräne Staaten auf ein beispielloses Niveau reduzierte, das keine

Regierungsbehörde eindämmen konnte". Tausende von wütenden Briefen flossen in den Senat, was schließlich zur Verabschiedung des Sherman Anti-Trust Act führte. Seine Formulierungen sind jedoch (wahrscheinlich absichtlich) so vage, dass man sich leicht davor drücken kann, sich daran zu halten, insbesondere bei einem schlüpfrigen Klienten wie John D. Es stellte sich schnell heraus, dass John D. im US-Senat einen enormen Einfluss ausübte. Das Sherman Antitrust Act erwies sich als etwas mehr als eine PR-Übung, voller Regeln, aber ohne jede Macht. Schließlich änderten sich die Dinge 1907, als das Gesetz in einer Klage des US-Justizministeriums, die von Staatsanwalt Frank Kellogg angestrengt worden war, geltend gemacht wurde.

Während des Prozesses sagte Rockefeller im Zeugenstand seinen öffentlichen Geist aus und beschrieb sich als Wohltäter der Menschheit und vor allem der amerikanischen Bürger. Als Kellogg ihn dazu drängt, seine zahlreichen unregelmäßigen Transaktionen zu erklären, antwortet John D., dass er "sich nicht erinnern kann".

Am 11. Mai 1911 verkündete Oberrichter Whyte sein Urteil: Standard muss innerhalb von sechs Monaten alle Tochtergesellschaften abstoßen. Rockefeller heuerte daraufhin wie üblich eine wahre Armee von Anwälten und Journalisten an, um zu erklären, dass das Ölgeschäft nicht wie jedes andere Unternehmen geführt werden könne. Kurz gesagt, es müsse nach Rockefeller-Art als Sondereinheit behandelt werden.

Um die Auswirkungen von Richter Whytes Entscheidung abzumildern, richtete Rockefeller ein Patronagesystem nach dem Vorbild der Königshöfe in England und Europa ein, verbunden mit philanthropischen Stiftungen, die Rockefellers Imperium und sein Vermögen vor dem künftigen Einkommensteuergesetz schützen sollten, vor dem ihn seine Armee von Spionen und gekauften Senatoren gewarnt hatte und das tatsächlich 1913 auf so umständliche Weise verkündet wurde, dass es sich Logik und Vernunft widersetzt.

# KAPITEL 13

## John D. Rockefeller, die Brüder Nobel, Russland

So wurde in den USA die geheime, ständige Regierung auf höchster Ebene geschaffen, die dem Council on Foreign Relations (CFR) als amerikanischem Vertreter des Komitees der 300 das Licht der Welt erblickte. Dass der CFR seine Existenz John D. und Harold Pratt verdankt, steht außer Zweifel. Es handelt sich um ein gefürchtetes Übel, das Teil der Argumente gegen die Ölindustrie ist, die mit Milliarden von Dollar und der Hilfe des CFR die Kontrolle über diese Nation übernehmen konnte, die sie seither regiert.

Andere folgten dem Rockefeller-Plan, darunter Occidental Petroleum, Armand Hammers Firma, die hauptsächlich für die Verabschiedung des INF-Vertrags verantwortlich war, der von Kissinger ausgehandelt wurde, David Rockefellers "siamesischem Zwilling", dessen dauerhafte Verbundenheit mit seinem Mentor nach der Entdeckung der oben erwähnten Bamberg-Akten deutlich wurde. Der INF-Vertrag war einer der skandalösesten Verrate an den Interessen der USA. Es gibt zweifellos noch andere Verräterverträge, aber meiner Meinung nach hat der INF-Vertrag sie alle übertroffen.

Die Unehrlichkeit von John D. macht sich bis heute in der amerikanischen Politik gegenüber einer Reihe von Nationen bemerkbar, und der verderbliche Einfluss seiner Ölgesellschaften, bleibt bis heute bestehen. Im Jahr 1914 wurde in den Archiven des Kongresses auf die "geheime Regierung Rockefeller" hingewiesen. Im selben Jahr erlebte der "Große

Mann" (Winston Churchill) die Kränkung, dass sein Angebot, "Weißarbeit" über John D. zu leisten, abgelehnt wurde, weil der geforderte Preis von 50.000 Dollar als "zu hoch" angesehen wurde. Churchill verkündete daraufhin zerknirscht: "Zwei gigantische Unternehmen kontrollieren virtuell die weltweite Ölindustrie." Damit bezog er sich natürlich auf Shell und Standard Oil. Das erste Unternehmen wurde von Marcus Samuel gegründet, der die Angewohnheit hatte, aus Muscheln dekorative Schachteln für die Royals herzustellen, daher der Name "Shell Oil Company". Samuel hatte seine Karriere mit der Verschiffung von Kohle nach Japan begonnen, doch als er das Licht sah, wechselte er zum Öl. Dieser Wechsel erwies sich als äußerst vorteilhaft.

1873 erteilte der russische Zar, der von einer Gruppe von Verrätern, die seinen inneren Kreis infiltriert hatten, schlecht beraten worden war, der Nobel Dynamite Company eine Konzession zur Erkundung von Öl im Kaukasus. Die Nobel-Söhne Albert, Ludwig und Robert sprangen in die Bresche und wurden von den französischen Rothschild-Banken finanziert - ein Schritt, der Rothschild schließlich die Kontrolle über die russischen Finanzen verschaffte und zur bolschewistischen Revolution führte.

Nobel, Rockefeller, Rothschild und ihre Firmen und Banken haben Russland vergewaltigt, seiner Ressourcen beraubt und es dann den bolschewistischen Horden ausgeliefert, um die Zerstörung dessen, was immer ein schönes, edles und christliches Land gewesen war, zu vollenden.

Die Beteiligung der Ölindustrie an der Vergewaltigung des christlichen Russlands durch die Bolschewiki und an seinem Sturz in das dunkle Zeitalter der Sklaverei ist eine wichtige Anklage gegen diese Regierung innerhalb der Regierung, die nicht leichtfertig beiseitegeschoben werden darf. Es ist eine Anklage, zu der die Ölindustrie nie aufgefordert wurde, sich zu äußern.

Nach ihrem Erfolg in Russland, wo Standard die rumänischen Felder praktisch übernommen hatte, wandte sich John D. dem

Nahen Osten zu. Als erstes wurde die ehemalige Turkish Petroleum Company unter Druck gesetzt. Die Briten boten John D. eine 20-prozentige Beteiligung an ihrer Partnerschaft mit der Türkei an, was Exxon akzeptierte. Danach begannen gierige multinationale Konzerne, sich für den Irak zu interessieren, und Mobil, Exxon und Texaco ließen sich schnell in dem Land nieder. Das Abkommen sah eine gleichberechtigte Partnerschaft vor, doch die Iraker wurden von Anfang an betrogen. Gemäß dem Abkommen von San Remo sollte der Irak einen Anteil von 20 % an dem Konsortium erhalten, doch in Wirklichkeit bekam er nichts. Damit begann die tiefe Abneigung und Angst der Briten und der amerikanischen Ölgesellschaften, die sich über die ganze Welt ausbreitete. Exxon leitete das Geld über eine Schweizer Briefkastenfirma, um seine Beteiligung zu verschleiern. Die Sowjets wiederum, die im Irak und im Iran alle Hände voll zu tun hatten, freuten sich über die Ankunft der amerikanischen Unternehmen. Jahre später beschuldigte Henri Deterding, der Vorstandsvorsitzende von Shell, EXXON, eng mit den Bolschewiken zusammenzuarbeiten, eine Tatsache, die durch Dokumente des Geheimdienstes MI6, die sich im Besitz von Lord Alfred Milner befanden, hinreichend untermauert wurde. Deterding erklärte, EXXON habe die Bolschewiken immer unterstützt, viele seiner Programme seien speziell auf die Förderung der kommunistischen Regierung ausgerichtet gewesen. EXXON schloss in bester John-D-Manier die Luken und überlebte den Sturm der Kritik, den die Anschuldigungen in den USA auslösten. Was Deterding betrifft, so wurde er aufgrund seiner Enthüllungen, die der Ölindustrie schadeten, auf die schwarze Liste gesetzt und fiel in Ungnade.

In den in den Whitehall-Archiven aufbewahrten Dokumenten über den weißen russischen Feldzug zum Sieg über die Rote Armee wird enthüllt, dass den weißen russischen Generälen Wrangle und Deniken von Standard Oil versprochen wurde, dass sie von der US-Regierung erhebliche Unterstützung erhalten würden, wenn es ihnen gelänge, die Rote Armee aus den reichen Ölfeldern von Baku herauszudrängen.

Die Aufgabe wurde von den militärischen Kräften der

Weißrussen erfüllt. Tatsächlich zerschlugen sie die Rote Armee und drängten sie bis vor die Tore Moskaus zurück. Doch anstatt wie versprochen Geld und Waffen zu erhalten, schnitten Lloyd George, der persönliche Vertreter des US-Außenministeriums, und William Bullit, der britische Premierminister, die auf Anweisung des Komitees der 300 über dessen Council on Foreign Relations (CFR) handelten, den weißrussischen Armeen den Wind aus den Segeln und ließen sie ohne Geld und Waffen zurück, sodass sie keine andere Wahl hatten, als sich selbst aufzulösen.

Der Boykott von Munition für die weißen russischen Streitkräfte war eine Verschwörung des CFR unter der Führung von Lloyd George und sorgte für den Zusammenbruch der einzigen militärischen Kraft, die in der Lage war, die Rote Armee zu vernichten und das bolschewistische Regime in Russland zu beenden, aber das war nicht das, was das imperiale Großbritannien und ein amerikanischer Partner im Sinn hatten.

Warum fielen Bullit und Lloyd George den Armeen des weißen Russlands in den Rücken? Warum haben die Regierungen der USA und Großbritanniens, als die Rote Armee der Niederlage ins Auge blickte, als die bolschewistische Revolution in unmittelbarer Gefahr des Zusammenbruchs war, so perfide gehandelt? In den von mir bereits erwähnten Dokumenten, die sich im War Office in Whitehall, London, befinden, wird enthüllt, dass das CFR eine Vereinbarung treffen wollte, um Lenin an der Macht zu halten, im Gegenzug für eine einmalige Konzession für das Öl auf den riesigen russischen Feldern. Sie glaubten, Lenin sei eher bereit, einen Deal abzuschließen, als die Generäle des weißen Russlands. Dieser Betrug, dieser Verrat war es, der den Bolschewiki half, vom Rand der Niederlage zurückzukehren und zu einer mächtigen Kraft zu werden, die Russland um den Preis des Lebens von Millionen seiner Bürger unterwerfen konnte.

Als Großbritannien 1924 die bolschewistische Regierung offiziell anerkannte, geschah dies unter der Bedingung, dass ein offizieller Vertreter ein Abkommen mit British Petroleum (BP) unterzeichnete, das riesige Flächen an Ölland für die Exploration durch britische Interessen garantierte. Die Grundlagen für dieses Abkommen waren von Sydney Reilly, einem Agenten des britischen MI6, während der bolschewistischen Revolution gelegt worden. Reilly hatte sieben Pässe mit verschiedenen offiziellen Namen des MI6 und vertrat Lord Alfred Milner, der zum großen Teil für die Finanzierung der bolschewistischen Revolution verantwortlich war, direkter als die britische Regierung.

Ebenso unterzeichnete die US-amerikanische Standard Oil ähnliche Vereinbarungen mit dem Imperialisten Lenin. Um den Eindruck zu erwecken, dass die USA und Großbritannien tatsächlich gegen den Aufstieg der Bolschewiki kämpften, wurde ein alliiertes Expeditionskorps nach Archangel im äußersten Norden Russlands entsandt. Seine Truppen faulenzten nur in ihren Kasernen, außer einmal, als sie einen zeremoniellen Marsch durch die Straßen von Archangel unternahmen, woraufhin das sogenannte Expeditionskorps an Bord eines Schiffes ging und sich auf den Rückweg machte.

Der einzige Mann mit Prinzipien im Konsortium war Deterding, der es kategorisch ablehnte, mit den Bolschewiken zusammenzuarbeiten. Über den Verrat der Weißrussen und das Ölabkommen der Bolschewiken sagte Deterding:

> Ich glaube, eines Tages wird jeder bereuen, dass er sich mit diesen Dieben eingelassen hat.

Es ist kein Wunder, dass Deterding in die Dunkelheit verbannt wurde! Ob seine Worte prophetisch waren, wird die Geschichte beurteilen, und wir sprechen hier nicht von der Geschichte, die von den sogenannten Historikern geschrieben wurde, die von Rockefeller bezahlt wurden. Um Konkurrenz in der Zukunft zu verhindern, wovon Rockefeller angeblich überzeugt war, fand am 18. August 1928 in Achnacarry Castle in Schottland ein geheimes Treffen auf Vorrat des Grafen von Achnacarry statt. Das Treffen wurde von der Anglo-Iranian Oil Company (später British Petroleum-BP genannt) organisiert und Führungskräfte von Standard, Shell, der Anglo-Iranian Oil Company und Mobil nahmen daran teil. Deterding war als Vertreter der Royal Dutch Shell anwesend, doch sein Leben wurde von Rockefeller zur Hölle gemacht. Rockefeller machte keinen Hehl aus seinem Hass auf den Mann, der sich öffentlich gegen seine mit den Bolschewiken geschlossenen Ölabkommen ausgesprochen hatte.

Die Anglo-Iranian Oil Company verfasste die Tagesordnung, die am 17. September 1928 von allen Parteien unterzeichnet wurde. Das einzige Ziel der Imperialisten von Achnacarry war es, den weltweiten Ölhandel in "Interessensphären" aufzuteilen, die von den Majors kontrolliert werden sollten, was in Wirklichkeit bedeutete, dass alles "so bleiben sollte, wie es ist".

Das 1945 folgende Jalta-Abkommen war dem Achnacarry-Abkommen nachempfunden, und die "Großen Drei" konnten diese Vereinbarung bis 1952 umsetzen. Das Achnacarry-Abkommen verstieß gegen die Sherman-Antimonopolgesetze der USA, und mehr noch, es zeigte, dass die Giganten der Ölindustrie mächtig genug waren, um Preise festzulegen und Lieferungen zu verteilen, egal was die rechtmäßigen Regierungen der Welt dazu sagen.

Hat der amerikanische Verbraucher von dem 28 Jahre dauernden Achnacarry-Abkommen profitiert? Die Antwort lautet: Nein. Tatsächlich wurden die amerikanischen Verbraucher Opfer höherer Preise zu einem Zeitpunkt, an dem die Preise hätten erheblich gesenkt werden können. In Wahrheit war das Achnacarry-Abkommen eine gigantische Verschwörung gegen das US-Kartellrecht mit der Absicht, die Verbraucher weltweit zu betrügen, aber der US-Verbraucher war der Leidtragende der Preisfestsetzung.

Wenn es einen eklatanten Kriminalfall gab, der nur darauf wartete, verfolgt zu werden, dann war es dieser. Aber offenbar gab es im US-Justizministerium nur ein paar mutige Männer, die bereit waren, gegen die Industriegiganten vorzugehen, die den amerikanischen Verbraucher in ihrer langen Geschichte immer wieder "abgezockt" haben. Zu seinen Ehren sei gesagt, dass "die wenigen" im Justizministerium zwar versuchten, gegen das

Kartell vorzugehen, ihre Bemühungen aber von Eisenhower und Truman blockiert wurden.

Die Tatsache, dass die "Big Three" billiges Öl aus der ganzen Welt beschafften, fügte der Verletzung nur noch eine weitere Beleidigung hinzu. Die "große Hand" des alten John D. war überall zu sehen, und mit der Zeit wurden ehrliche Männer in der Ölindustrie immer schwerer zu finden.

Doch das Schlimmste kam erst noch. Unzufrieden mit ihren aufgeblähten Gewinnen, suchten und erhielten die drei großen Unternehmen nun mit Hilfe hochrangiger Beamter des Außenministeriums amerikanische Steuerzugeständnisse. Die Ölgesellschaften argumentierten, dass ihr Sonderstatus gerechtfertigt sei, weil

"setzen wir die Politik der Vereinigten Staaten gegenüber diesen Ländern fort".

Ihre Behauptung geht sogar noch weiter:

"Wir helfen dabei, die Brennpunkte kühl zu halten, während ein direktes Eingreifen der USA in diese Brennpunkte die Situation nur noch verschlimmern würde",

sagte ein leitender Angestellter 1985 vor dem Ausschuss für auswärtige Angelegenheiten des Senats. Wir werden sehen, wie wenig dieses Argument stichhaltig ist.

Der Hauptschub von EXXON nach Baku war in Saudi-Arabien. Everette Lee De Goyler hatte 1943 gesagt:

"Dieses Öl in dieser Region (Saudi-Arabien) ist der höchste Preis in der Geschichte".

Unter dem Vorwand, dem herrschenden Abdul-Azziz-Clan bei der Abwehr der israelischen Bedrohung zu helfen, konnte EXXON seine Position festigen, indem es dafür sorgte, dass die Interessen Saudi-Arabiens von der formidablen und bedrohlichen Israel-Lobby in Washington nicht heruntergespielt wurden.

Das Außenministerium spielte seine Rolle, indem es König Ibn

Saud mitteilte, dass die USA eine unparteiische Nahostpolitik aufrechterhalten würden, wenn die Saudis mit EXXON zusammenarbeiteten. Natürlich stimmte der König dem schändlichen Deal zu. Als "Gegenleistung" zahlte EXXON die bescheidene Summe von 500 000 Dollar, um sich die Exklusivrechte an saudischem Öl zu sichern! Allerdings konnten weder EXXON noch das Außenministerium ihr Versprechen einhalten, die Unparteilichkeit der Washingtoner Nahostpolitik aufrechtzuerhalten, da die Israel-Lobby einen Aufschrei verursachte. Dies passte den Saudis nicht, die sich 1946 bitter gegen die Gründung Israels als Staat ausgesprochen hatten. Senator Fulbright hatte stets einen unparteiischen Ansatz verfolgt und war in der Regel in der Lage, auf seinen Positionen zu beharren, selbst wenn die Dinge in Washington schwieriger wurden. Als Fulbright jedoch zum Außenminister ernannt wurde, schloss sich die zionistische Lobby mit Exxon zusammen, um die Ernennung rückgängig zu machen, die dann Dean Rusk, einem Feind der arabischen Nationen und einem Imperialisten der schlimmsten Sorte, übertragen wurde. Infolgedessen wurde die Außenpolitik der USA gegenüber den arabischen/muslimischen Ländern des Nahen Ostens, die immer noch schrecklich unausgewogen und völlig zugunsten Israels voreingenommen war, viel pro-israelischer.

Das saudische Königshaus verlangte dann von Exxon einen jährlichen Tribut, um das Zugeständnis aufrechtzuerhalten, ein Tribut, der im ersten Jahr der Umsetzung 50 Millionen Dollar betrug. Da die Produktion von billigem saudischem Öl schwindelerregende Höhen erreichte, wuchs das "goldene Gimmick der Steuerkonzessionen" proportional an und ist bis heute einer der größten Betrügereien mit monumentalen Ausmaßen. Aufgrund einer Vereinbarung mit dem Außenministerium darf EXXON (ARAMCO) die Bestechungsgelder von seinen Steuern in den USA abziehen, mit der Begründung, dass das Bestechungsgeld eine rechtmäßige Zahlung der "saudischen Einkommenssteuer" sei!

In Wirklichkeit handelte es sich um eine riesige ausländische Hilfszahlung an Saudi-Arabien - auch wenn sie nicht als solche registriert wurde -, damit EXXON weiterhin billiges saudisches Öl fördern und exportieren konnte. Sechs Jahre nach der Nutzung dieses Steuerschlupflochs begann Israel, seinen Anteil an der Beute einzufordern, und erhielt schließlich rund 13 Millionen US-Dollar - dank der amerikanischen Steuerzahler. Die gesamte Auslandshilfe Israels aus den USA beläuft sich derzeit auf rund 50 Milliarden US-Dollar pro Jahr. Ziehen die amerikanischen Steuerzahler, die die Rechnung bezahlen, irgendeinen Vorteil aus dieser Vereinbarung, einen Vorteil wie etwa niedrigere Benzinpreise an den Tankstellen? Schließlich ist saudisches Öl so billig, sollte der Gewinn nicht an den Kunden weitergegeben werden? Die Antwort lautet: "Nicht, soweit es ARAMCO betrifft".

Die US-amerikanischen Verbraucher hatten keinerlei Vorteile davon. Schlimmer noch, der nationale Ölpreis erlitt einen enormen Anstieg, von dem er sich nie wieder erholte, denn das billige Rohöl aus dem Nahen Osten tötete alle lokalen Bemühungen, die USA energiepolitisch unabhängig zu machen, indem sie mehr Gas und Öl aus amerikanischen Quellen wie den Feldern in der Arktis produzierten.

# KAPITEL 14

## Nixon schließt das Goldfenster

Viele kleine, unabhängige Ölexplorationsunternehmen, die sogenannten Wildcatter, waren gezwungen, ihre Tätigkeit einzustellen, da sie mit höheren Steuern belegt wurden und ein Labyrinth neuer, strengerer Maßnahmen zur Einschränkung ihrer Aktivitäten ergriffen wurde. Die Gelegenheit, die Benzinpreise an den Zapfsäulen zu erhöhen, ergab sich mit der Mini-Rezession von 1970, als die Amtszeit von Präsident Nixon zu Ende ging. Die US-Wirtschaft befand sich in einer Rezession und die Zinssätze wurden stark gesenkt, was eine alarmierende Flucht von ausländischem Kapital auslöste. Präsident Nixon beschloss auf Anraten von Sir Sigmund Warburg, Edmond de Rothschild und anderen Bankiers aus der Londoner City, die Mitglieder des "Komitees der 300" waren, die Goldschalter der Federal Reserve-Banken zu schließen.

Am 15. August 1971 kündigt Nixon an, dass US-Dollar von nun an nicht mehr gegen Gold getauscht werden. Die zentrale Bestimmung der Bretton-Woods-Konferenz wird in Stücke gerissen. Die Demonetarisierung des Dollars lässt die Benzinpreise an den Zapfsäulen in die Höhe schnellen.

Laut den Beweisen, die dem Ausschuss für multinationale Anhörungen 1975 vorgelegt wurden, erzielten die großen US-amerikanischen Ölgesellschaften fast 70% ihrer Gewinne im Ausland, auf die sie in den USA keine Einkommensteuer zahlen mussten. Da der Großteil ihrer Aktivitäten "upstream" (in fremden Ländern) stattfand, waren die großen US-Unternehmen nicht im Begriff, großes Kapital in lokale Bohrungen und Explorationen zu investieren, auf die sie Steuern hätten zahlen müssen.

Warum sollte man Geld ausgeben, um in den USA nach Ölvorkommen zu suchen und diese auszubeuten, wenn das Produkt steuerfrei und zu einem niedrigeren Preis in Saudi-Arabien bezogen werden kann? Warum sollte man kleinen, unabhängigen Betreibern erlauben, Ölfelder zu erkunden und dort große Vilayets zu finden, was unweigerlich die Gewinne der Seven Sisters geschmälert hätte? EXXON tat das, was sie am besten kann. Sie wandte sich an die gefügigen Mitglieder des Kongresses und forderte (und erhielt) eine hohe Steuer auf die Ölexploration auf dem Festland der USA.

Die US-Verbraucher subventionierten weiterhin die imperialistischen Majors in Übersee und zahlten gleichzeitig künstlich erhöhte Preise an den Zapfsäulen. Wenn man die Kosten für alle versteckten Steuern hinzurechnet, ist das US-Benzin eines der teuersten der Welt - eine schockierende, künstlich geschaffene Situation, die schon vor Jahrzehnten hätte beseitigt werden müssen. Das Unmoralische an diesem Arrangement ist, dass die Majors, wenn sie nicht so gierig gewesen wären, dank des stark reduzierten Preises mehr Benzin in den USA hätten produzieren und verkaufen können. Unserer Meinung nach setzt die Art und Weise, wie die Ölindustrie eine illegale Praxis gefördert hat, sie einer kriminellen Anklage wegen Verschwörung zum Betrug an den amerikanischen Verbrauchern aus.

1949 leitete das US-Justizministerium ein Strafverfahren gegen das "internationale Ölkartell" ein, dem die größten US-amerikanischen Ölgesellschaften angehörten. Bevor es jedoch zu weit ging, schalteten sich Truman und Eisenhower ein und zwangen das Justizministerium, das Verfahren auf einen Zivilfall zu reduzieren.

Als die freien Wechselkurse die Wirtschaftswelt trafen, forderten und erhielten die erdölproduzierenden arabischen Staaten das Versprechen eines festen Ölpreises, um nicht unerwartet einen starken Rückgang ihrer Öleinnahmen aufgrund von Währungsschwankungen hinnehmen zu müssen. Die Majors kamen dem nach, indem sie die Benzinpreise manipulierten. So zahlten die Ölkonzerne Steuern auf einen künstlichen Preis, der nicht dem tatsächlichen Marktpreis entsprach, der aber durch die niedrigeren Steuern, die sie in den USA zahlten, ausgeglichen wurde - ein Vorteil, den keine andere Branche in den USA je hatte. Dadurch konnten EXXON und Mobil sowie die anderen Majors trotz ihrer enormen Gewinne im Durchschnitt nur 5% Steuern zahlen. Aus den obigen Ausführungen geht klar hervor, dass die großen Ölkonzerne nicht nur den amerikanischen Steuerzahler betrogen - und sie betrügen die Verbraucher weiterhin um jeden Preis -, sondern auch die imperialistische Außenpolitik der USA umsetzten, indem sie als Geldgeber fremder Länder fungierten, deren Öl sie zu Schnäppchenpreisen aufkauften. Dieses Arrangement stellte die großen Ölkonzerne über das Gesetz und verschaffte ihnen eine Position, von der aus sie den gewählten Regierungen ständig ihr Verhalten diktieren konnten. Wie wurde dieser glanzvolle Sieg über den amerikanischen Verbraucher erreicht? Um diese Frage zu beantworten, müssen wir auf das Geheimtreffen auf der Insel Saltsjöbaden zurückblicken, die den schwedischen Wallenbergs, Mitgliedern des Komitees der 300, gehört. Im Mai 1973 hielt die Bilderberg-Gruppe ein Geheimtreffen ab, an dem Sir Eric Roll von Warburg, Giani Agnelli vom Fiat-Konglomerat, Henry Kissinger, Robert O. Anderson von der Atlantic Richfield Oil Company, George Ball von Lehman Brothers, Zbignew Brzezinski, Otto Wolf von Armerongen und David Rockefeller teilnahmen. Der Kerngedanke des Treffens war, wie man ein weltweites Ölembargo auslösen könnte, um die Ölpreise um bis zu 400% zu erhöhen.

Das Treffen in Saltsjöbaden war sicherlich ein Höhepunkt für das Komitee der 300, denn noch nie zuvor hatte eine so kleine Zahl die wirtschaftliche Zukunft der ganzen Welt kontrolliert. Die Maßnahmen, die sie beschlossen, um ihr Ziel einer 400-prozentigen Steigerung der Öleinnahmen und den daraus resultierenden enormen Auftrieb für den Dollar zu erreichen, sind nur denjenigen bekannt, die an dem Treffen teilgenommen haben. Das Ergebnis ihrer Beratungen ließ jedoch nicht lange auf sich warten.

Nur sechs Monate später, am 6. Oktober 1973, begannen Ägypten und Syrien einen Krieg gegen Israel, den sogenannten "Jom-Kippur-Krieg". Lassen wir für den Moment alle vordergründigen Gründe für den Angriff auf Israel beiseite und blicken wir hinter die Kulissen. Nach dem, was wir aus einer Reihe von Depeschen und Berichten erfahren haben, ist es ziemlich sicher, dass Henry Kissinger über diplomatische Umwege von Washington aus den Ausbruch des Krieges orchestriert hat. Es ist bekannt, dass Kissinger sehr eng mit dem israelischen Botschafter in Washington, einem gewissen Simcha Dinitz, befreundet war. Zur gleichen Zeit arbeitete Kissinger an seinen ägyptisch-syrischen Beziehungen. Kissinger bediente sich der ältesten Formel der Welt: Er verdrehte absichtlich die Tatsachen für beide Seiten.

Am 16. Oktober 1972 traf sich die OPEC in Wien und teilte der Welt mit, dass sie den Ölpreis von 1,50 $ auf 11 $ pro Barrel erhöhen und die USA wegen ihrer eklatanten und ständigen Bevorzugung Israels boykottieren würde. Die Niederlande waren Gegenstand eines besonderen Angriffs, da sich dort die wichtigsten Ölhäfen Europas befinden. Die Bilderberg-Verschwörer haben ihr Ziel erreicht. Wenn wir uns die Ölpreise von 1949 bis 1970 anschauen, stellen wir fest, dass der Preis für ein Barrel Rohöl nur um etwa 1,89 Dollar gestiegen ist. Bis Januar 1974 war der Rohölpreis um 400 % gestiegen, was dem Ziel der Bilderberg-Gruppe in Saltsjöbaden entsprach.

Es besteht kaum ein Zweifel daran, dass Henry Kissinger im Namen der Bilderberg-Gruppe den bei Wallenbergs Rückzug ausgearbeiteten Plan orchestrierte und ausführte, während er die Verantwortung für den 400-prozentigen Anstieg des Rohölpreises den arabischen Produzenten und der OPEC zuschob, obwohl der weltweite Ölverbrauch seit 1949 um das 5,5-fache gestiegen ist. Senator "Scoop" Jackson forderte die sofortige Zerschlagung und Desinvestition der großen

Ölkonzerne und bezeichnete deren Gewinne als "obszön".

Danach wenden wir uns wieder Mexiko und dem verhassten Henri Deterding von Shell zu, der einige der Cowdrey-Konzessionen aufkaufte (die John D. abgelehnt hatte, weil sie seiner Meinung nach ohnehin nicht viel wert waren). Dies ist der Beginn der korrupten Praktiken der Ölfirmen, die von einer Regierung unterstützt werden, in der einige Beamte sehr empfänglich für Bestechungen sind.

Das Öl wurde in Mexiko von dem britischen Baumagnaten Weetman Pearson entdeckt, den wir bereits kennengelernt haben. Pearson war nicht wirklich im Ölgeschäft tätig, entdeckte es aber zufällig nach einem Besuch in Laredo, Texas, wenn man seiner Schilderung der Ereignisse Glauben schenken darf. Der mexikanische Präsident Porfirio Diaz erteilte Weetman das Recht, (privat) nach Öl zu suchen, und der britische Geschäftsmann stellte seine Bohrgeräte auf Land auf, das angeblich riesige Ölvorkommen enthielt, direkt neben dem Ort, an dem der alte John D. seine Anträge gestellt hatte. John D., der immer schnell zum Hass bereit war, begann daraufhin, Weetmans Konzessionen zu sprengen und seine Bohrlöcher anzuzünden. Alle von William "Doc" Avery gelehrten schmutzigen Tricks wurden sofort gegen seinen Rivalen eingesetzt. Doch Weetman hielt an seiner Aufgabe fest, und zum ersten Mal in seinem Leben wurde Rockefeller vereitelt. Nachdem er die Kontrolle über alle Ölvorkommen der USA übernommen hatte, gefiel das Rockefeller gar nicht. Seine Maske der wohlwollenden Philanthropie, die im Gerichtssaal von Richter Whyte aufgehängt war, fiel und enthüllte die ganze Hässlichkeit des Charakters des Mannes - ein Gesicht, das in gnadenlose Raffgier gegossen war.

Weetman war schlauer als Rockefeller, was ihn zu einer Fehlkalkulation verleitete. "Ich glaube, dass die mexikanischen Ölfelder zu teuer sind", sagte er Avery, konnte aber nicht ahnen, dass seine Einschätzung der mexikanischen Situation sehr falsch war. Hinter den Kulissen war Rockefellers privater Geheimdienst jedoch entschlossen, möglichst viele Probleme für

Weetman sowie Unruhe und Blutvergießen für das mexikanische Volk zu schaffen.

Die britische Regierung beförderte Weetman ins Oberhaus in Anerkennung seiner Arbeit in den mexikanischen Ölfeldern für sein Land und für den Bau von Bombern für das Royal Flying Corps (RFC) während des Ersten Weltkriegs. Er war ein enger Freund von Sir Douglas Haig, der das Programm des Royal Flying Corps (RFC) ins Leben gerufen hatte. Von da an war er unter dem Namen Lord Cowdrey bekannt. Es dauerte nicht lange, bis er mit dem neu gewählten Präsidenten Woodrow Wilson gut befreundet war.

Wütend darüber, dass er geschlagen worden war, begann John D., enormen Druck auf Wilson auszuüben. Standard Oil wollte wieder ins Spiel kommen, und wenn dazu das US-Militär eingesetzt werden müsse, dann sei es eben so. Das war Imperialismus in seiner schlimmsten Form, wobei die Ölgesellschaften die US-Armee wie ihre eigene Privatarmee einsetzten, wie wir später sahen, als Präsident Bush die Invasion Panamas und des Iraks anordnete.

In Mexiko schürte Rockefellers private Geheimdienstarmee rund um die Uhr Unruhen, und um die drohende Krise noch zu verschärfen, wählte Mexiko General Huerto zum neuen Präsidenten. In seinem Wahlmanifest hatte Huerto geschworen, dass er die Kontrolle über das mexikanische Öl für sein Volk zurückgewinnen würde. Über Lord Cowdrey bat die britische Regierung Wilson, die USA um Hilfe zu bitten, um den temperamentvollen Huerto loszuwerden. Großbritannien und die Vereinigten Staaten vereinten ihre Kräfte "gegen den gemeinsamen Feind", wie Cowdrey es ausdrückte, und pumpten gleichzeitig Tag und Nacht so viel Rohöl wie möglich in die Luft, bevor der Ballon in die Luft flog. Aber es waren die USA, die Mexiko am meisten Schaden zufügten, indem sie das Land in eine Reihe von Bürgerkriegen stürzten, die fälschlicherweise als "Revolutionen" bezeichnet wurden, und unnötigerweise das Blut von Hunderttausenden Mexikanern vergossen, damit die ausländischen Imperialisten die Kontrolle über die natürlichen

Ressourcen Mexikos behalten konnten. In Mexiko herrschten Verbitterung und Konflikte, doch währenddessen wurde Cowdrey immer reicher. Sein persönliches Imperium umfasste Lazard Frères, das internationale Bank- und Brokerhaus, "Penguin Books", "The Economist" und die "Financial Times" in London, die alle auf dem Blut und den Tränen des mexikanischen Volkes und dem Blut von Millionen von Menschen aufgebaut waren, die im Ersten Weltkrieg getötet wurden, der ohne das mexikanische Öl nicht hätte fortgesetzt werden können. Das mexikanische Volk wurde blindlings beraubt, zuerst von Cowdrey und dann von Shell, die 1919, am Ende des Ersten Weltkriegs, als Cowdrey, der durch den Tod seines Sohnes im Ersten Weltkrieg schwer verletzt worden war, beschloss, dass er genug Geld verdient hatte, um sich zur Ruhe zu setzen, die Beteiligungen des Milliardärs in Mexiko aufkaufte.

Es folgte ein Bürgerkrieg (in der britischen und amerikanischen Presse als "Revolution" bezeichnet) - das mexikanische Volk wollte die Kontrolle über seine natürlichen Ressourcen zurückgewinnen. Während Cowdrey in völligem Luxus lebte, ging es den mexikanischen Ölarbeitern schlechter als den Sklaven des Pharaos. Sie drängten sich in schäbigem, schwarzem Elend in unbeschreiblichen Öl-"Städten" zusammen, die aus den einfachsten Hütten ohne sanitäre Anlagen oder Wasserversorgung bestanden.

1936 waren 17 ausländische Länder damit beschäftigt, das Öl abzupumpen, das rechtmäßig Mexiko gehörte. Als schließlich die mexikanischen Ölarbeiter wegen ihrer Bedingungen kurz vor einer Revolte gegen ihre Arbeitgeber standen, forderte der mexikanische Präsident Lazaro Cardenas spät bessere Bedingungen und höhere Löhne für sie. In Amerika meldete die Presse, dass "der Kommunismus versucht, die Macht in Mexiko zu übernehmen".

Die 17 beschuldigten Unternehmen weigerten sich, den gerechten Forderungen der Arbeiter nachzugeben, und Cardenas verstaatlichte daraufhin alle ausländischen Ölgesellschaften, wie es sein gutes Recht war. Wie schon im Fall des Iran, als Churchills brutale Aggression die Wirtschaft ruinierte, indem sie einen weltweiten Boykott gegen iranisches Öl einführte, kündigten die britische und die US-amerikanische Regierung an, dass sie ein Embargo gegen jeden verhängen würden, der Öl aus Mexiko heraus verschifft. PEMEX, die staatliche Gesellschaft, die die Ölindustrie betreibt, wurde durch den Boykott so sehr gestört, dass sie völlig inkompetent wurde, und als der Boykott länger andauerte, begannen die Mitarbeiter von PEMEX, Bestechungsgeldern und Korruption zu verfallen. All diese Missetaten waren das Werk von Rockefellers Privatarmee von Agenten und Spionen, die überall zu finden waren. Im Jahr 1966 versuchten mehrere prominente Schriftsteller, die Rolle der britischen und amerikanischen Imperialisten in Mexiko aufzudecken. Cowdrey engagierte daraufhin Desmond Young, einen damals prominenten Schriftsteller, um eine Weißwaschung seiner Aktivitäten vorzubereiten, wofür Young zum üblichen Tarif für Prostituierte bezahlt wurde.

Um auf Europa zurückzukommen: Kurz vor dem Zweiten Weltkrieg. Im Jahr 1936 versuchten die Kommunisten, Spanien unter ihre Kontrolle zu bringen. Das war ihr großer Preis, nachdem sie Russland erobert hatten. Texaco sah einen sich anbahnenden Glücksfall und stellte sich auf die Seite von General Franco. Seine Tanker, die mit mexikanischem Öl beladen waren, wurden in spanische Häfen umgeleitet, die von Franco kontrolliert wurden.

Hier kommt Sir William Stephenson ins Spiel, der Mann, der während des Zweiten Weltkriegs die Übernahme des US-Geheimdienstes plante und später die Ermordung von Präsident John F. Kennedy organisierte. Stephenson entdeckte den Texaco-Franco-Öldeal und beeilte sich, Roosevelt davon zu berichten. Wie es bei der geheimen US-Regierung üblich ist - und eine lange Geschichte untermauert diese Behauptung - nimmt der CFR, wenn rechte Regierungen in einen Kampf auf Leben und Tod gegen kommunistische Kräfte verwickelt sind, die versuchen, sie zu stürzen (wie in Kuba), entweder eine neutrale Position ein, während er insgeheim die legitime

Regierung untergräbt und die kommunistischen Kräfte unterstützt, oder er stellt sich offen auf die Seite der aufständischen Kräfte (wie in Spanien und später in Südafrika). Im spanischen Krieg gegen den Kommunismus, der als "Spanischer Bürgerkrieg" bekannt wurde, war Amerika offiziell "neutral". Doch Roosevelt erlaubte dem CFR, die Kommunisten, gegen die Franco kämpfte, heimlich mit Geld, Waffen und Munition zu versorgen. Als Stephenson mit den "schlechten Nachrichten" in sein Büro galoppierte, wurde Roosevelt sehr wütend und befahl Texaco empört, sich an die Neutralitätsgesetze zu halten und die Öllieferungen an Franco einzustellen.

Roosevelt stoppte jedoch nicht den Fluss von Geld, Waffen und Lebensmitteln zu den Kommunisten. Er wies die Bolschewiki auch nicht an, in den USA keine Männer zu rekrutieren, die bereit waren, für die Kommunisten in Spanien zu kämpfen.

Die Kommunisten begannen bald, amerikanische Freiwillige zu rekrutieren, die in der "Abraham-Lincoln-Brigade" gegen Franco kämpften. Roosevelt unternahm keinen Versuch, die Verantwortlichen zu verfolgen. Franco wurde nie verziehen, dass er den Versuch der Kommunisten, das christliche Spanien zu übernehmen, niedergeschlagen hatte. Er wird es auch nie von den Sozialisten, die den Großteil des US-Außenministeriums stellen, erfahren. Obwohl er im Spanischen Bürgerkrieg keine große Rolle spielte, war der Federal Reserve Board, das Führungsgremium der 12 Banken der Federal Reserve, ein wichtiger Akteur im Ersten und Zweiten Weltkrieg. Ohne ihn hätte es weder die Weltkriege noch den Korea- und den Vietnamkrieg gegeben. Die Banken der Federal Reserve wurden von Senator Nelson Aldrich im Auftrag und im Dienst der Rockefellers gegründet. Senator Nelson Aldrich wurde von den Rothschilds gekauft und bezahlt und wurde zum Hauptinitiator des Gesetzentwurfs zur Einrichtung einer Zentralbank in den USA, womit er gegen seinen Eid verstieß, die amerikanische Verfassung zu verteidigen und durchzusetzen.

Es ist fair zu sagen, dass das Geld der Rothschilds und der

Rockefellers die (legitimen und in Form von Bestechungsgeldern) Kosten für die Einrichtung der Banken der Federal Reserve bezahlt hat. Die Tochter von Senator Aldrich, Abbey Green Aldrich, heiratete John Rockefeller Jr. und Abbey war immer sehr großzügig mit ihren Zuwendungen an linke und regelrecht kommunistische Institutionen.

Mexiko und die Federal Reserve sind zwei weitere Anklagen in dem Dossier gegen die Ölindustrie. Die Rockefellers werden auch beschuldigt, ihr Ölgeld an kommunistische Brennpunkte wie den Weltrat der Kirchen und die Rockefeller Riverside Church in New York verteilt zu haben. Diese beiden linksgerichteten Institutionen standen an vorderster Front der Kampagne, die christliche Kirche in Südafrika von der Landkarte zu tilgen.

Die Ölindustrie wurde so imperialistisch, dass mithilfe eines riesigen Spionagenetzes nur wenig geschah, ohne dass die Rockefellers davon erfuhren. Sehr bald nach dem Ende des Zweiten Weltkriegs begann das Öl in Strömen aus den saudischen Feldern zu fließen, während der Benzinpreis von 1,02 $ auf 1,43 $ pro Gallone stieg, ohne dass es für diesen Sprung einen wirtschaftlichen Grund gegeben hätte. Die schiere Gier der Ölindustrie kostete den amerikanischen Verbraucher Milliarden Dollar, ganz zu schweigen von den Milliarden Dollar, die die amerikanischen Steuerzahler aufbringen mussten, um die "Gans mit den goldenen Eiern" am Leben zu erhalten.

EXXON zeigte keinerlei Furcht vor dem amerikanischen Volk oder der Regierung. Die geheime Exekutive der hochrangigen Parallelregierung, bekannt als Council on Foreign Relations, sorgte dafür, dass niemand es wagte, auch nur einen Finger gegen EXXON und seine saudische Firma ARAMCO zu rühren.

Folglich konnte ARAMCO damit durchkommen, dass es Öl für 0,95 $ pro Barrel an Frankreich verkaufte, während es der US-Marine für dasselbe Öl 1,23 $ pro Barrel in Rechnung stellte. Das war ein schamloser und arroganter Diebstahl am amerikanischen Volk. Doch trotz der Vertuschung durch Presse und Radio beschloss Senator Brewster 1948, dass er über genügend Informationen verfügte, um die Ölindustrie herauszufordern.

Brewster beschuldigte die Majors, in bösem Glauben gehandelt zu haben,

... mit dem gierigen Wunsch, riesige Gewinne zu erzielen, während sie ständig versuchen, sich mit dem Schutz und der finanziellen Hilfe der Vereinigten Staaten zu decken, um ihre weitreichenden Konzessionen zu bewahren.

Die großen Ölgesellschaften antworteten Brewster mit einem Memo, in dem sie arrogant erklärten, dass sie den Vereinigten Staaten keine besondere Loyalität schuldeten! Rockefellers "Imperialismus" wurde nie kühner vor dem Gesicht Amerikas zur Schau gestellt als während Brewsters Anhörungen.

Abgesehen von geopolitischen Erwägungen machten sich die großen Ölgesellschaften auch der einfachen Preismanipulation schuldig. So wurde beispielsweise billiges arabisches Öl auf den höheren US-Preis festgelegt, wenn es nach Westeuropa verkauft und in die USA importiert wurde. Dieser Betrug wurde mithilfe so genannter "Schattenfrachtraten" durchgeführt.

Einer der besten Berichte, die viel Licht auf das Verhalten der Ölindustrie werfen, ist der "International Petroleum Cartel; A report compiled by the staff of the Federal Trade Commission".[6] Dieser einschneidende Bericht sollte Pflichtlektüre für alle Mitglieder des US-Repräsentantenhauses und des US-Senats sein.

Ich bin erstaunt, dass dieser Bericht jemals das Licht der Welt erblickte, und ich vermute, dass er Grund genug für Rockefeller und seine Verschwörer war, sehr besorgt zu sein. Angeregt durch den verstorbenen Senator John Sparkman und sorgfältig in Form gebracht von Professor M. Blair, reicht die Geschichte des Ölkartells bis zur Verschwörung im schottischen Schloss

---

[6] "Das internationale Ölkartell; ein von Mitarbeitern der Federal Trade Commission zusammengestellter Bericht. " Ndt.

Achnacarry zurück.

# KAPITEL 15

## Senator Sparkman greift Rockefellers Öl-Imperium an

Senator Sparkman scheute keine Mühen und griff insbesondere das Öl-Imperium von Rockefeller an. Professor Blair baute den Fall gegen die Ölindustrie sorgfältig und überzeugend Zentimeter für Zentimeter auf, um schließlich unangreifbare Beweise dafür zu liefern, dass sich die großen Ölgesellschaften in einer Verschwörung mit folgenden Zielen engagiert hatten:

- Kontrolle über alle Technologien und Patente im Zusammenhang mit der Ölförderung und -raffination.

- Zur Kontrolle von Pipelines und Tanklastwagen zwischen sieben Unternehmen, "Die sieben Schwestern".

- Die Weltmärkte untereinander aufteilen und Einflusssphären verteilen.

- Kontrolle über alle ausländischen Ölförderländer in Bezug auf die Förderung, den Verkauf und die Verteilung von Öl.

- Gemeinsam und solidarisch handeln, um die Ölpreise künstlich hoch zu halten.

Professor Blair sagte, ARAMCO habe sich unter anderem schuldig gemacht, die Ölpreise hoch zu halten, obwohl es Öl zu unglaublich niedrigen Preisen nach Saudi-Arabien pumpte. Angesichts der weitreichenden Anschuldigungen von Senator

Sparkman begann das Justizministerium mit einer eigenen Untersuchung der Geschäftspraktiken von ARAMCO, um festzustellen, ob gegen US-amerikanische Gesetze verstoßen wurde. Standard Oil und die Rockefellers entsandten sofort Dean Acheson, ihren Söldner im Außenministerium, um die Untersuchung zu vereiteln. Acheson, der wegen Hochverrats hätte angeklagt werden können, ist das beste, oder vielleicht das schlimmste Beispiel dafür, wie die US-Regierung von den großen Ölkonzernen unterwandert und auf den Kopf gestellt wird. Dies geschah immer dann, wenn man gegen die Verschwörer ermitteln wollte, die schon vor langer Zeit erklärt hatten, dass sie den USA keine besondere Loyalität schulden. Als Acheson 1952 vor einem Untersuchungsausschuss des Senats erschien und die Interessen des Außenministeriums als vorrangig bei der Wahrung der außenpolitischen Interessen Amerikas im Nahen Osten anführte (womit er stillschweigend zugab, dass die großen Ölgesellschaften die Außenpolitik lenkten), forderte Acheson den Ausschuss und das Justizministerium auf, ihre Untersuchungen der ARAMCO-Geschäfte auf Eis zu legen, um die diplomatischen Initiativen der USA im Nahen Osten nicht zu schwächen. Acheson nutzte die Mossadegh-Krise im Iran sehr clever, um seinen Standpunkt darzulegen, und das Justizministerium fügte sich gebührend. Der Generalstaatsanwalt konnte jedoch eine scharfe Bemerkung machen, bevor sich die Türen über die zwielichtigen Geschäftspraktiken von ARAMCO schlossen :

> Der Ölhandel liegt in den Händen einiger weniger. Ölmonopole sind nicht im besten Interesse des freien Handels. Das freie Unternehmertum kann nur bewahrt werden, indem es vor übermäßiger Macht geschützt wird, sowohl von staatlicher als auch von privater Seite.

Doch die schärfste Rüge des Generalstaatsanwalts richtete sich gegen das Ölkartell, das, wie er sagte, "den Interessen der nationalen Sicherheit zutiefst abträglich ist". Ein wütender Rockefeller ergriff sofort Maßnahmen zur Schadensbegrenzung und setzte seinen Kampfhund Acheson ein, um die Kartellstaatsanwälte zu beschuldigen, "Polizeihunde der

Kartellabteilung des Justizministeriums zu sein, die nichts mit dem Mammon und den Ungerechten zu tun haben wollen". Sein Ton war kriegerisch und voller Großsprecherei.

Durch die Angleichung des Verteidigungs- und des Innenministeriums erklärte Acheson das imperialistische Credo:

> "Die Unternehmen (die Sieben Schwestern) spielen eine lebenswichtige Rolle bei der Versorgung der freien Welt mit ihrem wichtigsten Lebensmittel. Die amerikanischen Ölgeschäfte sind in jeder Hinsicht Instrumente unserer Außenpolitik gegenüber diesen Nationen."

Achesons Meisterstück bestand darin, das Gespenst einer möglichen bolschewistisch-sowjetischen Intervention in Saudi-Arabien heraufzubeschwören:

> Wir dürfen nicht übersehen, wie wichtig die Rolle der Ölgesellschaften im Kampf für die Ideale der ehemaligen Sowjetunion ist, und wir dürfen auch die Behauptung nicht unbeantwortet lassen, dass diese Gesellschaften in eine kriminelle Verschwörung zum Zwecke räuberischer Exploration verwickelt sind.

Achesons Position war völlig falsch. Das Ölkartell war und ist immer noch in eine räuberisch-imperiale Vergewaltigung der Öl produzierenden Länder verwickelt, und seine Aktivitäten, sich einzumischen oder außenpolitische Entscheidungen zu treffen, die auf ihren besten Interessen beruhen, stellen eine Gefahr für die guten Beziehungen der arabischen und islamischen Welt zu den Vereinigten Staaten dar und bedrohen unsere nationalen Sicherheitsinteressen eher, als sie zu schützen. Was Achesons sowjetischen roten Hering betrifft, so haben die Ölindustrie und insbesondere die Rockefellers seit der bolschewistischen Revolution sehr komfortable und herzliche Beziehungen zu den bolschewistischen Führern gepflegt. Als eines ihrer Mitglieder, Sir Henri Deterding, sich darüber lustig machte, dass er mit den Bolschewiken unter einer Decke steckte, wurde ihm die Tür gezeigt. Die Rockefellers schliefen schon lange mit den Bolschewiken in einer höchst eklatanten illegalen Beziehung, und war es nicht ohnehin Churchill, der mit voller Billigung der

Ölindustrie die Russen aufforderte, sich an der Invasion des Iran und des Irak zu beteiligen? An der Macht des Ölkartells bestand nie ein Zweifel. Trumans Generalstaatsanwalt hatte schon Jahre zuvor davor gewarnt, dass die Welt von der Kontrolle der imperialen Ölindustrie befreit werden müsse :

> Das globale Ölkartell ist eine autoritäre Herrschaftsmacht über eine wichtige und lebenswichtige globale Industrie, die sich in den Händen von Einzelpersonen befindet. Eine Entscheidung, die laufende Untersuchung zu beenden, würde von der Welt als Eingeständnis gewertet, dass unsere Abneigung gegen Monopole und die restriktiven Aktivitäten von Kartellen sich nicht auf den wichtigsten Industriezweig der Welt erstreckt.

Das ist im Wesentlichen mein Fall gegen die Ölindustrie. Wie zu erwarten war, setzten sich Rockefeller und sein Anwaltsteam, insbesondere Acheson, durch. Da Truman nichts zu verlieren hatte und kurz davor war, das Weiße Haus zu verlassen, bat er den Generalstaatsanwalt, die Anklage gegen das Kartell "im Interesse der nationalen Sicherheit" fallen zu lassen.

# KAPITEL 16

## Kuwait aus gestohlenem irakischem Land gegründet

Um das amerikanische Volk bei Laune zu halten, obwohl es keinen Sinn ergab, erklärte Truman, dass die Zivilverfahren fortgesetzt werden dürften. Die List wurde jedoch als das entlarvt, was sie war, als sich die Ölgesellschaften weigerten, die Vorladungen zu akzeptieren. Die Angelegenheit wurde still und leise fallen gelassen, als Eisenhower und Dulles, zwei der wichtigsten Diener des Komitees der 300, der Rockefellers und des CFR, Truman und Acheson ersetzten. Damit war die Bühne für die Ausbreitung des Krebsgeschwürs des Ölimperialismus bereitet.

Kermit Roosevelt war von Anfang an in die Verschwörung zum Sturz des Premierministers Mossadegh verwickelt. Noch während im April 1953 ein Zivilverfahren gegen seine korrupten Herren vorbereitet wurde, war Kermit in Teheran, um den bevorstehenden Putsch gegen Mossadegh zu beaufsichtigen, der am 15. April ausbrach und erfolgreich war. Der arme Mossadegh, der nicht wusste, dass Rockefeller und Eisenhower unter einer Decke steckten, appellierte weiterhin an Eisenhower, der als erbärmlicher Spielball der Rockefellers und des Ölkartells nichts unternahm, um die illegalen Aktivitäten der CIA im Iran zu stoppen.

Nach der Vertreibung Mossadeghs kehrte der Schah in den Iran zurück, doch er wurde schnell enttäuscht, als er - dank der Arbeit von Dr. Mossadegh - entdeckte, wie die US-amerikanischen Ölgesellschaften die Ölreserven des Irans leerten und damit große Gewinne erzielten.

Gestützt auf den Präzedenzfall der Forderungen Mexikos und Venezuelas und die hohe Bestechungssumme, die an Saudi-Arabien gezahlt worden war, hielt der Schah es für an der Zeit, einen weitaus größeren Anteil an den Öleinnahmen zu fordern, als ihn der Iran erhalten hatte. Der Schah erfuhr, dass die venezolanische Ölindustrie von Juan Vincente Gomez korrumpiert worden war, der bestochen worden war, damit ein Amerikaner die Ölgesetze Venezuelas entwerfen durfte, was 1922 zu einem verheerenden Streik in Maracaibo führte. Doch die vom Schah gelieferten Informationen sollten ihm zum Verhängnis werden. Die in Washington gegen die Mitglieder des Ölkartells angestrengten Zivilklagen begannen zu erlahmen, und noch während Kermit Roosevelt in Teheran hartnäckig blieb, bat Eisenhower seinen Generalstaatsanwalt, einen gesichtswahrenden Kompromiss zwischen den Gerichten und dem Ölkartell auszuarbeiten, den er für einen Kompromiss hielt,

" ... würde die Interessen der freien Welt im Nahen Osten als einer wichtigen Quelle der Ölversorgung schützen".

Noch erstaunlicher war, dass Eisenhower später den Generalstaatsanwalt aufforderte, "Kartellgesetze von nun an als zweitrangig gegenüber den Interessen der nationalen Sicherheit zu betrachten". Es ist nicht verwunderlich, dass Ayatollah Khomeini die USA als "Großen Satan" bezeichnete. In Bezug auf die Ölindustrie ist dies ein wohlverdientes Epitheton. Unter der Flagge der imperialistischen Vereinigten Staaten handelnd, gab Eisenhower dem Ölkartell freie Hand, nach eigenem Gutdünken zu handeln.

Khomeini war darauf bedacht zu sagen, dass der "Große Satan" nicht das amerikanische Volk, sondern seine korrupte Regierung sei. Wenn wir bedenken, wie die US-Regierung ihr eigenes Volk belogen hat, wie sie die Söhne und Töchter dieser Nation aufgefordert hat, ihr Leben im Interesse der Ölindustrie zu opfern, können wir sicherlich erkennen, wie Khomeini in einer solchen Charakterisierung gerechtfertigt werden könnte.

Im Verlauf der Zivilverfahren, die regelrechten Farcen gegen die Mitglieder des Ölkartells glichen, verwies das Außenministerium immer wieder auf die Beklagten als "das sogenannte Ölkartell", wohl wissend, dass es an den Sieben Schwestern und den Teilnehmern der Achnacarry Castle-Verschwörung nichts "angebliches" gab. Wir könnten hinzufügen, dass das Außenministerium zu dieser Zeit dicht mit Sympathisanten der Rockefellers und Rothschilds besetzt war und es auch heute noch ist.

Indem das Außenministerium die Mitglieder des Kartells verherrlichte, verhalf es dem Kartell schließlich zum Durchbruch. Auf diese Weise wurde die Justiz pervertiert und vergewaltigt, und die Verschwörer kamen mit ihren Verbrechen davon, wie sie es auch heute noch tun. Die Behauptung des Außenministeriums, die Sieben Schwestern hätten an vorderster Front gestanden, um das sowjetische Eindringen in die saudischen und iranischen Ölfelder abzuwehren, war eine eklatante Lüge in einer ganzen Reihe von Lügen, die von der Ölindustrie seit den Tagen von John D. Rockefeller vorangetrieben wurden.

1953 schlossen die großen Ölgesellschaften des imperialen Großbritanniens und der USA eine gigantische Verschwörung, in der sie eine vereinte Notwendigkeit forderten, gegen das, wie sie es nannten, "iranische Problem" vorzugehen. (Erinnern Sie sich an Mexiko und den "gemeinsamen Feind"? ) Sir William Fraser schrieb an Mobil, Texaco, Socol, BP, Shell und Gulf Oil und schlug vor, dass so schnell wie möglich ein Treffen der Geister einberufen werden sollte, um die Schwierigkeiten mit dem Iran ein für alle Mal aus der Welt zu schaffen.

Die Vertreter der wichtigsten US-amerikanischen Ölgesellschaften trafen sich mit ihren britischen Kollegen in London (einem seit langem beliebten Treffpunkt für diejenigen, die versuchen, den Verschwörungsgesetzen in den USA zu entgehen). Ihnen schlossen sich Vertreter des französischen Unternehmens, Française des Pétroles, an. Es wurde vereinbart, dass ein Kartell gebildet werden sollte - nur würde es als

"Konsortium" bezeichnet werden, um die vollständige Kontrolle über das Öl im Iran zu erlangen. Jahrzehnte später, als der Schah versuchte, sich dem Kartell zu widersetzen, wurde er in die Flucht geschlagen und später getötet.

Dieser Brief und die anschließende Vereinbarung des Kartells bildeten die Grundlage für die Verschwörung, die von der imperialen Carter-Regierung ins Leben gerufen wurde, um den Schah loszuwerden, und es handelte sich dabei im Grunde um eine Kohlenstoffkopie der Methoden, die zur Beseitigung von Dr. Mossadegh eingesetzt wurden. Rund 60 CIA-Agenten der "Banker-Fraktion" wurden nach Teheran geschickt, um den Schah zu unterminieren. Ein weiteres Beispiel für die Macht der Ölindustrie ereignete sich während des arabisch-israelischen Krieges 1967.

Am 4. Juni 1967 marschierte die israelische Armee in Ägypten ein, was einen kurzzeitigen Boykott des gesamten Westens durch die Araber zur Folge hatte. Dieser Boykott reduzierte sich später auf die wichtigsten Geldgeber Israels, Großbritannien und die USA. Anstatt neue nationale Ölfelder zu erschließen, erhöhten die Ölkonzerne die Gaspreise, obwohl es dafür keinen Grund gab. Wir sagen, dass es keinen Grund gab, den Preis zu erhöhen, weil die Ölgesellschaften einen riesigen Vorrat an Milliarden Gallonen Benzin, das aus billigem saudischen Öl raffiniert wurde, zur Hand hatten. Der ägyptische Außenminister schlug vor, dass

> "... die Unterstützung des Aggressors Israel, der uns angegriffen hat, hat den amerikanischen Steuerzahler Milliarden von Dollar gekostet, nicht nur durch umfangreiche Waffenlieferungen an den Aggressorstaat Israel, sondern auch durch die Erhöhung der Benzinpreise, die die amerikanische Öffentlichkeit nun bezahlen muss".

Ich glaube, ich habe einen soliden Fall von krimineller Verschwörung gegen die Ölindustrie erstellt, die sich mit ausländischen Ölfirmen verschworen hat, um das amerikanische Volk auszuplündern, zu berauben und zu berauben; um die Außenpolitik der gewählten Regierung zu untergraben und generell als eine Regierung innerhalb der Regierung zu agieren, die Hunderte von kriminellen Handlungen begangen hat. Die Vereinigten Staaten sind zu einer imperialen Macht in jeder Hinsicht geworden.

Der andere Verbündete der USA und Kuwaits, Saudi-Arabien, liegt nun mit dem Iran im Clinch und fürchtet um seine Sicherheit. Diskret und hinter den Kulissen wird König Fahd von seinen Familienmitgliedern unter Druck gesetzt, die USA aufzufordern, ihre Militärstützpunkte außerhalb des Königreichs zu errichten. Bei dem Versuch, die wachsende Unruhe in der Nation zu bremsen, sollte König Fahd nach dem Golfkrieg eine Reihe von Reformen einführen. Wie in Kuwait waren die "demokratischen" Reformen lang in der Rede und kurz in der Tat. Die herrschenden Familien sind nicht bereit, ihren Griff um das Land zu lockern, geschweige denn, sich dem Ölkartell zu widersetzen.

Im März 1992 erklärte König Fahd, dass die Zensur im Rahmen der versprochenen Reformen aufgehoben werden würde. Diese Erklärung folgte auf die brutale Behandlung des saudischen Journalisten Zuhair al-Safwani, der am 18. Januar 1992 verhaftet und zu vier Jahren Gefängnis verurteilt worden war, weil er eine leicht nachteilige Bemerkung über die Familie Abdul Aziz gemacht hatte, die das Haus Saud als unbequem nahe an der Wahrheit erachtete. Zusätzlich zu der vierjährigen Haftstrafe erhielt al-Safwani 300 Peitschenhiebe, die ihn auf der linken Körperseite gelähmt ließen.

Solch schreckliche Folterungen wären in die Schlagzeilen von CNN, ABC, NBC, FOX und der *New York Times geraten,* wenn sie in Südafrika, im Irak oder in Malaysia stattgefunden hätten. Als ein junger Amerikaner von einem Gericht in Singapur zu neun Stockhieben verurteilt wurde, nachdem er des Drogenhandels für schuldig befunden worden war, bat sogar Präsident Clinton um Gnade.

Da sich diese schreckliche Brutalität jedoch in Saudi-Arabien ereignete, hielten unsere unerschrockenen Medienriesen, die gerne die Wahrheit, die ganze Wahrheit, sagen, ohrenbetäubendes Schweigen. Nicht ein Wort der Verurteilung Saudi-Arabiens kam von CNN, CBS, ABC, NBC und FOX.

Die US-Regierung steckt mit den saudischen Despoten unter einer Decke, weshalb wir unsere Streitkräfte dorthin eilen lassen, wenn es irgendeine tatsächliche oder eingebildete Bedrohung für die saudische "Demokratie" gibt. Tatsache ist, dass die US-Truppen in Dhahran, Saudi-Arabien, nur stationiert sind, um eines der despotischsten Regime der heutigen Welt zu schützen und aufrechtzuerhalten. Das Richtige wäre, die US-Truppen nach Hause zu holen und die Zahlungen für das "Schutzrecht" zu streichen, die sich auf Milliarden von Dollar belaufen, seit das Programm von den Rockefellers ins Leben gerufen wurde. Das Geld, das an die saudische Führung gezahlt wurde, um US-amerikanische Ölfirmen dazu zu bewegen, Öl aus ihren Quellen zu pumpen, wird als in einem fremden Land gezahlte Steuer von der US-Einkommenssteuer abgezogen. Das amerikanische Volk muss diese Kosten zu Unrecht tragen.

In der Zwischenzeit lief es für die Ölindustrie in Somalia nicht gut. Wie meine Monografie "What Are We Doing in Somalia"[7] enthüllt, entsandte der ehemalige Präsident Bush, der immer noch im Dienste der Ölindustrie stand, US-Streitkräfte nach Somalia, angeblich um die hungernde somalische Bevölkerung zu versorgen. Meine Monografie riss der Bush-Regierung diese Maske vom Gesicht und enthüllte die wahre Absicht und den Zweck hinter der Präsenz von Einheiten der US-Streitkräfte in Somalia.

Das Magazin *World In Review* berichtete, dass die USA an der Renovierung des alten Stützpunkts in der Hafenstadt Berbera beteiligt sind, die strategisch günstig am Roten Meer und damit direkt an den Ölfeldern Saudi-Arabiens liegt. Er enthüllte auch, dass die US-Streitkräfte in Somalia stationiert waren, um die Teams von Ölbohrern zu schützen, die in Somalia nach Öl suchten, das dort angeblich reichlich vorhanden ist. Der kürzlich umgebaute Stützpunkt in Berbera mag zwar dazu beitragen, die

---

[7] "Was machen wir in Somalia?", Ndt.

Befürchtungen der Schiiten über die Präsenz von US-Truppen in Saudi-Arabien zu zerstreuen, doch die Kehrseite sind mögliche Einnahmeverluste für das Königreich, wenn und sobald das somalische Öl zu fließen beginnt, auch wenn dies erst in zwanzig Jahren oder mehr der Fall sein wird. Dennoch wurde das Beharren der religiösen Elemente in Riad auf einer Warnung an die USA, das Königreich zu verlassen, von König Fahd und einigen seiner Söhne nicht gut aufgenommen.

Sie brachte die familiären Differenzen innerhalb des Palastes auf sehr deutliche Weise an die Oberfläche. Mit ihrer schlechten Gesundheit und den Forderungen nach einer Lockerung des saudischen Einflusses auf das Land begann sich die scheinbar endlose strahlende Zukunft der saudischen Königsfamilie zu verdüstern.

Die Stärke der religiösen Opposition gegen die Aufrechterhaltung der absoluten Macht der Saudis und Wahhabiten hatte eine aufschlussreiche Wirkung. Jeder Tag brachte neue Provokationen von Schiiten und anderen Fundamentalisten, die von König Fahd die Einhaltung seines Versprechens verlangten, in naher Zukunft Wahlen abzuhalten, was er jedoch keineswegs tun wollte. Früher präsentierten die despotischen Herrscher der Abdul-Aziz-Familie in Saudi-Arabien allen Ausländern, die sich ihrem diktatorischen Regime widersetzten, eine Einheitsfront.

Aus Geheimdienstquellen habe ich erfahren, dass dies nicht mehr der Fall ist. Intensive Familienrivalitäten und der Tod von König Fahd bedrohen die einst geeinte Front. Hinzu kommt der eskalierende Druck muslimischer Fundamentalisten, der in der Verhaftung von mehreren hundert ihrer Anführer gipfelte, die Riad als "religiöse Radikale" beschrieb, die aber in Wirklichkeit eine Gruppe von Mullahs sind, die ein Mitspracherecht bei der Art und Weise, wie das Land regiert wird, anstreben.

Der Krieg zwischen der Hisbollah und der israelischen Armee im Libanon, der im Juli 2006 begann, hatte in Riad einen beunruhigenden Effekt. Fundamentalisten wünschten sich, dass sich das saudische Regime offen auf die Seite der Hisbollah stellt, was der herrschende Abdul-Aziz-Clan zu verhindern hoffte. In ihren ständigen Ölkriegen gegen ölproduzierende arabische und muslimische Staaten verlässt sich die Ölindustrie zunehmend auf das US-Militär, um sich einzumischen und ihre Ölschlachten zu führen.

Es sei daran erinnert, dass Bush keine verfassungsmäßige Befugnis hatte, amerikanische Truppen in den Kampf gegen den Irak zu schicken. Nur der Kongress kann einen Krieg erklären. Der Präsident hat keine Befugnis, Truppen irgendwohin zu schicken, und keine Befugnis, in Saudi-Arabien stationierte Truppen gemäß der Verwahrung der Vermögenswerte von BP in Kuwait zu unterhalten.

So kam Bush, der keine Befugnis hat, ohne Zustimmung des Kongresses (in Form einer Kriegserklärung) US-Truppen irgendwohin zu schicken, buchstäblich mit einem schweren Verbrechen davon, nämlich dem Bruch seines Amtseids, für den er unter anderem wegen Verfassungsbruch und Kriegsverbrechen hätte belangt werden müssen.

Der Abgeordnete Henry Gonzales erstellte tatsächlich eine Liste der von G.H.W. Bush begangenen Verbrechen und wollte ihn anklagen lassen, doch seine Bemühungen wurden von den Demokraten und Republikanern im Repräsentantenhaus blockiert, die es als unlauter ansahen, nicht im Sinne des Marsches gegen Präsident Saddam Hussein, sondern ganz im Sinne des Schutzes von Bush vor dem Vorwurf des Hochverrats zu handeln. Das zeigt, dass es in lebenswichtigen Fragen kaum Unterschiede zwischen den beiden politischen Parteien in den USA gibt. Infolgedessen hat sich die Außenpolitik der USA zu einer imperialistischen Macht verschlechtert. Seit 1991 verabschiedet der Kongress unter dem Deckmantel des Kampfes gegen den "Terrorismus" alle möglichen verfassungswidrigen Gesetze. Der US-Kongress muss Bush und dem Verteidigungsministerium einen kräftigen Schlag auf die Gelenke versetzen. Jeder Versuch der USA, sich in die souveränen Angelegenheiten anderer Nationen einzumischen, könnte von der Welt - und von der Mehrheit der Amerikaner -

nur als ein Akt extremer Gewalt angesehen werden, der in Bezug auf Terrorismus und totale Verderbtheit jeden marginalen Nutzen, der sich daraus ergeben könnte, bei weitem übersteigt.

Eines der Dinge, die am meisten abkühlen, ist, dass es keinen öffentlichen Aufschrei gegen George Bush gab, weil er sogar den Einsatz von Atomwaffen gegen kleine Nationen vorgeschlagen hat, und zeigt, wie sehr die USA auf dem Weg zu einer einzigen Weltregierung sind. Seit dreißig Jahren behaupten die USA, dass der Einsatz von Atomwaffen verboten werden muss. Doch hier ist eine Person, die nicht von den Wählern gewählt wurde und einen gefährlichen Präzedenzfall schafft, indem sie behauptet, es sei kein Problem, Nationen anzugreifen, solange diese Nationen "rote Staaten" sind, die über wertvollen Ölreserven liegen. Unserem Militär darf nicht erlaubt werden, zu Kampfhunden der Ölindustrie zu werden. Wir haben sicherlich etwas aus dem Golfkrieg gelernt?

Wenn man das Werk des großen Verfassungsrechtlers Richter Joseph Story, Band III der *Kommentare zur Verfassung der Vereinigten Staaten*, und insbesondere Kapitel 5 studiert, wird mit keinem Wort erwähnt, dass der Verteidigungsminister und das Pentagon die Macht haben, die Außenpolitik der Vereinigten Staaten zu gestalten und umzusetzen. Jedes Mitglied des Kongresses sollte verpflichtet werden, dieses Buch zu lesen, damit es in der Lage ist, einen so eklatanten Machtmissbrauch wie den, den Bush im Nahen Osten begangen hat, zu unterbinden. Die Ölindustrie dachte, dass dies ein gutes Mittel wäre, um die beiden Nationen, die die größten Ölproduzenten sind, zu schwächen und sie auf einen schnellen Zusammenbruch vorzubereiten. Präsident Bush hat ohne jede Autorität des Kongresses ein Klima des Hasses gegen den Irak geschaffen, weil er glaubte, die US-Armee hätte einen Vorwand, um sich in einem imperialistischen Zermürbungskrieg gegen das irakische Volk zu engagieren - alles zum alleinigen Vorteil der Ölindustrie. Wann wird diese Nation erfahren, dass die Ölindustrie von den Globalisten der Einen Weltregierung gelenkt wird, deren Gier keine Grenzen kennt? Der Ölindustrie kann man nicht trauen - ihre Führer sind wahre Unruhestifter, die diese Nation in alle möglichen Schlammlöcher stürzen werden, wenn es nur zu ihrem Vorteil ist.

Die jüngsten Verluste unter den US-Soldaten im Irak sind eine nationale Schande. Unsere Soldaten sind nicht dort, um für die Vereinigten Staaten zu kämpfen. Sie sind in Bagdad, um die irakischen Ölreserven für das Ölkartell zu sichern. Und unsere Truppen sind in Saudi-Arabien, um die Abdul-Azziz-Dynastie im Amt zu halten, denn ihr Regime ist ein Regime der Bergvölker, das den Ölfluss zum US-Giganten ARAMCO aufrechterhält. Nicht ein einziger US-Soldat darf jemals wieder auf dem Altar der Gier der Ölindustrie geopfert werden.

Wer hat unser Militär in diese Gefahrenzone gebracht, und aufgrund welcher verfassungsmäßigen Autorität wurde dies getan? Die hektische Eile, mit der George Herbert Walker Bush und das Pentagon Kuwait, eine der kränksten Diktaturen der Welt (nach Saudi-Arabien), verteidigten, ist bezeichnend für den Zustand der Anarchie und des Chaos, der in Washington herrscht. Die amerikanischen Truppen und Lieferungen, die im Auftrag der Bankiers von British Petroleum und der City of London nach Kuwait eilten, offenbarten, auf welch fortgeschrittenes Niveau der Gehirnwäsche die amerikanische Öffentlichkeit gebracht worden ist. Setzen wir die Dinge in die richtige Perspektive:

Kuwait ist kein Land. Es ist ein Anhängsel von British Petroleum und den Bankern der City of London. Das als Kuwait bekannte Gebiet gehörte zum Irak und wurde über 400 Jahre lang als integraler Bestandteil des Iraks anerkannt - bis die britische Armee landete, eine Linie durch den Wüstensand zog und erklärte: "Das ist jetzt Kuwait". Natürlich befand sich die imaginäre Grenze ausgerechnet inmitten der reichsten Ölfelder der Region, den Rumaila-Ölfeldern, die 400 Jahre lang zum Irak gehört hatten und immer noch zum Irak gehören. Landraub überträgt niemals Eigentum.

Zitat aus "Diplomacy by Deception:"[8]

1880 freundete sich die britische Regierung mit einem arabischen Scheich namens Emir Abdullah al Salam al Sabah an, der zu ihrem Vertreter in dem Gebiet entlang der Südgrenze des Irak ernannt wurde, wo innerhalb des irakischen Hoheitsgebiets die Rumaila-Ölfelder entdeckt worden waren. Damals gab es kein anderes Land als den Irak - dem das gesamte Land gehörte, da die Entität Kuwait nicht existierte.

Die Familie Al Sabah behielt die reiche Beute im Auge ... Im Namen des Komitees der 300 schloss die britische Regierung am 25. November 1899 - im selben Jahr, in dem die Briten gegen die kleinen Burenrepubliken in Südafrika in den Krieg zogen - ein Abkommen mit Emir Al Sabah, demzufolge das Land, das sich mit den zum Irak gehörenden Rumaila-Ölfeldern überschnitt, an die britische Regierung abgetreten werden sollte, obwohl dieses Land ein integraler Bestandteil des Iraks war und weder Emir Al Sabah noch die Briten einen Anspruch darauf hatten.

Das Abkommen wurde von Scheich Mubarak Al Sabah unterzeichnet, der stilvoll nach London reiste... Kuwait" wurde de facto zu einem britischen Protektorat. Die lokale Bevölkerung und die irakische Regierung werden nie konsultiert und haben kein Mitspracherecht. Die Al Sabah, absolute Diktatoren, zeigten schnell eine gnadenlose Grausamkeit. 1915 marschierten die Briten auf Bagdad und besetzten es in einem Akt, den George Bush als "brutale Aggression" bezeichnet hätte.

Die britische Regierung errichtete ein selbsternanntes "Mandat" und schickte Hochkommissar Cox als dessen Leiter, der den ehemaligen König Faisal von Syrien zum Oberhaupt eines Marionettenregimes in Basra ernannte. Großbritannien hatte nun eine Marionette im Nordirak und eine weitere im Südirak...

---

[8] *Diplomatie durch Lügen - ein Bericht über den Verrat der Regierungen von England und den Vereinigten Staaten*, John Coleman, Omnia Veritas Ltd, www.omnia-veritas.com.

1961 griff der irakische Premierminister Hassan Abdul Kassem Großbritannien in der Kuwait-Frage heftig an und wies darauf hin, dass die von der Lausanner Konferenz versprochenen Verhandlungen nicht stattgefunden hätten. Kassem erklärte, das Kuwait genannte Gebiet sei ein integraler Bestandteil des Irak und als solcher seit über 400 Jahren vom Osmanischen Reich anerkannt worden. Stattdessen gewährte die britische Regierung Kuwait die Unabhängigkeit...

Es gab keine wirkliche Grenze zwischen "Kuwait" und dem Irak; das Ganze war eine Farce. Wenn es Kassem gelungen wäre, das von Kuwait besetzte Land zurückzuerobern, wären der britischen Führung Milliarden Dollar an Öleinnahmen entgangen. Doch als Kassem nach der Unabhängigkeit Kuwaits verschwand (es gibt kaum Zweifel daran, dass er von Agenten des britischen MI6 ermordet wurde), verlor die Bewegung, die Großbritannien herausfordern wollte, an Schwung.

Indem Großbritannien Kuwait 1961 die Unabhängigkeit gewährte und die Tatsache ignorierte, dass das Land nicht ihnen gehörte, konnte es die berechtigten Ansprüche des Irak abwehren. Wir wissen, dass die britische Regierung das Gleiche in Palästina, Indien und später in Südafrika getan hat.

In den folgenden 30 Jahren blieb Kuwait der Vasallenstaat Großbritanniens und spülte Milliarden von Dollar aus dem Verkauf des irakischen Öls in die britischen Banken, während der Irak leer ausging... Großbritanniens Beschlagnahmung von irakischem Land, das es Kuwait nannte und dem es die Unabhängigkeit gewährte, muss als einer der dreistesten Piratenakte der Neuzeit angesehen werden und trug direkt zum Golfkrieg bei.

Ich habe mich sehr bemüht, die Ereignisse, die zum Golfkrieg führten, zu erklären, um die Macht des Komitees der 300 und die Ungerechtigkeit der Haltung der USA gegenüber dem Irak aufzuzeigen.

Präsident G.H.W. Bush wiederholte die gleichen 100% illegalen Taktiken, die vom Ölkartell praktiziert wurden. Es ist diese Art von Verhalten, die die USA in Richtung Anarchie und Chaos treibt. Seit 1991 starben Hunderttausende irakische Frauen und Kinder an Krankheiten, von denen viele durch die Strahlung von Granatenhülsen mit abgereichertem Uran (DU) verursacht wurden, und an Unterernährung infolge des 19 Jahre andauernden unmenschlichen Boykotts.

Der Irak hatte kein Geld, um Lebensmittel und medizinische Hilfsgüter zu kaufen - was die Europäische Union tat.

Das UN-Embargo wurde großmütig genehmigt. Wie konnte der Irak diese wichtigen Güter kaufen, wenn seine Öleinnahmen auf ein Niveau unterhalb des Existenzminimums gesunken waren? Unter den Kindern in Bagdad wütete die Meningitis, während Großbritannien und die USA mit dem Leben eines Volkes spielten, das ihnen nie etwas zuleide getan hatte. Der Imperialismus gegen den Irak herrschte in den letzten 18 Jahren. Er ist durch nichts zu rechtfertigen und es ist völlig verfassungswidrig, dass die USA auf der Gehaltsliste des Ölkartells stehen. Kein Betrug ist für das Ölkartell zu groß oder zu klein oder nicht empfehlenswert.

Mitte 2008 wurden wir wieder einmal Zeuge, wie das imperiale Ölkartell ein Gesetz für sich ist, eine rücksichtslose Organisation, die keine Regierung zu bremsen oder zu kontrollieren vermochte. Wir haben eine völlig erstaunliche Situation erlebt, in der die US-Ölreserven in Alaska nun regelmäßig Raffinerien in China beliefern. Werden die USA und China eines Tages handgreiflich werden? Das bleibt abzuwarten.

Im Nahen Osten wurden wir Zeugen der von den Ölgiganten betriebenen Ausrottungspolitik, deren Opfer das irakische Volk ist. Diese anhaltende Horrorgeschichte wurde von den Medien gut verborgen gehalten, aus Angst, dass einige Menschen ihre Augen öffnen und anfangen zu hinterfragen, was vor sich geht. Vergessen Sie nie, dass die USA und Großbritannien die beiden imperialistischsten und dekadentesten Länder der heutigen Welt sind und dass unter ihrer Führung der Imperialismus gediehen ist und sich wie die Pest verbreitet hat. Das amerikanische Volk toleriert heute Dinge, die es vor nur wenigen Jahren nicht toleriert hätte.

Sowohl der ehemalige Präsident George Bush als auch Präsident Clinton haben sich der Einmischung schuldig gemacht. Als George Bush senior einseitig und ohne jegliche Autorität nach dem Völkerrecht und der Verfassung der Vereinigten Staaten zwei sogenannte "Flugverbotszonen" über dem Irak einrichtete, handelte er gegen die Verfassung der Vereinigten Staaten und zwang der souveränen Nation des Irak und dem amerikanischen Volk seinen Willen auf, ohne die geringste Autorität zur Unterstützung seines Handelns.

Dieser Akt wurde angeblich zum Schutz des kurdischen Volkes vollzogen, das von Saddam Hussein überrannt zu werden drohte. Nie zuvor wurde ein einseitigerer diktatorischer Akt im Namen des amerikanischen Volkes verübt, das durch das Gewicht der amerikanischen Streitkräfte gestärkt wurde. Und jetzt, im Jahr 2008, ertragen wir immer noch die fragwürdigen Taten von George Bush, als wäre er ein König, vor dem die ganze Welt Angst hat und zittert. Amerika, was ist mit dir passiert?

Es gibt kein UN-Sekretariat für die Nummer der Resolution des Sicherheitsrats, die "No Fly Zones" zulässt, und der Sicherheitsrat hat keine Resolutionen erlassen, die "No Fly Zones" abdecken. Herr Bush hat diese Maßnahme einseitig ergriffen. Das Außenministerium war nicht in der Lage, eine Genehmigung für "Flugverbotszonen" aus einem etablierten US-Gesetz oder aus dem obersten Gesetz, der US-Verfassung, zu zitieren. Das einseitige Vorgehen von George Bush senior war ein klarer Fall eines imperialistischen Diktators am Werk. Die seit langem bestehende Achtung vor der Rechtsstaatlichkeit, die Achtung vor unserer Verfassung, wurde von einem arroganten und imperialistischen Präsidenten Bush mit Füßen getreten. Die Amerikaner sind offenbar zufrieden damit, dass sie die Magnaten der Ölindustrie mit illegalem und rechtswidrigem Verhalten davonkommen lassen.

George Bush senior ist einer der wichtigsten Männer in der Ölindustrie; das Wohlergehen der Kurden interessiert ihn nicht. Die Ölindustrie, die diese gesetzlose Gruppe im Auge hat, sind die riesigen unerschlossenen Ölreserven in den Vilayets von Mossul im Irak. Zufälligerweise besetzen die Kurden, die George Bush "schützen" wollte, gerade das Land im Irak, unter dem sich die Ölvorkommen von Mossul befinden. Der Ölmagnat und Freund von Königin Elisabeth II, George Bush, erklärte daher, dass kein irakisches Flugzeug in die "verbotenen Gebiete" fliegen dürfe.

Bush senior erklärte, dass die "Flugverbotszonen" die Kurden schützen sollten. Doch nur wenige Kilometer entfernt bildet die Zahl der von der türkischen Armee getöteten Kurden einen seltsamen Hintergrund. Natürlich macht das Sinn, wenn man bedenkt, dass die Außenpolitik der USA von den Ölgiganten diktiert wird, und es macht noch mehr Sinn, wenn wir zu verstehen beginnen, dass die Öl-Vilayets von Mossul der wahre Grund für die "Flugverbotszonen" und den zweimaligen Abschuss von millionenschweren Marschflugkörpern auf die wehrlosen Bürger von Bagdad sind.

Das amerikanische Volk ist das leichtgläubigste, irreführendste, wissendste, reglementierteste und regulierteste Volk der Welt, das in einem dichten Dschungel aus Desinformation und noch dichterem Dickicht aus schamloser Propaganda lebt. Infolgedessen ist sich das amerikanische Volk nicht bewusst, dass seine Regierung eine Regierung unter der Führung einer geheimen, hochrangigen Parallelorganisation, dem Komitee der 300, ist, die es potentiellen Diktatoren und Tyrannen ermöglicht, ihre despotischen und verfassungswidrigen Handlungen zu vertuschen. Jeder, der Bushs Außenpolitik gegenüber dem Irak in Frage stellt, wird als unpatriotisch abgestempelt. Dabei sind die Unpatriotischen in Wahrheit die Bush-Familie und diejenigen, die ihre Ölkartellpolitik gegenüber dem Irak und eigentlich dem gesamten Nahen Osten unterstützen. Es sind diese Leute, die die völlig verfassungswidrige Bombardierung und den (nach internationalem Recht) illegalen Boykott des Irak, die verfassungswidrige Bombardierung Serbiens und die aggressiven Akte gegen das iranische und libanesische Volk unterstützt haben. Keine Nation ist vor den Magnaten der Ölindustrie sicher. In Kalifornien gibt es Dutzende von

Raffinerien, von Los Angeles über die Region San Francisco bis hin zu Bakersfield. Öl ist in dem Bundesstaat in guten Mengen vorhanden. Dennoch werden die kalifornischen Bürger seit Jahren durch die Gier der Ölindustrie betrogen. Als das Benzin in Kansas 79 Cent pro Gallone kostete, zahlten die Kalifornier 1,35 Dollar pro Gallone.

Das war nie gerechtfertigt, aber mit der kalifornischen Legislative in ihren Taschen, worüber sollten sich die Magnaten Sorgen machen? Und so ging der Preisbetrug weiter. Die Benzinpreise an den Zapfsäulen stiegen auf erstaunliche 2,65 $ für Normalbenzin und 3,99/10 für Superbenzin. Diese schockierenden Preiserhöhungen waren durch nichts zu rechtfertigen. Gier war der treibende Faktor. Die Raffinerien hatten nie einen Mangel an Rohöl und die Benzinvorräte blieben auf nahezu normalem Niveau.

Das US-Militär ist heute Söldner des gierigen Monsters der Ölindustrie. Die US-Streitkräfte werden im Interesse der Gier und des Profits der Monster der Ölindustrie in einen regionalen Krieg nach dem anderen hineingezogen. Die amerikanischen Steuerzahler werden weiterhin den "Preis der Erpressung" finanzieren, der es ARAMCO ermöglicht, weiterhin Öl nach Saudi-Arabien zu pumpen. Was wir brauchen, ist ein großes Erwachen des amerikanischen Volkes. Wie ein altes religiöses Erwachen ist ein Geist von Recht und Ordnung, von Liebe zur amerikanischen Verfassung notwendig, um diese einst große Nation hinwegzufegen und sie als eine Nation der Gesetze und nicht der Menschen wiederherzustellen.

Die neuzeitlichen Räuberbarone betrügen das amerikanische Volk an der Zapfsäule auf die dreisteste und schamloseste Weise in ihrer langen Geschichte. Das Ölkartell ist skrupellos, gut organisiert und duldet keine Einmischung durch die Regierung, weder durch die Regierung der Vereinigten Staaten noch durch irgendeine andere Nation. Die amerikanischen Steuerzahler sind gezwungen, die Kosten für die Bestechungsgelder zu tragen, die der saudischen Herrscherfamilie über ihre Agenten in der Regierung gezahlt wurden, die sie gekauft und bezahlt haben und die sie immer noch jedes Mal bezahlen, wenn Sie Ihr Auto betanken.

Die Amerikaner müssen wissen, was es mit diesem riesigen Kartell auf sich hat, das die Gesetze mehrerer Länder, darunter auch ihres eigenen, missachtet. Mit dem Wissen wird der Wunsch nach Abhilfemaßnahmen und ein öffentlicher Aufschrei kommen, der Druck auf die Gesetzgeber ausübt, um das Monopol zu brechen. Hinter diesem Kartell steht die Macht der Central Intelligence Agency (CIA). Jeder, der sich diesem allmächtigen Kartell widersetzt, kann nicht sicher sein. Sie haben dem amerikanischen Volk den "großen Diebstahl, Benzin" aufgezwungen, ohne dass es einen nennenswerten Widerstand von unseren gewählten Vertretern in Washington gegeben hätte. Es handelt sich um eine Korruptionsgeschichte, die alles übertrifft, was in der modernen Geschichte je gemacht wurde.

Entweder werden das Repräsentantenhaus und der Senat nichts unternehmen, um die Magnaten daran zu hindern, unser Leben zu konsumieren, oder sie haben so viel Angst vor ihrer Macht, dass sie nicht einmal den schwächsten Versuch unternehmen werden, sie einzuschränken.

Die US-Ölindustrie soll Tabellen und Grafiken erstellen und so viel sagen, wie sie will; ihre Ökonomen sollen erklären, warum wir die Kosten ihrer Geschäfte tragen müssen; die dubiosen Transaktionen; warum das amerikanische Volk die Gehälter der CIA bezahlen muss, die für die Aufrechterhaltung ihres Monopols engagiert ist - aber es wird klar, dass ihre Bemühungen einer großen Lüge gleichkommen, wenn wir die Fakten kennen!

Wie lauten die Fakten? Aufgrund der Art und Weise, wie das Kartell die Steuergesetze manipuliert hat, wurden seit 1976 in Amerika keine neuen Ölraffinerien mehr gebaut, während in Saudi-Arabien dank amerikanischer Steuergelder, die in Form von Bestechungsgeldern an die saudische Königsfamilie flossen, Milliarden von Dollar in den Ausbau der Ölanlagen investiert wurden.

Zwischen 1992 und heute wurden nicht weniger als 36 US-amerikanische Raffinerien geschlossen. Zwischen 1990 und heute ist die Zahl der amerikanischen Ölplattformen von 657 auf 153 gesunken. Die Zahl der Amerikaner, die an Ölexplorationen in Amerika beteiligt sind, ist innerhalb von zehn Jahren von 405.000 auf 293.000 gesunken. Woher kommt also das Öl, das wir in immer größeren Mengen verbrauchen? Aus dem Nahen Osten! Somit werden wir von drei Keulenschlägen getroffen:

- Die Steuerstruktur der USA macht es für unabhängige Bohrer unmöglich, in der Ölexploration zu bleiben.

- Die Raffination und der Vertrieb des Endprodukts sind ein Monopol.

- Der Nutznießer dieses Verrats ist ARAMCO, der für Benzin aus saudischen Quellen höhere Preise verlangen und auf Kosten des amerikanischen Autofahrers obszöne Gewinne einfahren kann.

Ihre Erpressung ist so groß, dass der Reichtum aller Mafia-"Familien" in Amerika wie Kleingeld aussieht, was die Mitglieder des Ölkartells vielleicht zu Erpressern macht. Warum wird das RICO-Gesetz nicht gegen die Ölindustrie angewandt? Dank ihrer Agenten in der Legislative konnten sie jahrzehntelang mit dem "Benzinklau" davonkommen.

Die Gesetzgeber sollen sich dieses beklagenswerten Falls annehmen und den Raubüberfällen an den Zapfsäulen ein Ende setzen, die aufgrund ihres Schweigens zu einem festen Bestandteil des amerikanischen Landschaftsbildes geworden sind. Seien Sie sich einer Sache sicher: Die Erpresser des Ölkartells werden nicht ruhen, bis sie uns einen Preis von 4,50 $ pro Gallone aufzwingen.

# KAPITEL 17

## Rockefeller beschwert sich beim Außenministerium Großbritannien marschiert in den Irak ein

D ie Geschichte der Gier Großbritanniens und der USA nach dem irakischen Öl geht auf das Jahr 1912 zurück, als Präsident Saddam Hussein, der große Bösewicht, der von einem Marionettengericht gehängt wurde, noch nicht geboren war und Henri Deterding, dem Gründer der Royal Dutch Shell Company, Ölkonzessionen in einer Reihe von Ölförderstaaten eingeräumt worden waren. 1912 interessierte sich Deterding für die US-amerikanischen Ölinteressen in Kalifornien und erwarb eine Reihe kleiner und großer Ölgesellschaften, darunter die California Oil-Field Company und Roxana Petroleum.

Natürlich reichte John D. Rockefellers Standard Oil Company beim Außenministerium eine Klage gegen Deterding ein, aber Deterding erlaubte Standard, Anteile an Shells kalifornischen Unternehmen zu kaufen, um die Klage abzuwenden. Was dem alten John D. nicht klar zu sein schien, war, dass er mit seiner Eile, Deterdings Angebote anzunehmen, Shells Bemühungen, den amerikanischen Markt an sich zu reißen, subventionierte. Doch alles änderte sich 1917, als Präsident Wilson Amerika unter eklatantem Bruch seines Amtseids in den Ersten Weltkrieg hineinzog.

Plötzlich, von einem Tag auf den anderen, macht Großbritannien, das Standard und vor allem Deterding von Royal Dutch Shell angegriffen hatte, eine Kehrtwende. Aus dem

Bösewicht des Stücks wird Kaiser Wilhelm II. und Heinrich Deterding wird plötzlich zu einem wichtigen Verbündeten.

Nur ein Jahr vor diesem Sinneswandel marschierten die Briten in den Irak ein, was einen eklatanten Verstoß gegen das Völkerrecht darstellte. Sie schafften es jedoch nicht, Mossul zu erreichen, als sie von Frankreich desertiert wurden, dessen Truppen die britischen Invasoren nicht unterstützt hatten. Anstatt den Briten zu helfen, unterzeichnete Frankreich ein Abkommen mit der Türkei und überließ dieser einen Teil der Ölfelder von Mossul. Stellen Sie sich die Frechheit dieser Aggressoren vor! Sie bezeichneten Stalin als "Diktator", aber niemand hat gegenüber dem Irak diktatorischer gehandelt als Großbritannien, Frankreich, die Türkei und in jüngster Zeit die USA.

Die Streitigkeiten zwischen den angeblichen Dieben des irakischen Öls setzten sich bis zur Konferenz von San Remo am 24. April 1920 fort, auf der Großbritannien, Frankreich und die Türkei vereinbarten, dass der größte Teil von Mossul an Großbritannien abgetreten werden sollte, im Gegenzug für bestimmte Überlegungen zu einem Ölkonglomerat, das den Irak nicht einschloss und von dem der Irak nicht profitierte. Die irakische Regierung wurde zu keinem Zeitpunkt konsultiert.

Im Mai 1920 wandte sich das Außenministerium an den US-Kongress und beschwerte sich darüber, dass Großbritannien Mossul und mehrere andere wichtige Ölfelder eingenommen hatte. Nicht, dass sich das Außenministerium um die Rechte des irakischen Volkes gekümmert hätte. Ich wiederhole: Der Irak wurde nie konsultiert, während sein Land und sein Ölreichtum zerstückelt und an den Meistbietenden - die Mitglieder des Ölkartells - verkauft wurden. Was das Außenministerium vielmehr beschäftigte, war, dass John D. Rockefeller und Standard Oil von der "Vereinbarung" von Mossul völlig ausgeschlossen worden waren.

Das Außenministerium macht Druck und drängt auf eine weitere Mehrparteienkonferenz in Lausanne. Unter dem Vorwand, demonstrativ einem Treffen mit den USA und anderen "interessierten Nationen" zuzustimmen, nutzen die Briten die Gelegenheit, um eine neue Invasion im Irak zu starten, und diesmal gelingt es den britischen Truppen, Mossul zu erreichen und unter ihre Kontrolle zu bringen. Endlich hatte Großbritannien den Hauptpreis in der Hand! Von diesem schamlosen Akt der Aggression berichtete die Weltpresse nichts.

Wenn es noch Zweifel an der Aggression der britischen imperialen Streitkräfte in Südafrika in ihrem gnadenlosen Bestreben gab, der Republik Transvaal in Südafrika die Kontrolle über das Gold zu entreißen, wurden diese Jahre später durch die Aktionen der britischen Streitkräfte im Irak ausgeräumt.

Die von Cecil John Rhodes im Auftrag seiner Herren, der Rothschilds, begonnene Suche nach Gold wiederholt sich nun im Irak, diesmal nach "schwarzem Gold". Es gab keinen Versuch, den Irak nach Lausanne einzuladen, um das Bild des "großen Rohöldiebstahls" zu mildern. Vielmehr jubelte die britische Presse über den Erfolg der sogenannten Whitehall-Diplomatie.

So sehr sich die Türkei auch bemühte, sie konnte die Briten nicht von dem verdrängen, was sie als ihren rechtmäßigen Anspruch auf das irakische Öl betrachtete! Denken Sie einen Moment darüber nach. Erst am 23. April 1921, auf der zweiten Konferenz in Lausanne, räumte die Türkei ein, dass Großbritannien das, was sie malerisch als "rechtmäßigen Besitz" von Mossul beschrieb, ohne die Zustimmung des irakischen Volkes, dem Mossul gehörte, besaß. Nur aufgrund seiner überlegenen bewaffneten Macht hatte Großbritannien also Mossul und die superreichen Ölfelder von Ahwaz und Kirkuk in Besitz genommen.

Kein Wunder, dass der britische Korrespondent der *Financial Times* in London jubelte:

> Für uns Briten wird es eine Genugtuung sein zu wissen, dass drei riesige Lagerstätten, die nahe beieinander liegen und den Ölbedarf des Empire für viele Jahre decken können, fast vollständig von der britischen Firma erschlossen werden.

Quelle: Die *Financial Times* London,
das British Museum in London

Doch der britische Triumph war nur von kurzer Dauer. Als der Völkerbund von Frankreich, Russland und der Türkei im Zorn zu einer erneuten Sitzung gezwungen wurde, weigerte er sich, Großbritanniens bewaffnete Aggression und den Erwerb von Mossul als rechtmäßig anzuerkennen, und gab die Stadt an ihre rechtmäßigen Besitzer, das irakische Volk, zurück. Seitdem versuchen Großbritannien und die USA, dem Irak Mossul zu rauben, und die Kämpfe, die heute gegen den Irak geführt werden, werden in der Hoffnung geführt, dass ihr Traum Wirklichkeit wird.

Vielleicht haben wir jetzt ein ausgewogeneres Bild davon, warum George Bush senior den US-Streitkräften befahl, den Irak anzugreifen, obwohl er sich bewusst sein musste, dass er kein Mandat des Kongresses hatte und somit gegen seinen Eid und das Völkerrecht verstieß. Das Repräsentantenhaus und der Senat der Vereinigten Staaten haben es nicht geschafft, diese illegale Aktion zu stoppen, indem sie die Finanzierung kappten - eine verfassungsmäßige Maßnahme, vor der sie zu viel Angst hatten; Angst vor Vergeltungsmaßnahmen des 300er-Ausschusses. Angst spielt eine enorme Rolle im Schicksal von Nationen. Die Angst ist nicht verschwunden. Als die Rothschilds einer Gruppe von Männern befahlen, der französischen Regierung Angst einzujagen, damit sie ihre Bedingungen für die finanzielle Kontrolle der Nation akzeptierte, eilte eine große Streitmacht von gnadenlosen Kommunisten zu den Pariser Gemeinderäten. Erschrocken über die Machtdemonstration kapitulierte die französische Regierung vor den Forderungen der Rothschilds. Es scheint, dass sich der US-Kongress in der gleichen schwierigen Lage befand - zu ängstlich vor dem Ölkartell, um gegen es vorzugehen. Wenn die Vereinigten Staaten von Amerika nicht vom Komitee der 300, den Rothschilds, den Rockefellers und ihrem Ölkartell, unterstützt von der Macht der internationalen Bankiers, regiert würden und wenn so viele wichtige Mitglieder des US-Hauses und des Senats nicht vom Council on Foreign Relations (CFR) diktiert würden, hätten das

US-Haus und der Senat den Völkermordkrieg gegen den Irak gestoppt. Die folgende uns vorliegende Teilliste bezieht sich auf das Jahr 2006, gibt aber einen gewissen Hinweis auf die Kontrolle des CFR, die sich in den letzten zwei Jahren verstärkt haben muss:

| | |
|---|---|
| Das Weiße Haus | 5 |
| Der Nationale Sicherheitsrat | 9 |
| Staatliches Ministerium | 27 |
| Amerikanische Botschafter, die im Ausland dienen | 25 |
| Verteidigungsministerium | 12 |
| Die Generalstabschefs der Armeen | 8 |
| Abteilung für Justiz | 6 |
| Senat | 15 |
| Haus der Vertreter | 25 |

Da das Haus und der Senat der Vereinigten Staaten dem Irak weder den Krieg erklärt noch die entsprechende verfassungsmäßige Zustimmung in Form einer verbindlichen Kriegserklärung erteilt haben, war die Invasion des Irak 1991 und 2003 eindeutig illegal und unrechtmäßig und machte die Vereinigten Staaten zu einer Banditennation unter der Kontrolle des Paten aller Banditen, den Magnaten des Ölkartells. Die Männer des Ölkartells, deren Motto "Wir kämpfen um das Öl" lautet, haben auch andere Bereiche nicht vernachlässigt: China, Alaska, Venezuela, Indonesien, Malaysia und den Kongo. Auch sie werden an die Reihe kommen.

# KAPITEL 18

## Die Umwelt verliert Alaska an das Öl

Im April 1997 berichtete WIR über einen "Deal", dessen Verzweigungen und Reichweite weitaus größer waren als alle anderen, die in Vorbereitung waren. Damit es Tommy Boggs, dem Lobbyisten, der die Sache steuerte, und Gouverneur Tony Knowles gelang, die riesigen Ölreserven unter den Alaska State Parks für die ultimative Ausbeutung durch British Petroleum (BP) freizugeben, benötigten sie die volle Kooperation von Innenminister Bruce Babbitt.

Knowles besprach den Matchplan von Tommy Boggs mit Präsident Clinton bei einem "Kaffeeklatsch" im Weißen Haus und wurde eingeladen, dort im Januar 1995 zu übernachten. Der Matchplan wurde dann von Fran Ulmer, dem Vizegouverneur von Alaska, bei einem weiteren dieser endlosen "Kaffeekränzchen" ausführlich erläutert, diesmal eher passenderweise im Kartenraum des Weißen Hauses am Morgen des 28. Februar 1996.

Nachdem er die Marschroute festgelegt hatte - Verkauf der nationalen Ölreserven Alaskas an British Petroleum, die das Öl nutzen würden, um Chinas ständig wachsenden Bedarf an Rohöl zu decken - begann Knowles mit Demagogie, indem er seine Botschaft zur Lage des Staates von 1996 als Forum nutzte:

> Noch vor fünf Jahren hieß es, wir würden der Industrie, die die meisten Menschen in diesem Staat beschäftigt, das Licht ausknipsen. Heute sollte unser Motto dieser alte Stoßstangenaufkleber sein: "Herr, lass es noch einen Ölboom geben, und ich verspreche dir, dass wir ihn nicht verderben

werden".

Knowles bekam eine Antwort auf ihr Gebet: Am 7. Februar erschien Innenminister Bruce Babbitt an der Rammplatte, genau zum richtigen Zeitpunkt. Das Rampenlicht nutzend, versuchte Babbitt zu entschuldigen, dass er das Pferd von hinten aufgezäumt hatte - dass zunächst eine Umweltstudie des vorgeschlagenen neuen Bohrgebiets hätte durchgeführt werden müssen, und Babbitt erklärte, er werde die Umweltverträglichkeit garantieren, auch wenn er jetzt bereit sei, das Unternehmen zu genehmigen, bevor überhaupt eine Studie begonnen, geschweige denn abgeschlossen worden sei.

Babbitt kündigte eine neue Art an, mit den Diktatoren der Ölindustrie Geschäfte zu machen, und wies gleichzeitig den Kongress in seine Schranken, indem er sich über das Gesetz zur nationalen Umweltpolitik hinwegsetzte, in dem eindeutig festgelegt ist, dass solche Studien durchgeführt und dem Kongress berichtet werden müssen, bevor irgendwelche Bohrungen auf dem Land von Nationalparks beginnen können. Mit seinem positiv strahlenden Heiligenschein sagte Babbitt dem Volk von Alaska und der Nation :

> Wir würden gerne mit dem Stil der Anklageschrift brechen und sehen, ob wir eine neue Art der Geschäftsabwicklung mit der Ölindustrie einführen können. Ich denke, wir haben viele Möglichkeiten.

Auch hier wurde nicht erwähnt, dass der Endbegünstigte British Petroleum (BP) sein würde. Das "wir", auf das sich Babbitt bezog, war der Gigant Shell Oil und eine Gruppe multinationaler Ölgesellschaften, die immer wieder ihre Verachtung für die Gesetze der Nationen, denen sie sich häufig widersetzen, unter Beweis gestellt haben.

Das Ölkartell rückt das "Wir haben" in die richtige Perspektive und beweist zweifelsfrei, dass es sich um eine raffgierige Gruppe, eine Kabale handelt, die ohne Rücksicht auf die Folgen ihres Handelns sehr großen Schaden anrichten kann und ihr Ziel immer erreicht, egal wer sich ihr in den Weg stellt oder wie sie die nationale Sicherheit der USA bedroht.

Der Kongress ist verfassungsrechtlich verpflichtet, die neuzeitlichen Räuberbarone vor Sonderausschüsse zu laden, um ein wichtiges Gut des US-Volkes zu schützen und ernsthafte Einwände gegen den Export von Öl aus Alaska in das kommunistische China zu erheben. Der Kongress versagte jedoch auf klägliche Weise bei der Erfüllung seiner Pflicht.

Die Maskerade fortsetzend, erklärte Babbitt:

> Ich möchte diesen Sommer ins Feld gehen und jeden Quadratzentimeter (23 Millionen Acres) des National Petroleum Reserve untersuchen. Ich habe vor, nach Anchorage zu fliegen, in Barrow umzusteigen und dann so lange wie nötig in der N.P.R. zu verschwinden, um jede geologische Struktur, jeden See zu verstehen und jedes Problem mit der Tier- und Pflanzenwelt zu untersuchen, damit ich bereit bin, mich maßgeblich an diesem Prozess zu beteiligen.

Dies ist ein perfektes Beispiel dafür, wie das amerikanische Volk das komplizenhafteste und am meisten betrogene Volk auf dem Planeten ist. Wie irreführend diese Absichtserklärung Babbitts war, sehen wir, wenn wir bedenken, wie lange es dauern würde, "jeden Zoll" von 23 Millionen Acres zu erkunden. Die National Petroleum Reserve (NPR) hat die Größe von Indiana, aber der Sekretär erklärte nicht, wie er vorhatte, "jeden Zentimeter zu erforschen", oder wie er es sich leisten konnte, mindestens ein Jahr lang von seinem Büro abwesend zu sein. Würde der Sekretär von Vertretern von British Petroleum begleitet werden und die gesamte Prudhoe Bay einsperren lassen, aus der die kleinen Ölsucherfirmen notdürftig herausgeworfen würden?

Das amerikanische Volk sollte es bald erfahren: Der NPR sollte zum Jagdrevier von BP, Shell (zwei der größten ausländischen Ölgesellschaften der Welt), Mobil, ARCO und dem Rest der Verschwörer in Jackson Hole, Wyoming, werden, zum Vorteil der "Sieben Schwestern". Es handelte sich um einen klaren Fall, in dem der Profit über die nationale Sicherheit der USA gestellt wurde. Zu anderen Zeiten wäre dies als Hochverrat bezeichnet worden.

Zweitens wurde Präsident Clinton zum persönlichen Eigentum des Ölkartells, was sich in seiner Rede vor dem Vorhang in deren Namen zeigte:

> Viele Amerikaner wissen es nicht, aber ein erheblicher Prozentsatz des in den USA geförderten Erdöls und Erdgases stammt von Bundesland. Bis heute haben die bürokratischen Vorschriften und widersprüchliche Gerichtsurteile viele Unternehmen davon abgehalten, diese Ressourcen voll auszuschöpfen.

Er hätte auch darauf hinweisen sollen, dass es bei dem Alaska-Öl-Deal um Öl aus unserer nationalen Notfallreserve geht, die nicht angetastet werden darf. Es handelt sich um eine unserer nationalen strategischen Reserven! Was nun folgte, war einer der größten Betrügereien in der Geschichte der Vereinigten Staaten, ein Betrug, der den Tea Pot Dome-Skandal in den Schatten stellt, und wie es sich gehört, war es ARCO, der 1969 Harry Sinclairs alte Firma verschlang. Was Clinton meinte, waren die Täuschungen, Schikanen, betrügerischen Praktiken und die Sklaverei, die in den letzten Tagen der Sommersitzung 1996 des Kongresses 104 unternommen wurden. Dieser Kongress verabschiedete ohne jede Behinderung durch die Presse, ohne jeden Protest von Umweltgruppen, ohne jeden Protest von ABC, NBC, CBS oder einem anderen Medienschakal eine der Gesetzesvorlagen mit den arrogantesten und irreführendsten Titeln, die jemals die Gänge der Macht besudelt haben, "The Federal Oil and Gas Simplification and Fairness Act". Dieser Gesetzentwurf war das Werk der Öl-Lobbyisten, die den Kongress durchseuchen.

Was das "Fairnessgesetz" bewirkt hat, ist, dass es Geld in einem ununterbrochenen Strom in die bereits gut gefüllten Kassen der großen Ölkonzerne gespült hat. Wie ich bereits erwähnt habe, stellt dieser Skandal den Teapot-Dome-Skandal in den Schatten, der im Vergleich zum "Federal Oil and Gas Simplification and Fairness Act" ein ziemlicher Schmarrn ist.

Das System funktioniert folgendermaßen: Für einen Zeitraum von sieben Jahren wurde ein Moratorium für Bundesprüfungen bezüglich der Zahlung von Lizenzgebühren an das Finanzministerium für Öl, das auf Bundesland gefördert wird, erklärt. Mehr noch - und wir mussten uns die Augen reiben, um sicherzugehen, dass das, was wir lasen, auch wirklich im Gesetz stand - es gibt eine Klausel, die besagt, dass Ölfirmen die Bundesregierung wegen "zu viel gezahlter" Lizenzgebühren verklagen können! Und das ist noch nicht alles. Das Gesetz erlaubt es den Raubbaronen, ihren eigenen "fairen Marktpreis" für Öl festzulegen, das auf bundesstaatlichem Land gefördert wird, das dem amerikanischen Volk gehört. Vielleicht werden die Leser diese verblüffende Klausel nicht glauben? Ich auch nicht, aber nachdem ich den Gesetzentwurf mehrmals gelesen hatte, sah ich, dass er genau das aussagt, was er tun wird: zwei der größten ausländischen Ölgesellschaften der Welt (BP und Shell) massive Vorteile auf einem goldenen Teller des Kongresses zu ermöglichen.

Der Marktpreis für Rohöl bestimmt die Höhe der Lizenzgebühren, die die Ölgesellschaften an die Bundesregierung zahlen müssen. Eine vom Kongress gebilligte Gesetzesbestimmung erlaubt es den Ölgesellschaften jedoch, ihren eigenen Preis festzulegen, wodurch den Bürgern in den kommenden Jahren Lizenzgebühren in Höhe von Milliarden Dollar entgehen werden. Das ist ein Betrug, der langsam dem des Federal Reserve Act von 1912 ähnelt. Dies war die Tagesordnung des Treffens der Verschwörer in Jackson Hole, bei dem Clinton die Rolle des genialen Gastgebers spielte. So wurden für einen relativ geringen Betrag an Wahlkampfspenden - 350.000 Dollar im Fall von ARCO - Milliarden von Dollar an die großen Ölkonzerne übergeben, die sich an dem Betrug mit dem Alaska-Öl für China beteiligen sollten. Armes amerikanisches Volk, ohne Führer im Kongress, ohne Champion, der dafür eintritt, was das Beste für die Vereinigten Staaten ist; auf Gedeih und Verderb einer Gruppe von Superscharlatanen ausgeliefert, die das eine praktizieren und das andere predigen; wie konnten sie wissen, wie sehr sie betrogen wurden, als Clinton schwor, sein Veto gegen jede Gesetzesvorlage einzulegen, die das 17 Millionen Morgen große

Naturschutzgebiet der Arktis für Bohrer öffnen würde, während er mit der anderen Hand hinter seinem Rücken die Tür zu einem weitaus reicheren Preis öffnete, Öl unter den Schutzgebieten der Nationalparks, das ausschließlich für den nationalen Nottreibstoff aufbewahrt wird.

Das Treffen in Jackson Hole, Wyoming, dem Spielplatz der Rockefeller-Familie, sollte den Boden für das Öl-China-Abkommen bereiten. Präsident Clinton spielte die Rolle eines gnädigen Gastgebers und verkündete seinen ehrenwerten Gästen seine Absichten. Er freute sich, dass so geschätzte Persönlichkeiten bereit waren, seine Gastfreundschaft zu genießen, und das in einem Rahmen, der dem eines Mafiabosses sehr ähnelt, der die Oberhäupter der "Familie" auf seinem Anwesen am Lake Tahoe versammelt und sie wie Mitglieder der königlichen Familie empfängt. In der Tat hätten die Royals es nicht besser machen können, wenn es sich bei dem Ort um Schloss Balmoral gehandelt hätte.

So hat die Clinton-Regierung nur wenige Jahre, nachdem sie der chinesischen Führung versprochen hatte, dass sie über das Öl aus unserer nationalen Notreserve in Alaska verfügen würde, ihr Versprechen gehalten. Rechnen Sie nicht damit, dass die Republikaner die Vereinbarung mit BP, Shell, Mobil und ARCO rückgängig machen werden. Die Ölpolitik kennt keine Parteilinien. Großes Kapital ist mobil. Schauen Sie sich an, was auf dem Höhepunkt des Vietnamkriegs geschah.

Als Gegenleistung für Ölkonzessionen vor der Küste Vietnams schickte Rockefellers Standard Oil Ärzte nach Haiphong in Nordvietnam, um den schwerkranken Ho Chi Min zu konsultieren. Es handelte sich um amerikanische Ärzte, die wegen Hochverrats hätten vor Gericht gestellt werden müssen. Uns steht keine zweite Quelle zur Überprüfung zur Verfügung, aber die Quelle gab an, dass Kissinger Associates den Deal ausgehandelt hatte. Wie dem auch sei, wir hatten hier Amerikaner, die in Kriegszeiten mit dem Feind Handel trieben, während unsere Soldaten in den Dschungeln und Reisfeldern Südvietnams starben. Beobachten Sie die Arroganz des

Ölkartells. Sie wussten bereits, dass die USA den Krieg verlieren würden! Wie konnte das passieren? Ganz einfach: Weil Henry Kissinger nach Paris reisen musste, um ein "Friedens"-Abkommen mit den Nordvietnamesen zu schließen. Diese wussten bereits, wann er nach Paris reisen würde, und sie wussten genau, wie er Vietnam der kommunistischen Kontrolle überlassen würde.

George Bush senior war von Anfang an eingeweiht, da er während des gesamten Krieges gute Beziehungen zu Kissinger unterhielt. Man könnte Kissinger als Verräter bezeichnen, aber er stand im Dienst eines republikanischen Präsidenten. Es war kein Zufall, dass der Ölmann George Bush nach China geschickt wurde, obwohl es andere Personen gab, die für die Erfüllung der Aufgabe besser geeignet waren als er. Doch Bush kannte sich in der Ölbranche aus, und Öl war das, was China brauchte.

Als Bush von seinem Besuch in China zurückkehrte, setzte er die Maschine für und im Namen der chinesischen Regierung in Gang, der der Löwenanteil des Alaska-Öls versprochen worden war. Und nun wechseln wir vom Nahen Osten nach Alaska, wo wir das Ölkartell vorfinden, das damit beschäftigt ist, dem amerikanischen Volk unter Missachtung des Gesetzes seine Ölreserven in Alaska zu stehlen; womit es wieder einmal, als ob es eines Beweises bedurft hätte, beweist, dass das Ölkartell ein Gesetz an sich ist, das über der Reichweite jeder Regierung auf diesem Planeten steht.

China hat viele gute und hochrangige Freunde in der raffgierigen Ölindustrie, die nationale und internationale Grenzen oder die nationale Souveränität weder kennen noch respektieren.

Einer dieser Freunde ist ARCO, das auf der Skala der 300er-Komitee-Unternehmen einen hohen Rang einnimmt und zusammen mit einem anderen Kronjuwel der 300er-Komitee-Ölunternehmen, BP, mit den Machenschaften und Komplotten begann, um Rohöl aus Alaska in die riesige Raffinerie in Zhenhai, einem Vorort von Shanghai, zu verschiffen, die bereit war, ihren Betrieb aufzunehmen.

Lodwrick Cook war der ehemalige CEO von ARCO, und wie alte Soldaten oder politische Parteiführer, die nie verblassen, war Cook 1996 aktiv und kämpfte für die Wiederwahl seines alten Freundes Bill Clinton, des "Außenseiters" von Arkansas. 1994, im selben Jahr, in dem Cook Tony Knowles zum Gouverneur von Alaska wählte, wurde er ins Weiße Haus eingeladen, um seinen Geburtstag mit Bill Clinton zu feiern, der seinem Freund eine riesige Geburtstagstorte schenkte und ihm dann ermöglichte, mit Handelsminister Ron Brown nach China zu reisen, wo die beiden Männer der chinesischen Regierung mitteilten, dass ARCO Milliarden in die neue Raffinerie in Zhenhai investieren würde. Auf Fragen der chinesischen Regierungsdelegation sagten die Quellen, Cook habe ihnen versichert, dass Rohöl aus Alaska für die Raffinerie in Zhenhai zur Verfügung stehen würde, obwohl im August 1994 ein dauerhaftes Verbot für den Export von Öl aus Alaska bestanden hatte. Etwa ein Jahr nach Brown-Cooks Reise nach China wurde Robert Healy, ARCOs Vorsitzender für Regierungsangelegenheiten, ins White Coffee House eingeladen, um mit Al Gore und Marvin Rosen, dem damaligen Finanzvorsitzenden des Democratic National Committee, einen Kaffee zu trinken. Um die Dankbarkeit von ARCO zu zeigen, hinterließ Healy dem DNC ein "Trinkgeld" von 32.000 US-Dollar.

Hier kommt Charles Manatt ins Spiel, der ehemalige Vorsitzende der Demokratischen Partei und Direktor von Manatt, Phelps and Phillips, der ehemaligen Alma Mater von Mickey Kantor, einer Lobbyfirma, die sich um die großen Ölgesellschaften EXXON, Mobil, BP, ARCO und Shell kümmert und ihnen als Fassade dient. Am 26. Mai 1995 wurde Manatt in ein anderes Café im Weißen Haus zu einem Treffen mit Clinton eingeladen.

Manatt zahlte 117 150 Dollar als Dankeschön, und dann, natürlich völlig unabhängig, erhob Kantor als Mitglied des Clinton-Kabinetts seine Stimme und forderte die Aufhebung des Verbots, Öl aus Alaska zu exportieren. Bisher verbot das Bundesgesetz die Ausfuhr von Öl aus der nationalen Ölreserve, da diese als Reservevorrat für nationale Notfälle gedacht war.

In meinem Buch "Environmentalism: The Second Civil War has started" aus dem Jahr 1987 werden die großen Ölkonzerne als die größten Geldgeber der Umweltbewegungen "Earth First" und "Greenpeace" entlarvt. Die Gründe für den scheinbaren Widerspruch zwischen der jahrzehntelangen Unterstützung der Umweltbewegung und den hohen Summen, die die großen Ölkonzerne zahlen, werden ausführlich erläutert. Der Umweltschutz ist ein Trick, wenn es um Ölländer geht.

Die großen Ölgesellschaften wollten, dass das Land der Nationalparks, auf dem sich zum großen Teil riesige Ölreserven befanden, von "Fremden" freigehalten wird, damit sie sich zu gegebener Zeit niederlassen und die Ölreserven unter dem Land der Nationalparks zu günstigen Preisen in Besitz nehmen können. Was die nationalen Wildtierreservate in Alaska betrifft, so war dieser Tag 1996 gekommen. Die heuchlerischen Ölmagnaten haben sich wenig oder gar nicht um die Ökologie oder den Schutz der Tierwelt in diesen Gebieten gekümmert, wie ihr Vorgehen in der Prudhoe Bay zeigt.

1996 wurde der berühmte Lobbyist Tommy Boggs gebeten, als Orakel für die Aufhebung des Verbots von Alaska-Rohöl zu arbeiten. Boggs ist der Sohn des verstorbenen Senators Hale Boggs, dessen mysteriöses Verschwinden in der Wildnis von Alaska im Jahr 1972 nie aufgeklärt wurde. Tommy Boggs ist Washingtons führender Lobbyist für die Anwaltskanzlei Patton Boggs und zu seinen Kunden gehörten ARCO, EXXON, BP, Mobil und Shell und, nur durch Zufall, war er ein enger Golf-Freund von Bill Clinton.

Als gefürchteter Lobbyist gilt Boggs als Hauptverantwortlicher dafür, dass der 104. Kongress das Exportverbot für Rohöl aus Alaska aufhob, und so unterzeichnete Clinton 1996 ein Dekret zur Aufhebung des Verbots, wie es Ron Brown und Lodwrick Cook zwei Jahre zuvor der chinesischen Regierung versprochen hatten. Man müsste schon blind sein, um nicht zu sehen, dass die Manöver, die Nation ihrer Ölreserven in Alaska zu berauben, bereits 1994 in Gang gesetzt wurden. Nach den

"Kaffeekränzchen" im Weißen Haus überreichte Präsident Clinton 1996 den großen Ölgesellschaften, die in China und Alaska involviert waren, eine erstaunliche Prämie. Die Presse hätte diesen Ausverkauf von den Dächern schreien sollen, doch Dan Rather, Peter Jennings und Tom Brokaw, ganz zu schweigen von Larry King, schwiegen wie das Grab zu diesem wichtigen Ereignis. Ohne Lärm und ohne Fanfaren beendete Clinton das Verbot, unsere Ölreserven in die Wildnis Alaskas zu exportieren, und machte den Ölgiganten ein kostenloses Geschenk in Höhe von mehreren Milliarden Dollar.

Während die Heizöl- und Ölpreise 1996 so hoch waren wie nie zuvor, waren Clinton und seine Kontrolleure damit beschäftigt, die Vereinigten Staaten zu verkaufen, indem sie unsere Rechte mit Füßen traten, um im Gegenzug hohe Barspenden in den Fonds seiner Wiederwahlkampagne zu erhalten.

In Voraussicht dieser nationalen Katastrophe - obwohl er sie nicht so nannte - schrieb Tommy Boggs ein Memo an seine Kunden, in dem er voraussagte, dass er die Aufhebung des Exportverbots für Öl aus Alaska durch den Kongress erreichen würde 104.

Aber das war nicht der einzige Schock, den das amerikanische Volk erhielt; am letzten Tag der Sommersitzung des Kongresses 1996 unterzeichnete Clinton auch den "Federal Oil and Gas Simplification and Fairness Act". Wie der Name schon sagt, zielte dieser Gesetzentwurf auf Irreführung ab und stellte eine weitere Form des groß angelegten Betrugs dar. Der "Fairness"-Teil war nicht dazu bestimmt, dem amerikanischen Volk zu nutzen. Tatsächlich war das Gesetz ein totaler Verrat am amerikanischen Volk durch die Clinton-Regierung. Mit anderen Worten: Die Gesetzgebung bestand darin, mit dem Ölpreis, für den die Unternehmen Lizenzgebühren an die Bundesregierung zahlen mussten, auf Teufel komm raus zu spielen.

Dieser gigantische, von der Regierung sanktionierte Betrug am amerikanischen Volk hat es den Majors der Ölindustrie ermöglicht, Milliarden von Dollar absolut kostenlos zu erhalten. Dieses Gesetz ist einer der dreistesten Raubzüge am helllichten

Tag, die die Ölindustrie je unternommen hat. Und während des ganzen großen Raubes blieben die Schakale der Medien - der Print- und der elektronischen Medien - tödlich still.

Hier kommt Tony Knowles, der Gouverneur von Alaska, ins Spiel. Wir dürfen nicht vergessen, dass ARCO während der Wahlen 1996 Spenden in Höhe von 352.000 $ geleistet hat. 1994 erhielt Knowles 32.000 $ und dies trug zu seiner Wahl zum ersten demokratischen Gouverneur von Alaska bei, wahrscheinlich auch zum ersten Gouverneur eines Bundesstaates, der im Weißen Haus schläft - alles Teil einer globalen Verschwörung, um das amerikanische Volk zu berauben.

# KAPITEL 19

## Libysches Öl und der Bombenanschlag auf Pan Am

D ies ist nicht das Ende der Geschichte der Abzweigung des Alaska-Öls durch die großen Ölkonzerne. Es ist vielmehr das erste Kapitel einer fortlaufenden Saga, die mit dem amerikanischen Volk als Verlierer enden wird, während China und das Ölkartell mit Milliarden von Dollar an illegaler Beute davonkommen.

Das nächste Kapitel unserer Saga der Ölindustrie spielt in Libyen, denn die unerschrockenen Mitglieder des Kartells, die nie schlafen und immer in Bewegung sind - ihr Slogan lautet "Wir kämpfen um das Öl" -, betrachteten das libysche Öl schon lange als Glücksfall, wenn sie es nur in die Finger bekommen könnten. Der libysche Führer Muammar al-Gaddafi hat sich für die Männer des Ölkartells als mehr als nur ein Gegner erwiesen, und da alle ihre Bemühungen, ihn abzusetzen, gescheitert sind, wird ständig nach neuen Methoden und Möglichkeiten gesucht.

Sie konnten ihn nicht vergiften; Gaddafi ließ sein Essen immer probieren. Ein Attentat wäre schwierig, da er sich immer nur in Begleitung seiner vertrauten Wächter bewegte, die vor Bestechung geschützt waren, und er benutzte nie öffentliche Verkehrsmittel. Dann ergab sich völlig unerwartet die Gelegenheit durch den Bombenanschlag auf den Pan-Am-Flug 103, der über Lockerbie in Schottland abstürzte und alle 270 Menschen an Bord tötete. Unterstützt (wie immer) von der CIA, machten sich die Männer des Kartells an die Arbeit.

In ihrer Entschlossenheit, den rechtmäßigen Eigentümern die

Kontrolle über das libysche Öl zu entreißen, nutzten die Männer des Ölkartells die Gelegenheit, Muammar al-Gaddafi den tragischen Bombenanschlag auf den Pan-Am-Flug 103 in die Schuhe zu schieben. Bei der Verfolgung ihres Ziels konnten die Männer des Ölkartells Präsident Ronald Reagan leicht davon überzeugen, dass es wünschenswert und notwendig sei, dass die US-Luftwaffe die libysche Hauptstadt Tripolis bombardiert. Zu diesem Zweck wurden US-Bomber von Stützpunkten in Großbritannien aus gestartet, die Tripolis tatsächlich bombardierten - ein eklatanter Verstoß gegen die Verfassung der Vereinigten Staaten, die Neutralitätsakte von 1848, die vier Genfer Konventionen und das Haager Übereinkommen über Luftangriffe, das die Vereinigten Staaten unterzeichnet haben. Die Macht des Ölkartells ist so groß, dass dieser verfassungswidrige Angriff auf ein Land, dem die USA nie den Krieg erklärt haben, ein Land, das sich nie an einem nachweislichen kriegerischen Akt gegen die USA beteiligt hat, nicht als illegale Handlung verurteilt wurde, sondern vom amerikanischen Volk, das lange Zeit ein Opfer der höllischen Gehirnwäsche-Maschine des Tavistock-Instituts war, und von den Schakalen der Presse begrüßt wurde. Gaddafi verlor ein Familienmitglied bei diesem Anschlag, der seine Entschlossenheit, die Unabhängigkeit Libyens zu bewahren, brach. Die Tragödie der Pan Am 103 wird nie vollständig aufgeklärt werden, da die riesige Propagandamaschine, über die die Regierungen der USA und Großbritanniens verfügen, dafür sorgen wird, dass die Wahrheit über dieses Verbrechen gegen das amerikanische Volk niemals ans Licht kommt. Die Beobachtung, die Benjamin Disraeli 1859 als Agent von Lionel Rothschild machte, ist es wert, zitiert zu werden:

> Alle großen Ereignisse wurden verzerrt dargestellt, die meisten wichtigen Ursachen verschwiegen, einige der Hauptakteure tauchen nie auf, und alle, die vorkommen, werden so missverstanden und verzerrt dargestellt, dass das Ergebnis eine vollständige Mystifizierung ist. Wenn die Geschichte Englands eines Tages von jemandem geschrieben wird, der das Wissen und den Mut dazu hat, wird die Welt erstaunt sein.

Die britische und die amerikanische Regierung haben ihre ungewöhnliche Fähigkeit bewiesen, auf überzeugendste Weise zu zaudern und zu vernebeln. Dieses Talent ist nicht neu, wurde aber von den Mitarbeitern des Wellington-Hauses, dessen Hauptpropagandist Bernays, ein Verwandter der Rothschilds, war, erheblich geschärft. Diese große Propagandamühle wurde zu Beginn des Ersten Weltkriegs entwickelt, um dem mangelnden Enthusiasmus der britischen Bevölkerung für den Krieg gegen Deutschland entgegenzuwirken.

Die Geschichte der Bombardierung von Pan Am 103 beginnt am 3. Juli, als ein Airbus der Iranian Airways, der mit 290 Passagieren auf dem Weg zur Haj nach Mekka voll besetzt war, von der USS Vincennes abgeschossen wurde. Der Airbus, der vom zivilen Flughafen Bandar Abbas im Iran gestartet war, hatte gerade seine Reiseflughöhe erreicht, als eine von der USS Vincennes abgefeuerte Aegis-Rakete in ihn einschlug. Der Airbus stürzte ab und tötete alle Personen an Bord. Wusste die Besatzung der Vincennes, dass ihr Ziel ein ziviles Passagierflugzeug war? Ausnahmslos alle, die zu dem Angriff befragt wurden, bestätigten, dass der Airbus nicht mit etwas anderem als einem zivilen Passagierflugzeug verwechselt werden konnte. Ein empörter Khomeini bewahrte relative Ruhe, doch er hatte den Chef der Pasdaran (Geheimdienst) heimlich angewiesen, vier amerikanische Fluggesellschaften auszuwählen, die für einen Racheangriff ins Visier genommen werden sollten. Der Chef der Pasdaran berichtete Ali Akbar Mohtashemi, dass er Pan American Airways als Ziel ausgewählt habe.

Der Plan wurde Mohtashemi am 9. Juli 1988 in Teheran vorgelegt und von ihm für sofortige Maßnahmen gebilligt. Anschließend wurde er einem ehemaligen Offizier der syrischen Armee, Oberst Ahmed Jabril, übergeben, der die Volksfront für die Befreiung Palästinas (PFLP) mit Sitz in Damaskus unter dem Schutz des verstorbenen Präsidenten Hafez al Assad befehligte.

Die Würfel waren gefallen, als Jabril den Pan-Am-Flug 103 ins Visier nahm, der von Frankfurt, Deutschland, mit

Zwischenstopp in London startete - das Endziel war New York. Obwohl Großbritannien und die USA dies später bestritten, behauptete Jibril selbst, dass er für die Durchführung seiner Mission 10 Millionen Dollar erhalten habe, und in einigen Berichten hieß es, dass die CIA tatsächlich Überweisungen in Höhe von 10 Millionen Dollar auf ein Schweizer Nummernkonto, das Jibril besaß, zurückverfolgt habe.

Jibrils Expertise war unbestritten: Er war als Meisterbomber bekannt, der seit 1970 eine Reihe von Bombenanschlägen auf britische, schweizerische und US-amerikanische Flugzeuge verübt hatte. Außerdem war Jibril sehr stolz auf seine Bombenschalter, die sein eigenes Markenzeichen und seine eigene Auslösemethode trugen, was seine "Arbeit" nach Ansicht von Geheimdienstexperten unbestreitbar machte.

Zwei libysche Staatsangehörige, Abdel Basset Ali al-Megrahi und Lamen Khalifa Fhimah, wurden des Bombenanschlags beschuldigt, obwohl sie keinerlei Erfahrung im Bombenbau hatten und nicht über die nötigen Einrichtungen verfügten, um eine derart ausgeklügelte Bombe herzustellen. Es gab nie einen positiven Beweis, keine Beweise, die die Bombe und den Absturz der Pan Am 103 mit den beiden Angeklagten in Verbindung gebracht hätten. Im Gegenteil, es gab zahlreiche Beweise dafür, dass der Anschlag das Werk von Jibril und der PFLP war. Es war eindeutig erwiesen, dass Jibrils Team aus den Bombenbauexperten Hafez Kassem Dalkamoni und Abdel Fattah Ghadanfare bestand, die beide in Frankfurt, Deutschland, lebten. Am 13. Oktober schloss sich Dalkamoni ein weiterer Bombenexperte an, ein gewisser Marwan Abdel Khreesat, dessen Wohnsitz sich in Amman, Jordanien, befand. Khreesat war unter syrischen Offizieren und der PFLP als der beste "Sprengstoffspezialist" bekannt. Mehr noch, Khreesat hatte vor kurzem begonnen, auf beiden Seiten zu arbeiten - er war auch ein Informant für den deutschen Nachrichtendienst BKA. Ich veröffentlichte die vollständige Geschichte unter dem Titel "PANAM 103, eine tödliche Spur der Täuschung" im Jahr 1994.

Gegen Libyen wurde eine internationale Verleumdungs- und

Hetzkampagne gestartet, weil es für die Bombardierung verantwortlich sei. Es wurde nie eine faktische Grundlage geliefert, abgesehen von den Namen der beiden Libyer, die des Verbrechens beschuldigt wurden. Als Libyen sich weigerte, die "Angeklagten" an ein schottisches Gericht auszuliefern, wurde ein internationaler Boykott gegen den Verkauf von libyschem Rohöl eingeführt, der von einem Krieg der Worte gegen Libyen begleitet wurde, wie es ihn seit dem Zweiten Weltkrieg nicht mehr gegeben hatte.

Wie bereits erwähnt, ließ sich ein beeinflussbarer Präsident Reagan leicht davon überzeugen, einem Bombenangriff auf Tripolis zuzustimmen. Sämtliche libyschen Guthaben in ausländischen Banken, sofern sie ausfindig gemacht werden konnten, wurden eingefroren. Tatsächlich wurde ein totaler Krieg gegen das Land geführt. Ein libysches Zivilflugzeug, das sich auf dem Weg vom Sudan nach Tripolis befand, wurde von "unbekannten Kräften" abgeschossen, in der irrigen Annahme, Gaddafi sei an Bord. Jeglicher Handel zwischen Libyen und dem Westen wurde eingestellt.

Libyen wurde fälschlicherweise der Herstellung von "Massenvernichtungswaffen" beschuldigt und auf die Liste des Außenministeriums der Länder gesetzt, die offiziell den internationalen Terrorismus sponsern. Währenddessen wurde ein internationaler Aufschrei, der Libyen aufforderte, die beiden "Verdächtigen" an Großbritannien oder Schottland auszuliefern, aufrechterhalten und nahm an Intensität zu. Wilde und unbegründete Anschuldigungen gegen Libyen kommen von allen Seiten. Unterdessen verkaufte Libyen weiterhin Öl an Westeuropa und Russland, doch einige Länder wie Frankreich und Italien begannen, sich über die Einschränkungen zu ärgern und verhandelten privat über ein Ende des Boykotts. Großbritannien und die USA wollten jedoch nichts davon hören, und Robin Cook (britischer Außenminister) erklärte den EU-Ministern, Gaddafi sei damit einverstanden, die beiden "Verdächtigen" auszuliefern, sofern sie von einem schottischen Gericht verurteilt würden, eine Ankündigung, die Gaddafi zunächst als "Lüge" bezeichnete. Russland begann, seine

Einkäufe von libyschem Rohöl zu erhöhen, so dass Großbritannien und die USA erkannten, dass der Boykott nicht mehr lange wirksam sein würde.

Ein Team von US-Unterhändlern reiste nach Tripolis, um mit Gaddafi eine Vereinbarung zu treffen, die es den beiden Großmächten ermöglichen würde, ihr Gesicht zu wahren und Libyen aus der Affäre zu ziehen, während sie gleichzeitig den Forderungen nachzukommen schienen, die beiden "Verdächtigen" an ein schottisches Gericht zu überstellen, das auf neutralem Gebiet angesiedelt ist. Damit würde dem muslimischen Gesetz entsprochen, wonach libysche Staatsbürger niemals ausgeliefert werden, um in fremden Ländern, die sie eines Verbrechens beschuldigen, vor Gericht gestellt zu werden - eine Lösung, die man von verschlagenen Geistern erwarten kann.

Das "schottische Tribunal" tagte im holländischen Camp Zeist, da Holland nicht zu den anklagenden Ländern gehörte, die versuchten, die beiden Libyer strafrechtlich zu verfolgen. Dadurch konnte die Frage des muslimischen Rechts geklärt werden. Camp Zeist wurde in einer Zaubershow, auf die Las Vegas stolz gewesen wäre, zum "schottischen Territorium" erklärt. Die beiden "Verdächtigen" meldeten sich daraufhin "freiwillig" vor Gericht, und es wurde ein Termin für die Eröffnung des Verfahrens gegen sie festgelegt.

Warum war die Rechtsprechung nach schottischem Recht? Die Antwort ist, dass das schottische Recht neben der Tatsache, dass der Klagegrund in Schottland entstanden ist, noch ein drittes Sonderurteil zulässt, nämlich das Urteil "nicht bewiesen", das zwischen Schuld und Nichtschuld liegt. Gaddafi wurde versichert, dass die von der Anklage vorgelegten Beweise nicht ausreichen würden, um die Libyer zu verurteilen. Während also die "Gerechtigkeit" als gegeben angesehen würde, würden die Libyer frei sein. Das Versprechen wurde jedoch nicht eingehalten.

Vor diesem Hintergrund fand der Prozess statt, der mit einem Paukenschlag begann. Das Dossier der Staatsanwaltschaft gegen al Megrahi und Khalifa war schwach. Der Verteidiger wartete bis zum Beginn des Prozesses, um seine Verteidigung anzukündigen. Sie wollten Beweise dafür vorlegen, dass Jabril und die PFLP den Anschlag verübt hatten, und 32 Zeugen zur Unterstützung ihrer Verteidigung aufrufen. Die Experten, mit denen ich gesprochen habe, sind der Meinung, dass der Prozess wegen "nicht bewiesen" abgebrochen werden würde, wenn sich herausstellen sollte, dass die PFLP-Zeugen tatsächlich erscheinen würden. Das Letzte, was Großbritannien und die USA wollten, war, dass alle Fakten in einem offenen Gericht offengelegt werden. Als Gegenleistung für seine "Kooperation" wurde Gaddafi zugesichert, dass der Boykott gegen Libyen aufgehoben und der Hahn für libysches Rohöl wieder geöffnet würde.

Die Hauptnutznießer wären natürlich die Mitglieder des Ölkartells. Der wahre Bösewicht, der für das abscheuliche Verbrechen von Pan Am verantwortlich ist, wurde nie angeklagt. Was ist mit der USS Vincennes und dem iranischen Airbus, den sie zerstört hat? Auch das war Teil der Abmachung, die die Schattenregierung getroffen hatte. Es würde offiziell erklärt, dass die Besatzung der Vincennes irrtümlich davon ausging, dass sie von einem Militärflugzeug angegriffen wurde.

Die einzigen, die davon profitierten, waren das Ölkartell, das fast sofort damit begann, riesige Gewinne aus dem Verkauf von libyschem Rohöl zu erzielen. Was die Angehörigen derjenigen betrifft, die durch die Hände von Jabrils PFLP starben, so erhielten sie nicht die Auflösung, nach der sie seit zwölf Jahren gesucht hatten, obwohl das offizielle Urteil zwei unschuldige Männer für schuldig an diesem abscheulichen Attentat befand.

Eine Anmerkung sollte noch hinzugefügt werden, nämlich die Rolle, die George Bush und Margaret Thatcher spielten, um sicherzustellen, dass eine Decke über jede umfassende Untersuchung des Bombenanschlags auf Pan Am 103 geworfen wird, die zu einem späteren Zeitpunkt beantragt werden könnte. Der schottische Abgeordnete Tom Dalyell erklärte im Parlament, dass "die britischen und amerikanischen Behörden sind nicht daran interessiert, die Wahrheit herauszufinden, weil ihnen das unangenehm wäre".

Dalyell ist der Abgeordnete, der Thatcher im Alleingang für ihren kriminellen Akt verklagte, einem britischen U-Boot zu befehlen, das argentinische Kreuzfahrtschiff "Belgrano" in internationalen Gewässern zu torpedieren und zu versenken, was einen klaren Verstoß gegen die Genfer Konvention darstellte.

Aufgrund von Dalyells Hartnäckigkeit verlor Thatcher das Vertrauen ihrer Kontrolleure, musste in Ungnade fallen und sich vorzeitig aus dem öffentlichen Leben zurückziehen. Es besteht kein Zweifel daran, dass die beiden Personen, die am meisten unter der Blamage leiden würden, wenn die Wahrheit ans Licht käme, George Bush und Margaret Thatcher wären. Eine andere Art von Terrorismus wurde dann an der Grenze zwischen Kuwait und dem Irak inszeniert. Das korrupte diktatorische Al-Sabah-Regime errang einen großen Triumph, indem es George Bush dazu überredete, stellvertretend einer zivilisierten christlichen Nation zu befehlen, erneut Cruise Missiles auf den bereits leidenden Irak regnen zu lassen - als Kollektivstrafe für einen angeblichen Mordversuch an Bush senior. Nicht jeder akzeptiert das Wort der skrupellosen Diktatoren von Al Sabah, dass das angebliche Mordkomplott gegen Bush echt war. Viele Länder haben ernsthafte Zweifel an der Richtigkeit der Behauptung von Al Sabah geäußert. Eine Geheimdienstquelle äußerte sich wie folgt:

... Die "Beweise", die sich angeblich im Besitz der Al Sabahs befinden, würden von jedem amerikanischen oder britischen Gericht zurückgewiesen werden. Die "Beweise" sind so manipuliert, dass es kein Wunder ist, dass die US-Regierung es nicht wagt, sie in einem offenen Forum zu enthüllen. Dieser Fall (der angebliche Mordversuch an George Bush durch irakische Staatsangehörige) ist so manipuliert und skandalös, dass man sich fragt, wie tief die Verderbtheit ist, in die die USA abgesunken sind. Wenn es halbwegs unabhängige Senatoren gäbe, hätten sie von Clinton verlangen müssen, dass er ihnen seine Beweise in einer öffentlichen Sitzung des Ausschusses vorlegt, aber natürlich hat Clinton keine Beweise, die einer Prüfung in einem offenen Gericht mit vereidigten Zeugen standhalten würden, so dass die Senatoren ihrer Pflicht ausweichen konnten. Ein Beobachter, der bei der Verhandlung anwesend war, erklärte:

> Die Iraker, die angeklagt wurden, waren gewöhnliche Schmuggler ohne Erfahrung mit Geheimdiensten oder Sprengstoffen. Es wäre schwierig, eine unwahrscheinlichere Gruppe zu finden - nicht die Art von Leuten, die die irakische Regierung beschäftigen würde, wenn sie George Bush töten wollte. Der angeblich mit Sprengstoff beladene Lastwagen war in Wirklichkeit mit Schmuggelware gefüllt und wurde kilometerweit von der Universität Kuwait "gefunden", dem Ort, an den sich die "irakischen Geheimdienstler" begeben sollten, um das "Komplott" zur Ermordung von George Bush umzusetzen.

Der Fall gegen die beiden irakischen Drogenhändler ist so voller Löcher und so umhüllt von Doppelzüngigkeit, Vernebelung und gefälschten "Beweisen", dass er einen guten Plot für eine Laurel-und-Hardy-Komödie abgeben würde, wenn er nicht so tragisch wäre. Amerikanische Ermittler verhörten die beiden Männer, die gestanden, einen Anschlag auf George Bush versucht zu haben, doch jedes Geständnis, das erlangt wurde, während sich die Angeklagten in den Händen der Al Sabah befanden, musste mit äußerster Skepsis behandelt werden. Kuwait hat eine berüchtigte Vergangenheit voller Folter, Lynchjustiz, Hass auf Ausländer - insbesondere auf Iraker -, geschickter Propaganda und schlichter Lügen. Die Familie Al Sabah ist so grausam, rachsüchtig, diktatorisch und barbarisch wie jede andere Familie in der heutigen Welt. Auf ihr Wort kann man sich nicht verlassen. Die ganze Episode riecht nach einem übereilten und ungeschickten Versuch, Bush in Gefahr zu bringen.

Wie dem auch sei, nehmen wir für einen Moment an, dass die unfähigen Möchtegern-Terroristen mit der Absicht nach Kuwait gekommen sind, George Bush zu ermorden. Warum wurde der Irak dann nicht vor die Vereinten Nationen oder den

Internationalen Gerichtshof in Den Haag gebracht?

Wenn Bush und die Al Sabah so erpicht darauf waren, ihre Taten in den Mantel der Vereinten Nationen zu hüllen, warum sind die USA und Kuwait dann nicht nach Den Haag und vor den UN-Sicherheitsrat gegangen, um ihren Fall darzulegen? Die USA hätten sich nicht an dieser grausamen Maskerade beteiligen dürfen. Nicht ein einziger überprüfbarer Beweis wurde während des "Prozesses" gegen diese beiden armen, bequemen Sündenböcke vorgelegt. Die ganze Angelegenheit war eine Schande, ein politischer Akt, der nichts mit der gerichtlichen Bestrafung eines Verbrechens zu tun hatte.

Die USA haben nun damit begonnen, jede Nation zu bestrafen, die es wagt, mit ihnen nicht einer Meinung zu sein, und wir operieren unter der zweifelhaften Prämisse, dass Gewalt Recht hat. Wir sind dabei, zum Einschüchterer Nummer eins in der Welt zu werden. Es ist allgemein bekannt, dass die Magnaten des Ölkartells einer Reihe von Ländern große Geldsummen gezahlt haben, damit sie sich an dem illegalen Krieg gegen den Irak beteiligen. Die Länder, die bestochen wurden, wurden in Berichten aufgelistet, einschließlich der gezahlten Beträge.

In einem dieser Berichte ging es um den Deal, den Al Sabah mit der berühmten Werbeagentur Hill and Knowlton abgeschlossen hatte, für den diese Firma die Summe von 10 Millionen Dollar erhielt, um das amerikanische Volk davon zu überzeugen, dass die Diktatoren von Al Sabah gerettet werden müssten.

Durch die gut trainierte und gut wiederholte Lüge von Nayira Al Sabah vor einem Senatsausschuss verkauften Hill und Knowlton ihr verdrehtes Geschäft an Amerika, unterstützt von den ausgehaltenen Prostituierten der kontrollierten Medien. Anschließend bestätigte eine absolut zuverlässige Quelle, die Londoner *Financial Times*, die 1990 und 1991 gegen die Al-Sabah-Diktatoren und ihre amerikanischen Handlanger erhobenen Vorwürfe. Laut der *Financial Times* vom 7. Juli nutzten die Al Sabah das Kuwait Investment Office (KIO) in London, um Geld an Länder zu verteilen, die bereit waren, sich bestechen zu lassen, um Kuwait im Golfkrieg zu verteidigen. Die

*Financial Times* berichtete auf dem Höhepunkt des Golfkriegsfiebers, dass "300 Millionen Dollar bei den Vereinten Nationen verwendet wurden, um Stimmen für Kuwait zu kaufen". "Dies (die Stimmen der Vereinten Nationen) lieferte die rechtliche Grundlage für die Befreiung Kuwaits durch multinationale Streitkräfte."

Die auf frischer Tat ertappten Al Sabah starteten einen wütenden Gegenangriff auf den Artikel in der *Financial Times*. Finanzminister Nasser Abdullah al-Rodhan erklärte:

> Kuwait hat nie auf diese Mittel zurückgegriffen, weder in der Vergangenheit noch heute. Die Anklage zielte darauf ab, das Image des Landes und sein Recht, nach der irakischen Invasion 1990 seine Souveränität wiederherzustellen, zu beschädigen.

Der Finanzminister fuhr fort und behauptete, die 300 Millionen Dollar seien der Organisation der Kulturindustrie gestohlen worden und die Täter hätten lediglich versucht, ihre Spuren zu verwischen, indem sie Kuwait des Stimmenkaufs beschuldigten. Die zuständigen Senatsausschüsse hatten die Pflicht, diese Anschuldigungen zu untersuchen, und eine noch größere Pflicht, herauszufinden, warum die Vereinigten Staaten den Despoten in Kuwait folgten und zweimal Marschflugkörper auf Bagdad abwarfen, obwohl wir kein verfassungsmäßiges, gesetzliches oder moralisches Recht hatten, eine solche Aktion zu unternehmen. Es ist absolut notwendig, selbst zu dieser späten Stunde, dass dem amerikanischen Volk die Wahrheit über Kuwait und den Irak präsentiert wird, was die Magnaten der Ölindustrie entschlossen sind zu verhindern. Sie werden Himmel und Hölle in Bewegung setzen, um die Diktatoren von Al Sabah zu schützen, und sie werden so lange wie nötig weiter über den Irak lügen. Das Heilmittel liegt in den Händen von Uns, dem Volk. Die Art und Weise, wie der Kongress bereit war, sich den Al-Sabah-Diktatoren zu beugen und vor ihnen zu Kreuze zu kriechen, ist nichts anderes als eine nationale Schande.

# KAPITEL 20

## Eine Geschichte, die erzählt werden muss

Die Geschichte Venezuelas ist es wert, erzählt zu werden, da es sich um ein Land handelt, in dem das Ungleichgewicht zwischen extremer Armut und extremem Reichtum deutlicher als üblich zu Tage tritt. Venezuela wurde schon immer vom Ölkartell schamlos ausgebeutet und ausgeblutet, ohne dass das Land oder seine Bevölkerung davon profitiert hätten. So war die Situation, als 1998 die Armen von einem ehemaligen Fallschirmjäger, Hugo Chavez, föderiert und dazu gebracht wurden, in Rekordzahl zur Wahl zu gehen. Chavez wurde mit einem überwältigenden Sieg zum Präsidenten gewählt, der die Herren des Ölkartells erschütterte.

Einmal an der Macht, verlor Chavez keine Zeit, um seine Wahlversprechen einzulösen. Der venezolanische Kongress, der sich seit 30 Jahren in den Taschen der Ölbarone befand, wurde aufgelöst. Chavez prangert die Vereinigten Staaten als Feind der Armen der Nation an. Der neue Präsident führte ein Kohlenwasserstoffgesetz ein, das dem vom mexikanischen Patrioten, Präsident Carranza, verabschiedeten Gesetz sehr ähnlich war, das die Kontrolle über die Ölindustrie vom Ölkartell zurückeroberte und sie regelrecht in die Hände des venezolanischen Volkes legte.

Dann traf Chavez das Ölkartell dort, wo es am meisten weh tat - in der Brieftasche -, indem er eine 50%ige Erhöhung der von ausländischen Ölfirmen zu zahlenden Lizenzgebühren einführte. Der staatliche Ölkonzern Petroleos de Venezuela wurde einer

Umstrukturierung unterzogen, bei der die meisten pro-amerikanischen Firmenchefs arbeitslos wurden. Dies war ein schwerer Schlag für die USA und in der Tat für den Rest der Welt. Venezuela ist kein kleiner Spieler in der Ölindustrie. Im Jahr 2004 war es der viertgrößte Erdölexporteur der Welt und der drittgrößte Rohöllieferant der USA. Petroleos de Venezuela beschäftigt 45.000 Mitarbeiter und erzielt einen Jahresumsatz von 50 Milliarden US-Dollar. Der ehemalige Fallschirmspringer mit der donnernden Stimme schwang sich mutig in den Sattel eines wilden Pferdes. Die große Frage war, wie lange es dauern würde, bis die Magnaten des Ölkartells ihn abwürgen würden. Als Chavez die Kontrolle über diese Großindustrie übernahm, stand er plötzlich auf der Weltbühne als ein Mann, mit dem man rechnen musste, ähnlich wie Dr. Mossadegh.

Maracaibo ist das Machtzentrum von Chavez. Die Ölarbeiter standen fest hinter ihm und hatten, obwohl es ihnen an Geld mangelte, bei den Wahlen die Mehrheit. Wie der riesige Ölgeysir, der am 14. Dezember 1922 aus der Erde schoss (hunderttausend Barrel pro Tag strömten drei Tage lang in die Luft, bevor sie unter Kontrolle gebracht werden konnten), müssen auch die Ölarbeiter organisiert und kontrolliert werden. Chavez hätte alle Hände voll zu tun, um das Öl zu stoppen.

In den folgenden vierzig Jahren hat sich Venezuela von einem armen, mittellosen südamerikanischen Land zu einem der reichsten Länder des Kontinents entwickelt. Das Ölembargo der OPEC verdreifachte Venezuelas Staatshaushalt und zog die Aufmerksamkeit der räuberischen Haie auf sich, die in seinen internationalen Gewässern kreuzten. Die Agenten des Ölkartells überredeten das Land zu übermäßigen Ausgaben. Der Internationale Währungsfonds (IWF) überhäufte die venezolanische Regierung mit riesigen Krediten.

Die Bühne für die Wirtschaftssabotage war bereitet und sie kam mit dem Zusammenbruch der Weltmarktpreise für Rohöl. Venezuela war im Begriff zu entdecken, dass die netten Männer in Businessanzügen mit "IWF"-gestempelten Mappen auch scharfe Dolche trugen. Venezuela wurden die unmöglichsten Sparmaßnahmen auferlegt. Infolgedessen mussten die Armen Kredite zurückzahlen und das Pro-Kopf-Einkommen des Landes fiel um fast 40 %.

Das klassische Muster der Übernahme durch ein Ölkartell war im Entstehen begriffen. Ressentiments und Wut wuchsen Seite an Seite, bis der Druck nicht mehr eingedämmt werden konnte. Es kam zu Unruhen, in deren Verlauf mehr als zweihunderttausend Menschen getötet wurden. Die aufstrebende Mittelschicht wurde am härtesten getroffen und die meisten Menschen wurden in den nächsten zwei Jahren in die Armut getrieben. Überraschenderweise hält sich Chavez an der Macht. Würden die USA eine weitere Operation vom Typ "Kermit Roosevelt" organisieren oder würde das Land einfach von Söldnern der US-Streitkräfte überrannt werden? Doch während das Ölkartell seine Optionen abwog, kam der 11. September dazwischen. Venezuela musste warten. Aber es wartete nicht sehr lange. Die ersten Schüsse wurden von der *New York Times abgefeuert*, die Chavez als Feind der Freiheit darstellte. Amerikanische Kommentatoren sagten massive Arbeiterunruhen voraus, die zum Sturz von Chavez führen würden. Jeder ernstzunehmende Analyst konnte erkennen, dass in Venezuela das iranische Modell angewandt wurde; Washington schien auch nicht geneigt, dies zu verheimlichen.

Wie im Fall von General Huyser in Teheran forderten die amerikanischen Agitatoren die Ölarbeiter auf, zu streiken, und das taten sie auch. Die *New York Times* konnte ihre Freude kaum zurückhalten. In grellen Schlagzeilen wurde erklärt:

> Hunderttausende Venezolaner füllten heute die Straßen und erklärten ihre Teilnahme an einem landesweiten Streik, der nun schon den 28. Tag andauert, um die Absetzung von Präsident Hugo Chavez zu erzwingen . In den letzten Tagen war der Streik in eine Art Sackgasse geraten, da Chavez mithilfe der nicht streikenden Arbeiter versuchte, seine Arbeitsweise in der staatlichen Ölgesellschaft zu normalisieren. Seine Gegner, die von einer Ansammlung von Unternehmern und Gewerkschaftsführern angeführt werden,

behaupten, dass ihr Streik das Unternehmen und damit die Regierung Chavez in den Abgrund treiben würde.

Wenn man den Plan von Kermit Roosevelt, der CIA und General Huyser (der den Schah zu Fall brachte) mit der Situation in Caracas überlagern müsste, würde das perfekt passen. Die von den USA ausgebildeten Provokateure waren am Werk. Diesmal war es jedoch nicht Kermit Roosevelt, sondern Otto J. Reich, ein Veteran des Pöbels mit viel Erfahrung bei der Anzettelung von Revolutionen in Guatemala, Ecuador, den Philippinen, Südafrika, Chile, Nicaragua, Panama und Peru. In Washington erhob die Bush-Regierung Champagnergläser, um Reichs Erfolg in Venezuela zu feiern. Doch ihre Feier war nur von kurzer Dauer. Da Hugo Chavez, der ehemalige Fallschirmjäger, seine härtesten Anhänger unter den Ölarbeitern um sich schart, ist er in der Lage, das Militär auf seiner Seite zu halten. Alle Versuche Reichs, das Offizierskorps gegen ihren Präsidenten aufzubringen, gingen ins Leere. Reich musste den Schwanz einziehen und eilig nach Washington zurückfliegen.

Zweiundsiebzig Stunden später übernahm Präsident Chavez fest die Kontrolle über seine Regierung und begann sofort damit, die Verräter und Söldner des Agenten Otto Reich zu beseitigen. Die Manager der Ölgesellschaften, die vorzeitig die Seiten gewechselt hatten, wurden des Landes verwiesen, ebenso wie eine Handvoll illoyaler Offiziere der Armee. Zwei der Anführer des Staatsstreichs, die ihre Komplizenschaft mit Reich und seinen Bossen in Washington zugaben, wurden zu zwanzig Jahren Haft verurteilt. Ausnahmsweise musste sich die CIA mit einem schwarzen Auge zurückziehen.

In einem anderen Land, das von den Magnaten des Ölkartells angegriffen wurde, befand sich der Iran in einem Kampf mit den Erben der Illuminaten. Ihre sorgfältig ausgearbeiteten Pläne waren mit der Machtübernahme des fundamentalistischen Führers Ayatollah Khomeini von scheinbarem Erfolg gekrönt und sollten künftig als Vorbild für Angriffe auf andere ausgewählte Nationalstaaten dienen, die über begehrte natürliche Ressourcen verfügen.

In diesem Buch werden wir untersuchen, wer die Verschwörer waren, was ihre Motive waren und was sie durch die Zerstörung des Schahs und die Einsetzung eines fanatischen Fundamentalisten an seiner Stelle gewonnen haben. Ich werde versuchen, das Geheimnis zu lüften, wie der Iran in das dunkle Zeitalter zurückkehrte, aus dem er unter der Führung des Schahs so sehr versucht hatte auszubrechen, indem er sich auf die Modernisierung seiner Ölindustrie stützte.

Die Verschwörer sind die Erben des Geheimordens aus dem 18. Jahrhundert, dessen Plan von Adam Weishaupt und seinem Orden der Illuminaten, den Erleuchteten, aufgestellt wurde. Die Liste der wichtigen Männer des Ölkartells, die Mitglieder der Illuminaten sind, wurde nie veröffentlicht, aber alles deutet darauf hin, dass es sich um eine große Zahl handelt. Wir beschränken uns hier auf eine kurze Darstellung der Illuminaten.

Das Ziel des Illuminismus ist die Errichtung einer einzigen Weltregierung durch den Umsturz der bestehenden Ordnung und die Vernichtung aller Religionen, insbesondere des Christentums. Er ruft zu einer neuen Weltordnung auf, dem "Novus Seclorum", das auf der Rückseite der 1-Dollar-Noten der Federal Reserve gedruckt ist. Er ruft dazu auf, die Menschen in das dunkle Zeitalter zurückzuführen, in ein feudales System, in dem absolute Kontrolle über jeden Menschen auf der Welt ausgeübt wird. Ein solches System wurde in der Sowjetunion unter der Führung der Feudalherren der Kommunistischen Partei erprobt und wäre von den USA, Großbritannien und der UdSSR beinahe nachgebaut worden, bevor es als nicht durchführbar zusammenbrach. Vor diesem System hatte George Orwell gewarnt.

Die Verschwörer sind unter einer Reihe verschiedener Namen bekannt: der venezianische Schwarze Adel, die Aristokraten und Königsfamilien, der Rat für Auswärtige Beziehungen, die Cini-Stiftung, die Fondi-Familie und andere. Die alten Familien haben in den letzten fünf Jahrhunderten absolute Macht ausgeübt, sei es in Europa, Mexiko, Großbritannien, Deutschland oder den Vereinigten Staaten. In der Sowjetunion wurden die alten Familien ("Raskolniks") gestürzt und durch eine neue, viel repressivere Gruppe von Aristokraten ersetzt. Der Plan sieht vor, dass alle Nationen unter die Führung des "Komitees der 300" gestellt werden.

Die meisten Mitglieder des alten europäischen Adels bekennen sich zum Christentum als ihrem Glauben, doch in Wirklichkeit glauben sie nicht daran und praktizieren seine Grundsätze nicht. Im Gegenteil, die meisten von ihnen sind Anbeter von Kulten. Sie glauben nicht, dass Gott wirklich existiert. Sie glauben, dass Religion nur ein Werkzeug ist, das sie einsetzen können, um die Massen der einfachen Menschen zu manipulieren und dadurch ihre Kontrolle über die Bevölkerung zu behalten.

Karl Marx wird fälschlicherweise der Verdienst zugeschrieben, gesagt zu haben, dass Religion das Opium der Massen ist. Doch diese Doktrin wurde schon Hunderte von Jahren früher von den Königsfamilien, die regelmäßig die christliche Kirche besuchten, mit einem äußeren Spektakel aus Pomp und Zeremoniell formuliert und befolgt, lange bevor Marx Weishaupts Plan kopieren und als sein eigenes Manifest beanspruchen durfte.

Einer der ältesten Kulte, den der Schwarze Adel aufmerksam verfolgt, ist der Kult des Dionysos, der lehrt, dass bestimmte Personen als absolute Herrscher des Planeten auf die Erde gesetzt wurden und dass ihnen alle Reichtümer und natürlichen Ressourcen der Erde gehören. Dieser Glaube hat seine Wurzeln vor etwa 4000 Jahren, und damals wie heute werden seine Anhänger als Olympier bezeichnet.

Die Olympier bilden einen Teil des Komitees der 300. Die Fortführung der Familienlinie und ihrer Herrschaft ist der erste Glaubensartikel der Olympier. Sie sind von der Knappheit der natürlichen Ressourcen überzeugt, insbesondere vom Erdöl, das ihrem alleinigen Eigentum vorbehalten ist. Sie argumentieren, dass die Ölressourcen von einer schnell wachsenden Bevölkerung, die aus "nutzlosen Essern", also Menschen mit geringem Wert, besteht, viel zu schnell verbraucht und aufgebraucht werden. Die Olympier unterscheiden sich von

Weishaupt dadurch, dass Weishaupt eine formalisierte Gruppe, einen Novus Seclorum, ein Korps, wollte, die die Erde offen regieren sollte, während die Olympier sich mit einer lose strukturierten Organisation begnügten, die schwer zu identifizieren war. Die heutigen Olympier haben dort weitergemacht, wo Weishaupt aufgehört hat, und sie tragen verschiedene Namen: Club of Rome, Kommunisten, Zionisten, Freimaurer, Council on Foreign Relations, Royal Institute for International Affairs, Round Table, Milner Group, Trilaterale, Bilderberg Group und Mont-Pèlerin Society, um nur einige der wichtigsten zu nennen. Daneben gibt es zahlreiche weitere verschwörerische Organisationen, die ineinandergreifen und sich überschneiden. Ausgewählte Mitglieder bilden das Komitee der 300 mit den gekrönten Häuptern Europas. All diese Organisationen haben eines gemeinsam, nämlich die Kontrolle über alle natürlichen Ressourcen, wobei Öl auf ihrer Liste ganz oben steht.

Der Club of Rome ist die wichtigste außenpolitische Organisation, die mit der Aufsicht über alle anderen konspirativen Organisationen in der Welt beauftragt ist.

Die Gehirnwäsche ganzer Nationen ist die Spezialität des Tavistock-Instituts, und zwar nach Methoden, die 1925 von Brigadegeneral John Rawlings Reese entwickelt wurden und auch heute noch, im Jahr 2008, angewandt werden. Es war einer von Reeses Praktikanten, dem es gelang, das amerikanische Volk glauben zu machen, dass es einem kleinen, undurchsichtigen Politiker aus Georgia, James Earl Carter, gelingen könnte, die mächtigste Nation der Welt zu führen. Der Glaube war, dass Carter das Werkzeug der Ölkonzerne sein würde.

Es war die Entscheidung des Schahs, sein Land von der Kontrolle zu befreien, die die imperialistischen Ölgesellschaften Großbritanniens und der USA, die von führenden Mitgliedern der Illuminaten geleitet wurden, über den Iran hatten, die zu seinem Sturz führte - wie im Fall von Dr. Verwoerd aus Südafrika und General Somoza aus Nicaragua.

Wie in diesem Buch ausführlich beschrieben, schloss der Schah über seinen Vorsitzenden Enrico Mattei ein separates Ölabkommen mit dem italienischen Unternehmen ENI. Er tat dies trotz der Anweisung Großbritanniens, nur mit Philbro, einem riesigen Konglomerat, und British Petroleum zu verhandeln, die zu den, wie Mattei es nannte, "sieben Schwestern" der Ölgesellschaften gehörten. Der Schah begann außerdem mit einem 90 Milliarden Dollar teuren Kernenergieprogramm und missachtete damit die Befehle der Briten und der amerikanischen Illuminatenführer im Ölgeschäft, dies nicht zu tun. Averell Harriman, Doyen des diplomatischen Korps, wurde nach Teheran entsandt, um dem Schah eine persönliche Botschaft aus Washington zu überbringen: "Respektiere die Linie, sonst bist du der Nächste". Unter den Randalierern in den Straßen Teherans befindet sich auch ein Mullah namens Ayatollah Khomeini, der diesmal jedoch nicht in seinem eigenen Namen, sondern gegen den Schah rebelliert. Um sicherzustellen, dass der Schah die Botschaft erhält, wird ein Streik der Lehrer in Teheran von Richard Cottam, einem Professor der Universität Pittsburgh, organisiert. So mischten sich die USA unter eklatantem Verstoß gegen die US-Verfassung und das Völkerrecht in die souveränen Angelegenheiten des Iran ein, alles im Namen der Macht der "Illuminaten-Führer" des Ölkartells.

Als Reaktion auf diesen Verrat seitens der imperialen Macht der USA telefonierte der Schah mit Kennedy und wurde 1962 ins Weiße Haus eingeladen. Zwischen Kennedy und dem Schah wurde ein Abkommen geschlossen. Der Iran würde die unabhängigen Verhandlungen mit Unternehmen wie ENI beenden und nur noch mit BP und Philbro zusammenarbeiten; im Gegenzug würde dem Schah erlaubt, Premierminister Amini zu entlassen.

Nach seiner Rückkehr nach Teheran hielt sich der Schah jedoch nicht an seinen Teil der Vereinbarung. Er entließ Amini und setzte seine Geschäfte mit ENI fort, während er sich aktiv um Ölabkommen mit mehreren anderen Ländern bemühte. Wütend darüber, dass man ihn hintergangen hatte, ließ Kennedy General

Bakhtiar, der sich zu diesem Zeitpunkt in Genf im Exil befand, zu sich kommen. Bakhtiar kam 1962 in Washington an und begab sich direkt ins Weiße Haus.

Kurz darauf brachen in Teheran schwere Unruhen aus, wobei der Schah die Feudalherren anprangerte, die den Iran in das finstere Zeitalter eines säkularen Staates zurückführen wollten. Insgesamt starben etwa 5000 Menschen infolge der von Bachtiar und den USA angezettelten Unruhen. Doch 1970 verließ Bakhtiar sein Glück; er näherte sich der Grenze zum Irak zu sehr und wurde von einem Scharfschützen erschossen.

Die Weltpresse erklärte, es habe sich um einen "Jagdunfall" gehandelt, eine Tarnung für Bachtiars Aktivitäten gegen den Schah, der in seinen Memoiren "Als Antwort auf die Geschichte" schrieb:

> "Ich wusste es damals nicht, vielleicht wollte ich es auch nicht wissen - aber heute ist mir klar, dass die Amerikaner wollten, dass ich gehe. Was sollte ich davon halten, dass Ball plötzlich im Weißen Haus als Berater für den Iran eingesetzt wurde? Ich wusste, dass Ball kein Freund des Iran war. Ich wusste, dass Ball an einem Sonderbericht über den Iran arbeitete. Aber niemand hatte mich jemals über die Bereiche informiert, die der Bericht abdecken sollte, geschweige denn über seine Schlussfolgerungen. Ich las sie Monate später, als ich im Exil war, und meine schlimmsten Befürchtungen bestätigten sich. Ball gehörte zu jenen Amerikanern, die mich und schließlich auch mein Land aufgeben wollten. "

Der Schah erkannte zu spät, dass jeder, der sich mit Amerika anfreundete, zum Verrat verurteilt war, wie die Beispiele Vietnam, Korea, Simbabwe (Rhodesien), Angola, Philippinen, Nicaragua, Argentinien, Südafrika, Jugoslawien und Irak zeigen. An dieser Stelle ist es notwendig, den Namen des amerikanischen Generals Huyser erneut zu erwähnen. Vom 4. Januar bis 4. Februar 1972 befand sich General Huyser in Teheran. Was tat er dort? Seine Rolle wurde nie erklärt, weder vom General selbst noch von jemand anderem in der Regierung, aber später stellte sich heraus, dass er mit der CIA zusammenarbeitete, um eine "Störungsoperation" durchzuführen. Die iranische Armee war ihres Oberbefehlshabers, des Schahs, beraubt und somit führungslos, während Huyser das Vakuum füllte und die Rolle des Judas spielte.

Er überredet den Schah, Teheran für einen "Urlaub" zu verlassen, was seiner Meinung nach dazu beitragen würde, das Temperament der Massen abzukühlen. Der Schah nimmt den, wie er glaubt, freundschaftlichen Rat an und reist nach Ägypten. In dieser Zeit führte General Huyser von Tag zu Tag Gespräche mit den iranischen Generälen. Er sagte ihnen, dass sie die Aufständischen nicht angreifen sollten, da die USA sonst den militärischen Nachschub, die Ersatzteile und die Munition abschneiden würden. Zu gegebener Zeit würde Washington über den Schah den Befehl geben, die Aufständischen anzugreifen, so Huyser. Doch dieser Befehl kam nie.

Die 350.000 Mann starke iranische Armee wurde effektiv ausgeschaltet, und der Mann, der diese erstaunliche Leistung vollbrachte, war General Huyser, der nie zur Rechenschaft gezogen wurde, nicht einmal vom US-Senat. Als Präsident Reagan in den folgenden Jahren ins Weiße Haus einzog, wollte er aufrichtig Licht in die iranische Geschichte bringen; er hätte General Huyser anweisen können, vor einem Ausschuss des Senats zu erscheinen, um seine Rolle zu erklären. Doch Präsident Reagan unternahm nichts. Hinter der Bühne zog der Puppenspieler James Baker III von der Kanzlei Baker and Botts die Fäden. Diese alteingesessene Anwaltskanzlei aus Houston war zentral für den "Schutz" der Interessen ihrer mächtigen Ölfirmenkunden im Iran.

James Baker III sollte eine entscheidende Rolle bei der Eskalation des Golfkriegs von 1991 spielen. 1990 ließ James Baker III die Welt wissen, warum die USA das Öl des Iraks und des Irans begehrten:

> Die wirtschaftliche Lebenslinie der industriellen Welt geht vom Golf aus, und wir können nicht zulassen, dass ein Diktator wie dieser (Saddam Hussein) sich auf diese

Lebenslinie setzt. Um dies auf die Ebene des durchschnittlichen amerikanischen Bürgers herunterzubrechen, würde ich sagen, dass es Arbeitsplätze bedeutet. Wenn Sie es in einem Wort zusammenfassen wollen, ist es "Jobs".

Die Verfassung der Vereinigten Staaten besagt, dass sich die USA nicht in die Angelegenheiten einer souveränen Nation einmischen dürfen, aber Baker and Botts ist durch James Baker III der Meinung, dass er der Verfassung nicht gehorchen muss. Der Schah stand den großen Ölgesellschaften im Weg und man konnte nicht zulassen, dass er "rittlings" auf diesem "wirtschaftlichen Rettungsanker" saß.

Ebenso beunruhigend ist die Rolle, die die Carter-Regierung beim Sturz des Schahs spielte. Präsident Carter wusste im Voraus, dass die US-Botschaft gestürmt werden würde, wenn der Schah in die USA einreisen würde, doch er unternahm nichts, um die Botschaft vor einem Angriff zu schützen. Tatsächlich brachten die USA nach Khomeinis Rückkehr in den Iran Waffen und Ersatzteile auf dem Luftweg in den Iran. Sie setzten dazu Frachtflugzeuge vom Typ Hercules und 747 ein, die von New York aus starteten und auf den Azoren Zwischenstopps zum Auftanken einlegten.

Der Sprecher der britischen Regierung, das *Wall Street Journal* und die Londoner *Financial Times* gaben dies später zu. Sie enthüllten auch, dass David Aaron von der CIA ein Team von 60 Agenten zusammengestellt hatte, die im Januar 1979 in den Iran geschickt wurden, genau zu dem Zeitpunkt, als General Huyser in Teheran eintraf. Es war vor allem das Aspen Institute, der Sitz des Komitees der 300 in Amerika, das das Vertrauen des Schahs missbrauchte. Es schmeichelte ihm als modernem Führer, und wenn der Schah eine Achillesferse hatte, dann war es seine Anfälligkeit für Schmeicheleien. Als Folge von Aspens Schmeicheleien spendete er dem Institut mehrere Millionen Dollar. Aspen versprach, im Iran ein Symposium zum Thema "Iran, Vergangenheit, Gegenwart und Zukunft" zu veranstalten. Aspen hielt sein Versprechen und das Symposium fand in Persepolis im Iran statt. Es war eine Galaveranstaltung, denn der

Schah und seine Frau luden die Versammlung der vornehmen Teilnehmer zu einem Essen ein. Wäre der Schah richtig informiert gewesen, hätte er die beiden sofort entlassen. Doch Menschen, die die Wahrheit sagen, werden bestraft; sie besetzen keine prestigeträchtigen Lehrstühle an berühmten Universitäten.

Der Schah erhielt ein lobenswertes verbales Porträt seiner erleuchteten Herrschaft. Hinter den Kulissen entstand jedoch ein ganz anderes Bild. Zehn der wichtigsten Mitglieder des Club of Rome, darunter dessen Leiter Aurelio Peccei, waren in Persepolis anwesend.

Zu den weiteren Honoratioren gehörten Sol Linowitz von der Anwaltskanzlei Coudet Brothers und der Mann, der später unseren Panamakanal spendete (ein Mitglied des Komitees der 300), Harlan Cleveland und Robert O. Anderson. Beide Männer waren hochrangige Mitglieder des Aspen Institute.

Weitere Personen, die von der Verschwörung wussten, waren Charles Yost, Catherine Bateson, Richard Gardner, Theo Sommer, John Oakes und Daniel Yankelovitch, der Mann, der die öffentliche Meinung durch Umfrageaktivitäten prägt. Der MI6 bezeichnete das Ereignis als Beginn der "Reform" des Nahen Ostens.

# KAPITEL 21

## Die Reformation und ein Blick auf die Geschichte

Im zwanzigsten Jahrhundert wurde die "Reform" unter der Schirmherrschaft der anglophilen Amerikaner - der herrschenden Eliten - durchgeführt, die sich auf eine zentrale Gruppe um die Familiendynastien Handyside Perkins, Mellon, Delano, Astor, Morgan, Straight, Rockefeller, Brown, Harriman und Morgan konzentrierten, die durch den Opiumhandel mit China zu unermesslichem Reichtum gelangt waren. Viele der großen Ölkonzerne stammen aus diesem Milieu. Die Familie Bush, angefangen mit Prescott Bush, diente der Kabale stets als Satrap.

Das "Komitee der 300", das sich aus US-Imperialisten und ihren Dienern aus der britischen und amerikanischen Kabale zusammensetzte, beschloss kurz vor dem Ersten Weltkrieg, dass Öl der Treibstoff der britischen Marine und der Handelsmarine sein sollte. Lord "Jacky" Fisher war der erste, der erkannte, dass der Bunkertreibstoff der Royal Navy aus Rohöl und nicht aus Kohle stammen sollte, wie ich oben erläutert habe.

Als Winston Churchill Erster Lord der Admiralität wurde, beauftragte er den MI6 mit der Ausarbeitung eines Plans zur Übernahme der riesigen Ölfelder Mesopotamiens unter dem durchsichtigen Vorwand, "zu verhindern, dass so große Ölreserven in die Hände der Deutschen fallen". Nachdem der Erste Weltkrieg die Welt erfolgreich "für die Demokratie gesichert" hatte, wollte das Öl-Imperium, das sich nicht an der Verantwortung gegenüber Ländern oder Nationen störte, da es in Wirklichkeit eine Gruppe faschistischer Privatunternehmen war, die die Welt regierten, zu Beginn des Jahres 1919 die vollständige und unbestreitbare Kontrolle über die riesigen Ölreserven im Nahen Osten und im südlichen Teil der Sowjetunion. Zu diesem Zweck finanzierten die "300" die nationalistischen Bewegungen, die sich in Deutschland, Italien und Japan erhoben, in der Hoffnung, dass sie in Russland einmarschieren und es kontrollieren würden. Die Ölmanager sahen eine Niederlage der deutschen, italienischen und japanischen Regierungen und die Übernahme der Ölreserven der Sowjetunion voraus. Der Rockefeller-Kreis plante, die Kontrolle über das Öl im Persischen Golf vom British-Persian-Oil-Kartell zu übernehmen und die Kontrolle über das Öl in Südostasien von der Royal Dutch Shell zu übernehmen. In den Jahren 1939 und 1940 griffen die Deutschen und Italiener Russland nicht an, wie es die "Großen Drei" (ein von Tavistock geschaffenes Etikett) geplant hatten. Stattdessen schickte der brillante deutsche General Irwin Rommel seine Wüstenarmee durch Nordafrika, um den Suezkanal zu erobern und alle Öllieferungen, die durch den Kanal gingen, zu kontrollieren. Rommel hatte nicht vor, in Suez Halt zu machen, sondern plante, seinen Weg bis nach Persien fortzusetzen und die Briten von den Ölfeldern in Persien-Mesopotamien zu verdrängen. In der Zwischenzeit hatten die Japaner nach einem gescheiterten Angriff auf Russland im Jahr 1939 Südostasien leergefegt und alle Ölliegenschaften der Royal Dutch Shell beschlagnahmt. Mit der Niederlage Japans 1945 fielen die meisten dieser Felder von Royal Dutch jedoch unter die Kontrolle von Rockefellers Standard Oil.

Hitlers Oberkommando hatte geplant, bis Ende 1939 die Ölfelder in Rumänien und Baku einzunehmen und Deutschland so seine eigenen Ölquellen zu sichern. Dies war bereits geschehen. Anschließend sollte der brillante General Irwin Rommel, der die Armee in Nordafrika befehligte, 1941 die Ölfelder Persiens und 1942 die Ölfelder Russlands erobern. Nur dann würde Hitler über genügend Treibstoff verfügen, um die Zukunft Deutschlands zu sichern. Doch weniger als eine Woche nach dem Angriff auf Pearl Harbor überzeugten die Japaner

Hitler davon, den Vereinigten Staaten den Krieg zu erklären. Dies war ein strategischer Schritt, da Hitler nicht über die Ressourcen und Arbeitskräfte verfügte, um gegen die USA in den Krieg zu ziehen.

Es war auch der schlimmste Fehler, den er hätte begehen können, denn er gab Roosevelt die Ausrede, auf Seiten der Alliierten in den Krieg einzutreten, wie Stimson, Knox und Roosevelt es geplant hatten. Hitler stimmte nur zu, wenn die Japaner Russland angriffen, da die deutschen Truppen nun in Russland feststeckten und Hitler einen strategischen Vorteil erlangen würde, wenn die Russen sich an ihrer Ostflanke gegen Japan verteidigen müssten. Wenn die Japaner Russland nicht angreifen, wird die deutsche Armee mit sehr hohen Verlusten zurückgeschlagen und verfügt über keine ausreichende Treibstoffversorgung.

Die rumänischen Ölfelder von Ploesti reichten Deutschland nicht aus, um einen Zweifrontenkrieg zu führen, und die deutschen Kriegsanstrengungen begannen angesichts der schrecklichen Bombenangriffe auf deutsche Arbeiterwohnungen, die von Churchill und dem "Bomber Harris" der RAF absichtlich ins Visier genommen wurden, zu kollabieren. Der letzte große deutsche Feldzug des Zweiten Weltkriegs war die brillant geplante und durchgeführte Ardennenschlacht, in der Feldmarschall Gerd von Rundstedt mit seinen Panzern die alliierten Invasoren angreifen, den Hafen von Antwerpen durchqueren und die alliierten Treibstoffdepots erobern sollte. Dadurch würden die amerikanischen und britischen Streitkräfte gestoppt und der Treibstoff beschafft werden, den Deutschland für die Fortsetzung seiner Kriegsanstrengungen benötigte. Doch General Eisenhower befahl, die alliierten Treibstoffdepots zu verbrennen, und Deutschland wurde durch massive Luftangriffe, wobei seine Kampfflugzeuge (einschließlich des neuen zweimotorigen Jägers) nicht starten konnten, weil sie keinen Treibstoff hatten, und durch eine lange Schlechtwetterperiode besiegt.

Zurück zu Russland: In den frühen 1950er Jahren handelte

Armand Hammer von Occidental Petroleum, ein Satrap der Rockefellers, einen Deal mit dem russischen Führer Josef Stalin aus, um russisches Öl zu kaufen - im Grunde genommen, indem er es dem russischen Volk stahl, genauso wie es mit "Yukos" und dem Plan der "Wharton School" in Chicago aus dem Jahr 2000 geschehen würde, russisches Nationaleigentum zu "privatisieren". Das russische Öl wurde dann auf dem Weltmarkt zu einem viel höheren Preis verkauft als dem, den Stalin bei der eigenen Vermarktung erzielt hätte, da nur wenige Länder bereit waren, Öl von Stalin zu kaufen.

Occidental Petroleum und die Russen bauten zwei große Pipelines, die von den sibirischen Ölfeldern in Russland aus auf beiden Seiten des Kaspischen Meeres hinunter zu den ehemaligen Tanks der British-Persian-Ölfarm - heute Standard Oil - im Iran führten.

In den folgenden 45 Jahren schickte Russland heimlich sein Öl durch diese Pipelines und Standard Oil verkaufte dieses Öl auf dem Weltmarkt zum "West Texas Crude"-Preis und behauptete, es handele sich um iranisches Öl. Fast fünfzig Jahre lang verwendeten die meisten Amerikaner raffiniertes Gas aus Russland, das von den Standard-Oil-Raffinerien in den großen Seehäfen wie San Francisco, Houston und Los Angeles, wohin der Großteil des Öls aus dem Persischen Golf verschifft wurde, verarbeitet wurde.

Weitere Pipelines wurden durch den Irak und die Türkei gebaut. Das russische Öl hieß nun arabisches, irakisches und OPEC-Öl aus dem Nahen Osten und begann, in Form von OPEC-Quoten zum noch höheren "Spotmarktpreis" gehandelt zu werden. Der riesige Betrug, den Kissinger mit der "Ölkrise" von 1972 begonnen hatte, war nun vollständig erkannt und akzeptiert.

So kam es, dass zwischen 1972 und 1979 Dutzende Millionen düpierter Amerikaner und Europäer plötzlich mit Benzinknappheit und enormen Preissteigerungen konfrontiert waren, die sie fügsam hinnahmen, ohne sich zu rühren. Dies war einer der erfolgreichsten groß angelegten Betrügereien der Geschichte und ist es bis heute geblieben. 1979 versuchten russische Ölinteressen, eine weitere kurze und sichere Pipelineroute von Russland durch das benachbarte Afghanistan zu bekommen. Doch die CIA bekam Wind von dem Projekt und baute aus dem Nichts eine Organisation auf, die sie "Taliban" nannte. Einer ihrer Anführer war ein Saudi namens Osama Bin Laden, dessen Familie seit langem sehr enge Verbindungen zur Bush-Familie unterhielt.

Die von der CIA bewaffneten, von Washington finanzierten und von amerikanischen Spezialeinheiten ausgebildeten Taliban wüteten gegen die Russen, die von amerikanischen Journalisten als "die Invasoren" bezeichnet wurden. Die Taliban erwiesen sich als gefürchtete Guerillakämpfer und vereitelten den Bau der Pipeline.

Doch das Ganze hatte einen Nachteil: Die Taliban, die strenge Muslime sind, bestanden darauf, den Handel mit Schlafmohn und Heroin aus Großbritannien und den liberalen Familien an der Ostküste der USA zu unterbinden. So gab es von Anfang an eine geplante Obsoleszenz für die Taliban, die sich nicht täuschen ließen und an allen von den Amerikanern gelieferten Waffen - und dem großen Bestand an US-Dollar - festhielten. Mehrere ihrer Führer besuchten die USA und wurden als Ehrengäste auf Bushs Ranch in Texas empfangen.

Als das neue, von den Briten kontrollierte iranische Regime unter Khomeini an die Macht kam, drohte die US-Ölindustrie, die die imperialistische Außenpolitik der US-Regierung betreibt, sofort damit, iranische Vermögenswerte im Wert von 7,9 Milliarden Dollar bei US-Banken und Finanzinstituten zu beschlagnahmen. Am 27. Januar 1988 gab das *Wall Street Journal*, bekannt, dass Standard Oil mit British Petroleum fusioniert hatte.

In Wirklichkeit handelte es sich um den Verkauf von Standard Oil an British Petroleum, wobei der Name des neuen, fusionierten Unternehmens BP-America lautete. Das *Wall Street Journal* hielt es nicht für nötig, die Besorgnis über die weltweiten räuberischen Marketingpraktiken von Standard Oil mit dem irreführenden Namen zu erwähnen oder über die imperialistische Politik von Standard Oil zu berichten. In den letzten 13 Jahren hat BP-America mit allen "Mini-Unternehmen" der ehemaligen Standard Oil, die vor der ursprünglichen Zerschlagung durch die US-Regierung im Jahr 1911 existierten, fusioniert und kontrolliert sie nun.

Millionen von Amerikanern haben keine Ahnung, wie sehr sie in die Irre geführt und durch Lügen, Komplizenschaft, Verrat und Betrug getäuscht wurden. Sie schwenken weiterhin die amerikanische Flagge und erklären ihren Patriotismus als die wunderbaren guten, patriotischen und selbstbewussten Bürger, die sie sind. Sie werden nie erfahren, wie sie betrogen und bestohlen wurden. Jetzt ist es möglich zu verstehen, wie Präsident George Bush erneut eine Nation, die immer bereit war, blind zu folgen, in den Irak in ein Marasmus führen konnte.

Der Überlebenskampf der kleinen Nationen ist nicht nur ein Kampf ums Überleben gegen einen gnadenlosen Feind, der ihre zivile Infrastruktur bombardieren und zerstören wird, wie die USA und ihre Handlanger Israel und Großbritannien im Irak, in Serbien und im Libanon gezeigt haben. Heute geht es im verzweifelten Kampf der kleinen Nationen gegen die USA und Großbritannien um die Vorherrschaft über die gesamte Erde. Nur Russland steht zwischen den imperialistischen USA und der Sicherheit der Welt. Es handelt sich nicht um einen Kampf zwischen einzelnen Nationen, sondern um einen Kampf gegen die von den USA aufgezwungene Neue Weltordnung - eine Weltregierung.

Bin Laden und Saddam Hussein wurden zu Wortführern der neuen Kriege gegen den US-Imperialismus, in Wirklichkeit eines neuen, viel größeren Krieges um das Öl im Kaspischen Meer, im Irak und im Iran, des "unbegrenzten Krieges", den Bush versprochen hatte, ohne ein Murren des US-Kongresses oder einen Protest, dass das, was Bush vorschlug, verfassungswidrig sei. Mit 600 gesetzgebenden Köpfen, die zustimmend nickten, erhielt Bush Befugnisse, auf die er nach dem obersten Gesetz des Landes, der amerikanischen Verfassung, keinen Anspruch hatte.

Um noch einmal auf die Ölmaschinerien im Fernen Osten zurückzukommen:

Am Ende des Zweiten Weltkriegs wurde General Douglas MacArthur von Präsident Truman zum Militärgouverneur von Japan ernannt. MacArthurs Rolle war die eines Assistenten von Laurence Rockefeller, einem Enkel des alten "John D.". In den letzten sechs Monaten des Krieges werden Vorbereitungen für eine Invasion der japanischen Inseln getroffen. Okinawa wird in ein großes Munitionslager umgewandelt. Einige MacArthur nahestehende Kolumnisten glauben, dass Truman Laurence Rockefeller angewiesen hat, Ho Chi Minh aus Nordvietnam die Waffen für den symbolischen Betrag von einem US-Dollar im Austausch für die "Kooperation und den guten Willen" von Ho zu übergeben. Hätten die 55.000 Soldaten, die in Vietnam sterben sollten, nur von der Vereinbarung wissen können, hätten sie das Dach angehoben. Aber wie bei allen großen Verschwörungen wurde der Gestank sorgfältig unter Tonnen von "Deodorant" in Form von "guten Beziehungen" zu den Kommunisten in der Diplomatensprache versteckt. Übersetzt bedeutete dies, "den Rockefellers die Hand auf die beträchtlichen Ölvorkommen in der Region zu legen".

Was ist mit Frankreich? War es nicht einer der "Alliierten"? War Frankreich nicht eine Kolonialmacht in Vietnam? Ist es nicht amüsant, dass "unsere Seite" immer "die Alliierten" ist, während der gegnerische Block ein dunkles, böses und schlechtes "Regime" ist.

Es gibt nur wenige Antworten auf die Frage, warum MacArthur sich im Hintergrund hielt und zuließ, dass Rockefeller die Toten des Zweiten Weltkriegs verriet. Ein Mann, der die Antwort auf diese Frage hätte haben können, war Herbert Hoover, der später Präsident der Vereinigten Staaten wurde. Er führte eine Studie durch, die belegte, dass einige der größten Öl-Vilayets vor der Küste des damaligen Französisch-Indochina im Südchinesischen Meer lagen. Es scheint, dass Standard Oil von dieser wertvollen Studie Kenntnis hatte. Das war, bevor das Offshore-Bohren entwickelt wurde, und in einer Revision der Ereignisse der

1920er Jahre sollte ein Mann namens George Herbert Walker Bush zum Geschäftsführer eines weltweiten Offshore-Bohrunternehmens namens Zapata Drilling Company werden.

Am Ende des Zweiten Weltkriegs, 1945, war Vietnam immer noch von den Franzosen besetzt. Es gab nicht die geringsten Anzeichen für einen Aufstand seitens der Vietnamesen, die die Franzosen zu mögen schienen und sogar ihre Sprache und viele ihrer Bräuche übernommen hatten. Doch das sollte sich ändern. Lawrence Rockefeller wurde angewiesen, dem vietnamesischen Führer Ho Chi Minh einen großen Bestand an Waffen der US-Armee zu übergeben, die auf Okinawa gelagert waren. So wurden Ho Chi Minh massive, umfangreiche und teure US-Waffen übergeben, in der Hoffnung, dass Vietnam die Franzosen aus Indochina vertreiben würde, damit Standard Oil die noch unerschlossenen Offshore-Felder übernehmen konnte.

1954 besiegte der vietnamesische General Giap die Franzosen in Dien Bien Phu mit Waffen, die die US-Armee dank Lawrence Rockefeller zur Verfügung gestellt hatte. Die verzweifelten Appelle der Franzosen nach amerikanischer Hilfe blieben unbeantwortet. War die Truman-Regierung über diesen Plan informiert? Selbstverständlich! Wusste das täuschende amerikanische Volk davon? Natürlich nicht! Jetzt sind geheime Absprachen hinter verschlossenen Türen für die imperiale Regierung der USA zur gängigen Praxis geworden.

Die imperialistische Kabale vor den Toren Washingtons hatte jedoch die Rechnung ohne die östliche Undurchdringlichkeit gemacht. Gerade als die Rockefeller-Kabale anfing, sich für eine gut gemachte Arbeit zu loben, kam Ho Chi Min auf das Abkommen zurück.

Der gebildete und gut informierte Ho Chi Minh kannte auf die eine oder andere Weise den Hoover-Bericht, der die Existenz eines riesigen Ölvorkommens vor der vietnamesischen Küste belegte, und er hatte die USA geschickt benutzt, um ihm zu helfen, die Franzosen loszuwerden, bevor er Rockefeller den Hof machte. In den 1950er Jahren wurde eine Methode zur Unterwasser-Ölförderung entwickelt, bei der kleine Explosionen in der Tiefe des Wassers verwendet und dann die Schallechos aufgezeichnet wurden, die von den verschiedenen darunter liegenden Gesteinsschichten abprallten. Die Vermesser konnten dann die genaue Lage der bogenförmigen Salzdome bestimmen, die das unter ihnen angesammelte Öl enthielten.

Wenn diese Methode jedoch vor der vietnamesischen Küste auf einem Grundstück angewandt würde, das Standard nicht besitzt oder an dem sie keine Rechte hat, würden Vietnamesen, Chinesen, Japaner und wahrscheinlich sogar Franzosen zu den Vereinten Nationen eilen und sich darüber beschweren, dass Amerika das Öl stiehlt, und das würde ausreichen, um die Operation zu stoppen.

Da Rockefeller seine Interessen am Offshore-Öl entlang der vietnamesischen Küste nicht aufgeben wollte, machten sich Rockefeller und seine Handlanger, darunter Henry Kissinger, daran, Vietnam in einen Nord- und einen Südstaat zu teilen, und überredeten andere Nationen, dieser Teilung zu folgen. Nach der künstlichen Teilung Vietnams in Nord und Süd kam erneut die von Stimson und Knox formulierte "künstliche Situation" zum Tragen, mit der die USA in Pearl Harbor in den Zweiten Weltkrieg gezwungen werden sollten. Die Bühne war bereitet, damit die USA die Nordvietnamesen aus der gesamten Region vertreiben konnten. Auf Anregung von Präsident Johnson inszenierten die USA einen Scheinangriff auf Zerstörer der US-Marine im Golf von Tonkin durch "Phantom"-Torpedoboote, die angeblich der nordkoreanischen Marine angehörten. Präsident Johnson unterbricht die regulären Fernsehsendungen, um den Angriff anzukündigen, und erklärt seinem verblüfften amerikanischen Publikum, dass "während ich spreche, unsere Seeleute in den Gewässern des Golfs von Tonkin um ihr Leben kämpfen".

Es war gutes Theater, aber das war es auch schon. Es gab nicht einen Funken Wahrhaftigkeit in Johnsons dramatischer Ankündigung. Es war nichts weiter als eine große Lüge. Der Vorfall im Golf von Tonkin wurde vom amerikanischen Volk natürlich nicht als Lüge wahrgenommen, und ohne weitere

Verzögerung stürzten sich die USA in einen neuen imperialistischen Ölkrieg mit katastrophalen Ergebnissen.

Amerikanische Flugzeugträger lagen vor der Küste Vietnams in den Gewässern über den Öldomen vor Anker, und der Kampf der amerikanischen Ölinteressen, die Nordvietnamesen aus den ölreichen Vilayets unter dem Sand des Meeresbodens zu verdrängen, begann. Natürlich nannte man das nicht so. Es ist vielleicht nicht nötig zu erwähnen, dass der Krieg in den üblichen patriotischen Begriffen beschrieben wurde. Er wurde geführt, um "die Freiheit zu verteidigen", "für die Demokratie", um "die Ausbreitung des Kommunismus zu stoppen" usw. Die meisten Menschen waren sich darüber im Klaren, dass es sich um einen Krieg handelte.

In regelmäßigen Abständen starteten Düsenbomber von den Flugzeugträgern und bombardierten Orte in Nord- und Südvietnam. Dann warfen sie nach dem normalen militärischen Verfahren auf dem Rückweg ihre ungesicherten oder unbenutzten Bomben in den Ozean ab, bevor sie wieder auf den Flugzeugträgern landeten. Zu diesem Zweck wurden sichere Munitionsabwurfzonen ausgewiesen, die weit entfernt von den Flugzeugträgern direkt über den Salzdomen lagen, unter denen sich das Öl befand.

Selbst Beobachter aus der Nähe konnten die vielen kleinen Explosionen, die sich täglich in den Gewässern des Südchinesischen Meeres ereigneten, nur wahrnehmen und dachten, dass dies Teil des Krieges sei. Die Flugzeugträger der US-Marine hatten die Operation Linebacker One gestartet und Standard Oil hatte mit seiner zehnjährigen Untersuchung des Meeresbodens vor der vietnamesischen Küste begonnen. Und die Vietnamesen, die Chinesen und alle anderen, einschließlich der Amerikaner, wussten nichts davon. Die Ölstudie kostete Standard Oil kaum einen Cent, da sie von den amerikanischen Steuerzahlern bezahlt wurde.

Zwanzig Jahre später und auf Kosten von 55.000 amerikanischen Leben und einer halben Million vietnamesischer Todesopfer hatten Rockefeller und die Standard-Oil-Kabale genügend Daten gesammelt, um genau zu zeigen, wo sich die Ölfelder befanden, und der Krieg in Vietnam konnte beendet werden. Da die vietnamesischen Unterhändler nicht bereit waren, ohne Zugeständnisse aufzugeben, wurde Henry Kissinger, der persönliche Assistent von Nelson Rockefeller, als "amerikanischer Unterhändler" (lese Rockefeller-Agent) zu den Pariser Friedensgesprächen nach Paris geschickt und gewann im Zuge dessen den Friedensnobelpreis.

Eine solche Heuchelei, Ketzerei und Scharlatanerie ist unmöglich zu übertreffen. Nachdem die melancholischen Echos des langen Krieges verklungen waren, teilte Vietnam seine Offshore-Küstengebiete in zahlreiche Öllose auf und erlaubte ausländischen Unternehmen, für diese Lose zu bieten, sofern Vietnam eine vereinbarte Gebühr erhielt. Das norwegische Unternehmen Statoil, British Petroleum, Royal Dutch Shell, Russland, Deutschland und Australien gewannen alle Ausschreibungen und begannen in ihren Gebieten zu bohren.

Wie seltsam: Keiner der "Konkurrenten" fand Öl. Allerdings stellte sich heraus, dass die Lose, für die Standard Oil geboten hatte und den Zuschlag erhielt, große Ölreserven enthielten. Ihre umfangreichen seismischen Untersuchungen unter Wasser, die von Bombern der US-Marine durchgeführt wurden, hatten sich gelohnt.

Man hätte meinen können, dass das amerikanische Volk nach all den schrecklichen Täuschungen, die es durch die Hände der Kabalen erduldet hatte, die entschlossen waren, es zu verraten, um es zum Sklaven einer einzigen Weltregierung zu machen, in den späten 1970er Jahren gelernt hätte, seiner Regierung nicht einen Funken Vertrauen entgegenzubringen und alles, was Washington tat und sagte, zu 100 Prozent anzuzweifeln, egal welche Partei, deren Führer im Weißen Haus saß.

Es handelte sich nicht mehr um einen Konflikt zwischen einzelnen Nationen, sondern um einen Konflikt, der darauf abzielte, die totale Herrschaft über die gesamte menschliche Rasse durch eine Neue Weltordnung in einer einzigen Weltregierung zu errichten.

Der gesunde Menschenverstand hätte der Regierung völliges Misstrauen entgegengebracht, ja, er hätte es sogar gefordert. Aber nein, die Verdummung und das Abschlachten sollten mit erhöhter Geschwindigkeit und Grausamkeit und mit einer größeren Reichweite als je zuvor fortgesetzt werden, und zwar fünfundvierzig Jahre lang. So steht das amerikanische Volk heute da. Völlig verloren, ohne jeden Ausweg, mit scheinbar allen enttäuschten Hoffnungen. Leider zeigen der Appetit und die Gier der Ölindustrie keinerlei Anzeichen einer Beruhigung. Die amerikanischen und britischen Tochtergesellschaften des Komitees der 300 hatten eine Strategie entwickelt, die ihnen nach ihren Prognosen die vollständige Kontrolle über die weltweite Energieversorgung und die eurasischen Kontinente sichern würde. Dies begann 1905, als die Rothschilds die Japaner in Port Arthur gegen Russland ins Feld führten. Mao in China an die Macht zu bringen, war ein integraler Bestandteil ihrer Vision. Die "vorausschauende" Strategie, die der Imperialist Donald Rumsfeld postulierte, basiert auf dem dialektischen Ansatz.

Die USA verkaufen zunächst Waffen an eine "befreundete" Regierung, z. B. an Panama, Irak, Jugoslawien/Kosovo, Afghanistan, Pakistan, die Taliban-Mudschaheddin, Saudi-Arabien, Chile und Argentinien und andere. Dann, während der Kapellmeister seinen Taktstock hebt, beginnt das Symphonieorchester der Medien mit der Ouvertüre: Die "befreundete" Regierung hat ein dunkles Geheimnis; sie terrorisiert ihr eigenes Volk, und wir müssen jetzt ihre Anleihen auf Ramschstatus umschreiben.[9]

Die Schlagzeugabteilung spielt einen Trommelwirbel, während die Blechbläserabteilung die Wahrheit ans Licht bringt: Es handelt sich um ein "dämonisches Regime", das alles andere als nett ist. Das ist eine komplette Kehrtwende, aber die Amerikaner, deren Aufmerksamkeitsspanne bekanntermaßen kurz ist, bemerken nicht, dass es sich um dieselbe Regierung

---

[9] Abwertender Begriff, der "wertlos" bedeutet, Anm. d. Ü.

handelt, die wir so freudig beglückwünscht und der wir kurz zuvor noch Waffen verkauft haben. Herr Cheney spielt ein Oboensolo, um deutlich zu machen, dass dieses "Regime" nun eine sehr präsente Gefahr für die Vereinigten Staaten darstellt. Wir müssen sofort losziehen und diese Nation ausrotten und machen uns nicht einmal die Mühe, der amerikanischen Verfassung zu gehorchen; wir erklären nicht den Krieg. Seltsamerweise halten wir uns nicht an unsere Gesetze, aber das macht nichts, denn das Symphonieorchester der Medien spielt eine volle Interpretation der Gotterdammerung! Panama wurde auf Befehl von Kaiser G.W. Bush überfallen: Der Irak, Afghanistan klingen nach dem Marsch der US-Marines, die in dem gerade besiegten Land Stützpunkte errichtet haben, mit dem erklärten Ziel, den besetzten Nationen die "Demokratie" zu bringen.

Bei einer realistischeren Einschätzung wird schnell klar, dass die gesamte Operation nichts anderes als eine imperialistische Aggression war und dass die mächtigen Eroberer eine permanente militärische Besatzung errichtet haben, die nichts mit "Demokratie", aber alles mit dem Öl zu tun hat, das unter dem Sand dieser Länder verborgen liegt.

Natürlich wird uns nicht gesagt, dass die Militärbasen dazu da sind, die Energieressourcen dieser Nation und der umliegenden Länder zu kontrollieren. Die aktuelle Außenpolitik der USA wird von der Doktrin der "totalen Herrschaft" bestimmt; die USA müssen im Rahmen ihrer imperialistischen Rolle überall die militärischen, wirtschaftlichen und politischen Entwicklungen kontrollieren.

Diese neue Ära der imperialen Strategie begann mit der Invasion in Panama, dann schuf sie den sogenannten Golfkrieg, setzte sich mit dem von der UNO sanktionierten Krieg auf dem Balkan fort und dehnt sich nun mit den neuen Kriegen gegen den Terrorismus aus: Afghanistan, Irak und darüber hinaus der Iran, dessen Öl sie seit langem begehrt. Am 20. Januar 2001 erklärte der damalige Verteidigungsminister Donald Rumsfeld, er sei bereit, US-Streitkräfte in "15 weiteren Ländern" einzusetzen, wenn dies zur "Bekämpfung des Terrorismus" nötig sei.

Der von den Vereinten Nationen sanktionierte Balkankrieg wurde durch Öl und die Leibeigenschaft der Pipeline für Öl aus dem Kaspischen Meer zu den westeuropäischen Märkten über das Kosovo bis zum Mittelmeer ausgelöst. Im Tschetschenienkonflikt geht es um die gleiche Frage: Wer wird die Pipeline kontrollieren? Als Jugoslawien sich weigerte, zu kapitulieren und sich dem Diktat des Internationalen Währungsfonds (IWF) zu beugen, starteten die USA und Deutschland eine systematische Destabilisierungskampagne, die sogar so weit ging, dass sie einige der Afghanistan-Veteranen in diesem "Krieg" einsetzten.

Jugoslawien wurde, wie auf der Bellagio-Konferenz 1972 vorgesehen, in nachgiebige Ministaaten aufgeteilt, und die ehemalige Sowjetunion wurde eingedämmt, zumindest dachten das die Vereinigten Staaten. Die amerikanische De-facto-Besetzung Serbiens (wo Amerika seinen größten Militärstützpunkt seit dem Vietnamkrieg errichtete) war in vollem Gange.

Wir wenden uns nun bestimmten Bereichen zu, in denen die Kontrolle von der Ölindustrie des imperialistischen Imperiums angestrebt wird.

Die Region um das Kaspische Meer ist im Visier des imperialen Amerikas, da sie über nachgewiesene Ölreserven von fünfzehn bis achtundzwanzig Milliarden Barrel verfügt. Hinzu kommen geschätzte Reserven von 40-178 Milliarden, insgesamt also 206 Milliarden Barrel - 16% der potenziellen Ölreserven der Welt (im Vergleich zu 261 Milliarden Barrel saudischem Öl und 22 Milliarden Barrel US-amerikanischem Öl). Dies könnte Öl im Wert von insgesamt 3 Billionen US-Dollar bedeuten.

Bisher ist niemand in Sicht, und mit einer neuen Öl- und Gasquelle im Kaukasus versucht Standard Oil, eine "Demokratie" in Saudi-Arabien zu schaffen, während es ein neues Operationszentrum in Südasien entwickelt. Die riesigen Öl- und Gasreserven des Kaspischen Meeres müssen entweder nach Westen zu den europäischen Märkten oder nach Süden zu den asiatischen Märkten transportiert werden. Der westliche Weg besteht darin, das Öl aus Tschetschenien über das Schwarze Meer und den Bosporus ins Mittelmeer zu leiten, doch der schmale Bosporuskanal ist bereits mit Tankern aus den Ölfeldern am Schwarzen Meer verstopft.

Ein anderer Weg wäre, die Öltanker vom Schwarzen Meer unter Umgehung des Bosporus über die Donau und dann über eine sehr kurze Pipeline durch das Kosovo bis zum Mittelmeer in Tirana, Albanien, zu leiten. Dieser Prozess wurde jedoch von China gestoppt. Wie eine Untersuchung des Geheimdienstes berichtet.

Ein weiteres Problem der Westroute ist, dass Westeuropa ein schwieriger Markt ist, der durch hohe Preise für Ölprodukte, eine alternde Bevölkerung und eine wachsende Konkurrenz durch Erdgas gekennzeichnet ist. Außerdem ist die Region sehr wettbewerbsfähig, da sie nun mit Öl aus dem Nahen Osten, der Nordsee, Skandinavien und Russland versorgt wird.

Wir wissen, dass Russland kurz davor steht, ein Programm zu starten, das den Rohrdurchgang durch die Ukraine abschaffen würde - ein Weltrekord im Diebstahl von russischem Gas und Öl, der die "Dame der orangenen Revolution", Julia Timoschenko, zur Multimillionärin gemacht hat.

Die einzige andere Möglichkeit, Öl und Gas aus dem Kaspischen Meer auf die asiatischen Märkte zu bringen, ist der Weg über China, dessen Route zu lang ist, oder über den Iran, der den Standardölzielen der USA politisch und wirtschaftlich feindlich gegenübersteht.

Sobald die Sowjets Ende der 1970er Jahre neue und große Ölvorkommen im Kaspischen Meer entdeckten, versuchten sie, mit Afghanistan über den Bau eines gigantischen Nord-Süd-Pipelinesystems zu verhandeln, um ihr Öl durch Afghanistan und Pakistan zum Indischen Ozean zu transportieren. Doch dann gründeten die USA mit Hilfe von Saudi-Arabien und Pakistan die "Taliban", eine Organisation, die es vorher nicht gab.

Die imperialistischen Ölstrategien der USA haben dort ihren Ursprung. Die USA spielten mit der muslimischen Religion, indem sie Russland als böse und gegen die Muslime in der ganzen Welt gerichtet darstellten.

Als die russische Armee in Afghanistan einmarschierte, bewaffnete und trainierte die CIA ihre "Freunde" und schickte Osama bin Laden nach Kabul, um den Widerstand der Taliban gegen die Invasoren anzuführen. Die Taliban wurden zu einer mächtigen Kraft, die die USA als den "Großen Satan" betrachtete. Es kommt zu einem langwierigen Krieg zwischen den Taliban und den russischen Invasoren, in dem die Taliban siegreich sind. Die CIA glaubte durch ihren ehemaligen Chef George Bush den Älteren, sich aufgrund seiner zahlreichen Geschäftsbeziehungen zur Bush-Familie auf Bin Laden verlassen zu können. Als die USA ihn jedoch nach dem Abzug der Russen kurzerhand fallen ließen, wurde Bin Laden verbittert und wandte sich gegen Washington und Riad und wurde zu deren schlimmstem Albtraum.

Dies war nur einer von vielen imperialen "Geheimkriegen", in denen die imperiale Ölindustrie die Außenpolitik der USA bestimmte und das US-Militär einsetzte, um sie durchzusetzen. Weitere Kriege dieser Art fanden in Mexiko, im Irak, im Iran, in Italien und in Venezuela statt. Wir wissen heute, dass Standard Oil die CIA beeinflusst hat, damit diese die US-Regierung auf die Gefahr einer russischen Nord-Süd-Pipeline durch Afghanistan aufmerksam macht und ihr die Genehmigung und Finanzierung für die Bildung bewaffneter muslimisch-fundamentalistischer Gruppen, darunter Osama Bin Laden, verschafft.

Der russische Alternativplan sah vor, die Öl- und Gasströme nach Westeuropa über ihre Pipelines zu kontrollieren, die durch die südasiatischen Republiken der ehemaligen Sowjetunion - Turkmenistan, Kasachstan, Usbekistan, Tadschikistan und Kirgisistan - führten. Diese Republiken waren zuvor von den USA völlig vernachlässigt worden, doch plötzlich standen sie im Fokus der CIA, die sie mit großen Dollarsträußen und

Zukunftsversprechungen umwarb.

Die CIA umwarb diese Nationen wie ein glühender Verehrer und konnte mit dieser Masche ihre Führer davon überzeugen, dass Russland sie nicht als Partner behandeln würde. So begannen die ehemaligen fernöstlichen Staaten der UdSSR, die US-amerikanischen Ölkonzerne zu konsultieren, und entdeckten schnell, dass dort der wahre Drahtzieher der US-Außenpolitik saß. Die imperiale Ölindustrie richtete nun ihre ganze Aufmerksamkeit auf die ehemaligen fernöstlichen Sowjetstaaten, so wie sie es in der Pionierzeit mit dem Irak und dem Iran getan hatte. Unter der Leitung von Standard Oil entwarf sie Pläne und zeichnete Szenarien für den Vorstoß der USA in diese südasiatischen Republiken. Die US-Armee hatte bereits eine permanente Operationsbasis in Usbekistan eingerichtet, ebenfalls auf Wunsch der Ölindustrie. Das Tavistock-Institut wurde hinzugezogen, um die wahre Absicht mit einer "Bluff-Barriere" zu verschleiern, in die Kissingers ehemaliger Chefkapo der italienischen Freimaurerei P2, Michael Ledeen, verwickelt war. Es wird vermutet, dass Ledeen (der inzwischen seine trotzkistischen und bolschewistischen Spuren verwischt und sich in einen "Neokonservativen" verwandelt hat) dieses Strategem als "Antiterrormaßnahme" bezeichnete.

Damit eine solche Strategie funktionieren konnte, musste Afghanistan für die Anschläge vom 11. September verantwortlich gemacht werden, was die perfekte Tarnung für die "erfundene Situation" lieferte. Präsident Bush erklärte der Welt, dass "die Taliban" für den Anschlag auf die Twin Towers verantwortlich seien, und fügte hinzu, dass sich das weltweite Hauptquartier der Taliban in Afghanistan befinde.

Natürlich war es eine gewisse Herausforderung, den Afghanen "die Demokratie zu bringen" und gleichzeitig das Fehlen der Demokratie nebenan in Pakistan mit einem Diktator an der Spitze zu ignorieren, aber das "innovative Denken" übernahm diese Aufgabe. Von nun an befand sich die US-Armee genau dort, wo die Ölindustrie sie brauchte.

# KAPITEL 22

## Die NATO verstößt gegen ihre eigene Charta

Bevor wir zu dem kommen, was hinter der Bombardierung Serbiens durch die NATO steckte, sei hinzugefügt, dass Ledeen und seine neobolschewistischen Kollegen Kristol, Feith, Perle, Wolfowitz und Cheney, so schlau sie sich an ihren besten Tagen auch halten mögen, sich nicht einmal mit dem russischen Präsidenten Wladimir Putin vergleichen können, und zwar mit einer Migräne. Was bei dem Angriff der NATO (lese die USA) auf Serbien 1999 deutlich wurde, war, dass Stimmen laut wurden, die den starken Verdacht äußerten, dass die USA und Großbritannien im Auftrag der albanischen Regierung handelten, die seit langem versuchte, Serbien die Kontrolle über das Kosovo zu entreißen. Albanien hielt die Trumpfkarte in der geplanten Ölpipeline, die Großbritannien und die USA vom Kaspischen Meer durch Albanien führen wollten.

Die Pipeline sollte durch Bulgarien, Mazedonien und Albanien verlaufen, vom Hafen Burgas am Schwarzen Meer bis nach Viore an der Adria. Bei voller Produktion würde die Pipeline 750.000 Barrel pro Tag durchleiten. Das Projekt wurde von der britischen Regierung für und im Namen von BP (British Petroleum) und seinen US-amerikanischen Partnern genehmigt.

Als der damalige britische Außenminister Robin Cook dazu befragt wurde, machte er sich über diese "Idee" lustig und bezeichnete die Untersuchung als absurd. "Es gibt kein Öl im Kosovo", sagte Cook. Natürlich stimmte das, und indem sie die

Frage nach Öl im Kosovo zu einer sehr vereinfachten Vorstellung machten, die leicht zurückgewiesen werden konnte, wurden die Ermittler aus dem Spiel genommen. Das Projekt der transbalkanischen Gaspipeline erblickte nie das Licht der Welt in irgendeiner amerikanischen oder britischen Zeitung.

Im Mai 2005 veröffentlichte das US-Ministerium für Handel und Entwicklung ein Dokument, das zwar den wahren Grund für den Krieg gegen Jugoslawien nicht bestätigt, aber einige bedeutsame Anmerkungen macht.

> Interessanterweise wird ... das Öl aus dem Kaspischen Meer die Sicherheitskapazität des Bosporus als Schifffahrtsweg schnell übersteigen ... das (Projekt) wird eine konstante Rohölquelle für US-Raffinerien bereitstellen und US-Unternehmen eine Schlüsselrolle bei der Entwicklung des lebenswichtigen Ost-West-Korridors verschaffen, die Privatisierung der US-Regierung in der Region vorantreiben und die schnelle Integration des Balkans in Westeuropa erleichtern.

Der erste Schritt des geplanten Plans wurde im Juli 1993 mit der Entsendung von US-Truppen an die Nordgrenze Mazedoniens getan. Dies hätte, gelinde gesagt, als ziemlich seltsam angesehen werden können, aber das amerikanische Volk schien nicht zu bemerken, dass die amerikanischen "Friedenstruppen" nicht in Gebiete geschickt wurden, in denen es einen Konflikt zwischen Serbien und den Albanern gab. Das amerikanische Volk wusste nicht, während alle "Menschenrechts"-Verletzungen angeblich in Serbien stattfanden, dass das Transbalkan-Gaspipeline-Projekt durch Mazedonien nach Skopje verlaufen sollte, nur 15 Meilen von der serbischen Grenze entfernt.

Washington erklärte, es wolle die Expansion der Serben in Mazedonien verhindern, was jedoch nie in Betracht gezogen wurde. Aber wie die Lügen der Bush-Regierung im Vorfeld des Golfkriegs von 1991, als Bush die Saudis warnte, Saddam Hussein werde nicht bei der Invasion Kuwaits stehen bleiben, sondern nach deren Vollendung in Saudi-Arabien einmarschieren, funktionierte die Lüge.

Kein Wort sickerte durch über den wahren Zweck der Präsenz des US-Militärkontingents an der mazedonischen Grenze, vor allem nicht darüber, dass sie Teil eines im Mai 1993 geschlossenen Abkommens über den Bau der Transbalkan-Gaspipeline war. Obwohl die Pipeline nicht durch Serbien verlief, hatte der albanische Präsident, der an dem Treffen teilnahm, bei dem sie auf den Weg gebracht wurde, eine Botschaft an Großbritannien und die USA, die in ihren Auswirkungen stark und klar war:

> Ich persönlich bin der Meinung, dass keine Lösung, die auf die serbischen Grenzen beschränkt ist, dauerhaften Frieden bringen wird.

Die bei dem Treffen anwesenden Diplomaten kamen übereinstimmend zu dem Schluss, dass das, was er sagte, lautete: Wenn die USA und Großbritannien die Zustimmung Albaniens zur Transbalkan-Pipeline wollten, müsse das Kosovo unter die Gerichtsbarkeit Albaniens gestellt werden. Da 600 Millionen Dollar pro Monat auf dem Spiel standen, starteten die USA und Großbritannien ihren feigen Angriff auf Serbien, das kein Öl hatte, unter dem Deckmantel der NATO mit der falschen Begründung, den serbischen Übergriffen gegen albanische Staatsangehörige im Kosovo ein Ende zu setzen. Robin Cooks Worte klingen heute noch hohler als damals, als er gefragt wurde, warum Großbritannien Serbien angreift:

> "Wir haben gezeigt, dass wir bereit sind, eine Militäraktion durchzuführen, nicht um ein Gebiet einzunehmen, nicht um zu expandieren, nicht wegen Bodenschätzen. Im Kosovo gibt es kein Öl. Die Sozialistische Arbeiterpartei sagt immer wieder, dass wir das für Öl tun, was zutiefst verblüfft, denn dort gibt es nur schmutzige Braunkohle, und je früher wir sie dazu ermutigen, etwas anderes als schmutzige Braunkohle zu verwenden, desto besser. Dieser Krieg ist ein Krieg, der nicht zur Verteidigung eines Territoriums, sondern zur Verteidigung von Werten geführt wird. Hier kann ich also sagen, ... dass die Außenpolitik von diesen Bedenken geleitet wurde. "

Bukarian wäre stolz darauf gewesen, dass Robin Cook so

überzeugend lügen konnte.

Die Energie des Kaspischen Meeres, die den Reserven der Nordsee entspricht (etwa 3% der gesamten weltweiten Öl- und 1% der Gasreserven), ist für Großbritannien und die USA strategisch wichtig - so wichtig, dass sie beschlossen, einen Krieg gegen Jugoslawien anzuzetteln, um Albanien entgegenzukommen. Der wahre Grund, den serbischen Führer Slobodan Milosevic loszuwerden, war seine Entschlossenheit, die Albaner aus der Provinz Kosovo zu vertreiben. Dies hätte für die kommenden Jahre anhaltende Unruhen bedeutet und die kreditgebenden Banken zögerlich gemacht, sich an einer groß angelegten Finanzierung der Transbalkan-Pipeline zu beteiligen.

Seit Anfang der 1990er Jahre haben britische und amerikanische Ölgesellschaften wie Chevron-Amoco Socar und BP massiv in das Kaspische Becken investiert. TRACEA (Transport Corridor Europe-Caucasus-Asia) wurde 1993 gegründet. IOGATE (Interstate Oil and Gas Transportation to Europe) wurde 1995 gegründet. SYNERGY wurde 1997 gegründet. AMBO (Albanian Macedonian Bulgarian Oil Pipeline Corp) wurde von der OPIC (Overseas Private Investment Corporation) finanziert. Es ist nicht verwunderlich, dass US-Truppen an die mazedonische Grenze geschickt wurden, um als Söldner für die Ölindustrie zu dienen.

Aber der Osteuropäische Energiebericht 20, Juni 1995 Second Black Sea Oil Pipeline erklärte, dass "die Kämpfe in Jugoslawien wie eine riesige Straßensperre über alles sind", was einen Schatten auf die vielversprechende Entwicklung warf, die die Clinton-Regierung bereits mit 30 Millionen Dollar im Rahmen ihrer Southern Balkan Development Initiative (SBDI) zugesagt hatte.

Ein Jahr vor Beginn der NATO-Bombardements trat der Rat der Europäischen Union (EU) zusammen, um eine "Erklärung zur Kaspischen Energiepipeline" zu diskutieren. Sie wurde von Robin Cook geleitet und stellte in Wirklichkeit eine Erklärung dar, dass die serbischen Kämpfe gelöst werden müssten. Es kann nicht genug betont werden, welche Schlussfolgerungen daraus zu ziehen sind.

Die Propaganda, die den Bombardements vorausging, war total und global. Der ganzen Welt wurde vorgegaukelt - und sie tat es auch -, dass der Krieg der NATO (lese die USA) gegen Jugoslawien dazu diente, die angeblich in Serbien stattfindende ethnische Gewalt und die Menschenrechtsverletzungen an den im Kosovo lebenden Albanern zu beenden. Willi Munzenberg hätte dies voll und ganz befürwortet. In meinem Buch "The Committee of 300" und "the Tavistock Institute for Human Relation" wird die Karriere des größten Propagandameisters, der je gelebt hat, Willi Munzenberg, abgedeckt.

Er hatte Lenin ins Schweizer Exil begleitet, und nachdem Lenin mit dem "versiegelten Zug" nach Russland zurückgeschickt worden war, wurde Münzenberg sein Direktor für Volksaufklärung. Er war für die Ausbildung zahlreicher GRU-Offiziere und -Spione verantwortlich, darunter der berühmte Leon Tepper, Meisterspion und Chef des Rot Kappell ("Rotes Orchester"), der drei Jahrzehnte lang alle westlichen Geheimdienste, einschließlich des MI6, täuschte.

John J. Maresca. Vizepräsident für internationale Beziehungen der Unocal Corporation, sagte Folgendes über das Öl in der kaspischen Region:

"Herr Präsident, die kaspische Region verfügt über enorme unerschlossene Kohlenwasserstoffreserven. Um Ihnen eine Vorstellung von der Größenordnung zu geben: Die nachgewiesenen Erdgasreserven entsprechen mehr als 236 Billionen Kubikfuß. Die Ölreserven der Region könnten sich auf über 60 Milliarden Barrel Öl belaufen. Einige Schätzungen gehen sogar bis zu 200 Milliarden...

Ein großes Problem muss noch gelöst werden: Wie können die riesigen Energieressourcen der Region zu den Märkten gebracht werden, auf denen sie benötigt werden? Zentralasien ist isoliert... Jedes dieser Länder steht vor schwierigen politischen Herausforderungen. In einigen herrschen ungelöste Kriege oder latente Konflikte... Darüber hinaus stellt die bestehende Pipeline-Infrastruktur der

Region ein großes technisches Hindernis dar, mit dem wir in der Industrie beim Transport von Öl konfrontiert sind. Weil die Pipelines in der Region während der Moskau-zentrierten Sowjetzeit gebaut wurden, tendieren sie dazu, in den Norden und Westen Russlands zu verlaufen, es gibt keine Verbindungen in den Süden und Osten. Wir haben von Anfang an deutlich gemacht, dass der Bau der von uns vorgeschlagenen Pipeline in Afghanistan erst beginnen kann, wenn eine anerkannte Regierung im Amt ist, die das Vertrauen der Regierungen, der Kreditgeber und unserer Gesellschaft genießt. "

Wir wissen nun also, warum die Vereinigten Staaten in einen Krieg in Afghanistan verwickelt sind. Das hat wenig mit dem 11. September und den Taliban zu tun, sondern alles mit der Etablierung einer US-Marionettenregierung in diesem Land im Rahmen der imperialen Öl-Geopolitik. Wir kennen nun auch den wahren Grund, warum die NATO Serbien angegriffen hat. Sein Streit mit Albanien störte die Regierung, die am Projekt der Kaspischen Becken-Pipeline beteiligt war, "die Kreditgeber und unsere Gesellschaft".

Russland spielte mit der falschen Behauptung, die USA seien "die einzige Supermacht", und gab vor, sich nicht gegen die amerikanischen Übergriffe in Afghanistan zu wehren, da Russland sehr froh darüber war, dass Amerika gleichzeitig im Irak und in Afghanistan feststeckte. Präsident Putin ist ein Meister der "Maskirovka" (Täuschung), und während die Bush-Regierung in Washington sich dazu beglückwünschte, Russland besiegt zu haben, verhandelte Putin mit China und den ehemaligen asiatischen Gebieten der UdSSR über die Bildung eines Bündnisblocks, um die imperialistischen Expansionspläne der USA zu bremsen. Unter Putins Führung traten China und Russland der Shanghai Cooperation Organization (SCO) bei, der China, Russland, Kasachstan, Kirgisistan, Tadschikistan und Usbekistan angehören. China ist der SCO beigetreten, um sich wirtschaftlich, militärisch und politisch an Russland anzupassen. Der neue SCO-Pakt ersetzt den Pakt der Rockefeller-Li-Familie, der fast vier Jahrzehnte lang Bestand hatte.

Russlands Mitgliedschaft in der SCO ist ein Versuch, seine traditionelle Hegemonie in Zentralasien aufrechtzuerhalten. Die der SCO zugrunde liegende Logik ist die Kontrolle über die riesigen Öl- und Gasreserven ihrer Mitglieder. Die Befürchtungen Russlands, Chinas, Indiens und anderer SCO-Nationen, dass Afghanistan und der Irak zur Operationsbasis werden sollen, um die Regime in Südasien und im Nahen Osten zu destabilisieren, zu isolieren und eine Kontrolle über sie zu errichten, haben sich als begründet erwiesen, waren jedoch leichter zu zerstreuen, da die SCO unter der Führung von Präsident Putin bestand und funktionierte.

Ein Blick auf eine Karte des Nahen Ostens zeigt, dass der Iran zwischen dem Irak und Afghanistan liegt, und das ist der Grund, warum Bush den Iran in die "Achse des Bösen" aufgenommen hat. Die imperialistische Strategie der USA beruht darauf, dass Russland außen vor bleiben muss, während die USA die Eroberung dieser Region vollenden und ständige Militärposten ohne Einwände von Russland oder China eingerichtet werden. In der nächsten Phase wird mit dem Bau einer Pipeline durch Turkmenistan, Afghanistan und Pakistan begonnen, um Öl zu den eurasischen Märkten zu transportieren.

Die Speerspitze des Pipelineprojekts ist Unocal für die Interessen von Standard Oil. Unocal versucht seit mehreren Jahrzehnten, eine Nord-Süd-Pipeline durch Afghanistan und Pakistan bis zum Indischen Ozean zu bauen. Präsident Karzai, Washingtons Marionettenpräsident in Afghanistan, war ein ehemaliger leitender Angestellter in den afghanischen Abenteuern von Unocal. Karzai war in Wirklichkeit der leitende Angestellte von Unocal, der im Namen seines Unternehmens verhandelte. Er ist außerdem das Oberhaupt des Paschtunenstammes Durrani.

Als Mitglied der Mudschaheddin, die in den 1980er Jahren gegen die Sowjets kämpften, war Karzai ein wichtiger Kontakt für die CIA und unterhielt enge Beziehungen zu CIA-Direktor William Casey, Vizepräsident George Bush und deren pakistanischem Dienst Inter Service Intelligence (ISI) zwischen den beiden. Nach dem Abzug der Sowjetunion aus Afghanistan sponserte die CIA die Umsiedlung Karzais und einer Reihe seiner Brüder in die USA.

Laut einem Bericht der *New York Times* :

> 1998 zog sich das kalifornische Unternehmen Unocal, das mit 46,5% an Central Asia Gas (Cent Gas) beteiligt war, einem Konsortium, das eine sehr lange Gaspipeline durch Afghanistan plante, nach mehreren Jahren erfolgloser Versuche zurück. Die Pipeline sollte sich über 7277 km erstrecken, von den Dauletabad-Feldern in Turkmenistan bis nach Multan in Pakistan, was einer Länge von 1271 km entspricht. Ihre Kosten wurden auf 1,9 Milliarden US-Dollar geschätzt.

Was das Unternehmen nicht gleich klarstellte, war, dass der entschiedene Widerstand Bin Ladens und der Taliban das Pipelineprojekt zum Scheitern gebracht hatte. Mit zusätzlichen 600 Millionen Dollar hätte die Pipeline bis ins energiehungrige Indien geführt werden können.

Hier kommt Haliburton, die Firma von Vizepräsident Dick Cheney, ins Spiel. Der russische Militärgeheimdienst berichtete seit 1998, dass die Amerikaner ein großes Ölunternehmen in Aserbaidschan planten und Dick Cheney kurz davor stand, einen Vertrag mit der staatlichen Ölgesellschaft Aserbaidschans über den Bau einer 6000 Quadratmeter großen Marinebasis zur Unterstützung der Offshore-Ölbohrplattformen, die im Kaspischen Meer errichtet werden sollten, zu unterzeichnen.

Am 15. Mai 2001 hieß es in einer Erklärung von Cheneys Büro, dass der neue Stützpunkt in Haliburton genutzt werden sollte, um "Haliburtons Katamaran-Kranschiff, die Qurban Abbasov, bei den bevorstehenden Aktivitäten zur Verlegung von Offshore- und Unterwasserleitungen zu unterstützen". Wie erwähnt, wurde Unocals früheres Abkommen mit den Taliban aus dem Jahr 1998 aufgekündigt, da klar geworden war, dass die Taliban alle anderen afghanischen Stämme gegen das Unternehmen aufbringen und damit das politische Umfeld für ein Nord-Süd-Pipelineprojekt destabilisieren könnten.

Obwohl ich mir dessen nicht absolut sicher sein kann, deutet einiges darauf hin, dass in diesem kritischen Moment von Unocal-Haliburton und Standard Oil eine neue Masche für den "Krieg gegen den Terror" ausgeheckt wurde. Dick Cheney brachte der US-Regierung "die Lösung". Der 11. September lieferte den notwendigen Vorwand für die Entsendung von US-Truppen, um in Afghanistan einen "Krieg gegen den Terror" zu führen.

Die Propagandamühlen spulten eine Litanei von "Gründen" ab, warum die US-Truppen nach Afghanistan eilen mussten. Angeblich planten die von Bin Laden geführten Taliban "große Terroranschläge weltweit und gegen amerikanische Einrichtungen im Ausland". Es wurde nicht der geringste echte Beweis für diese Behauptung vorgelegt, aber das amerikanische Volk, das immer noch mitschuldig und betrogen ist, nahm sie als "Evangeliumswort" an.

Im Jahr 2006 waren die durchsichtigen Motive für den Krieg der Ölindustrie gegen Afghanistan nun für jedermann klar. Am 2. Januar 2002 machte das Pipelineprojekt einen weiteren Schritt nach vorne, als die US-Botschafterin in Pakistan, Wendy Chamberlain, im Auftrag von Standard Oil einer langjährigen Verpflichtung nachkam und sich mit dem pakistanischen Ölminister Usman Aminuddin traf. Im Mittelpunkt ihres Treffens standen die Pläne, mit der Nord-Süd-Pipeline voranzukommen, und die US-Finanzierung für den Bau der Ölterminals am Arabischen Meer in Pakistan für die Pipeline.

Präsident Bush hat mehrfach erklärt, dass die US-Armee in Afghanistan bleiben wird. Warum sollte das so sein, wenn doch die UN-Truppen die Aufgabe übernehmen sollen, damit die US-Armee nach Hause zurückkehren kann? Die Antwort lautet, dass die UN-Truppen als paramilitärische Polizeitruppe fungieren werden, sodass die US-Soldaten freigelassen werden, um den Bau der Nord-Süd-Pipeline zu überwachen. Berichten zufolge werden sie auch die Schlafmohnfelder überwachen, aber ich habe keine Bestätigung für diese Aufgabe gesehen. Diese Aufgabe wurde einer britischen Truppe übertragen.

Dass Präsident Bush kürzlich Zalmay Khalilzad, einen unbekannten Mann afghanischer Herkunft, in sein Team für nationale Sicherheit berufen hat, hat viele aufhorchen lassen. Wir glauben, dass wir diese scheinbar ungewöhnliche Ernennung erklären können. Khalilzad war ein ehemaliges Mitglied des CentGas-Projekts. Khalilzad wurde kürzlich zum Sondergesandten des Präsidenten für Afghanistan ernannt. Er ist ein Paschtune und der Sohn eines ehemaligen Regierungsbeamten unter König Mohammed Zahir Shah. Er sollte dafür sorgen, dass das Gaspipelineprojekt rechtzeitig vorankommt, und dem Präsidenten direkt berichten, wenn es bei der Umsetzung des Plans zu Verzögerungen oder Problemen kommt.

Seine Ernennung wurde von Condoleezza Rice unterstützt, die Mitglied des Chevron-Vorstands war, obwohl nie klar wurde, was genau seine Rolle bei Chevron war. Neben seiner Tätigkeit als Berater für die Rand Corporation war Khalizad ein spezieller Verbindungsmann zwischen Unocol und der Taliban-Regierung und arbeitete auch an verschiedenen Risikoanalysen für das Projekt.

Nun, da der afghanische Sektor des "Kriegs gegen den Terror" als "erledigt" gilt, obwohl das nach unserem Verständnis der Situation bei weitem nicht der Fall ist, und da in Usbekistan und Afghanistan permanente US-Militärstützpunkte eingerichtet wurden - in welchem ölreichen Land können wir erwarten, dass sich die Späher von Standard Oil auf ihrer Suche nach mehr Öl einschleichen werden? Die US-Regierung sagt, sie müsse weiter nach Öl suchen, und idealerweise (aus dieser Sicht) befinden sich die meisten dieser Orte in Ländern, die als Terroristenunterkünfte bezeichnet wurden: Irak, Syrien, Iran und Südamerika, insbesondere Venezuela und Kolumbien. Manche mögen sagen: "Wie praktisch".

Doch die imperialen Ölkrieger begannen auch in Russlands Hinterhof, in Sibirien, zu suchen. EXXON, Mobil, Royal Dutch Shell und die französische Total SA erhielten in den 1990er Jahren von der damaligen UdSSR Verträge, um in der Arktis nach Erdöl und Erdgas zu suchen. Der unerklärte, verfassungswidrige und daher kriminelle Krieg von Bush dem Älteren, der Golfkrieg von 1991, führte dazu, dass Kuwait noch mehr von dem riesigen Rumaila-Ölfeld im Südirak stahl als beim ersten Mal.

Dies geschah, indem die Grenzen Kuwaits nach dem Krieg einseitig erweitert wurden. Die unrechtmäßige Beschlagnahme von irakischem Eigentum führte zu zahlreichen unwillkommenen Vergeltungsmaßnahmen seitens des Iraks. Die "neue Grenze" ermöglichte es dem von BP und Standard Oil kontrollierten Kuwait, seine Ölproduktion aus der Vorkriegszeit zu verdoppeln. Die historisch wahre Darstellung der Schaffung von "Kuwait" durch die britische Armee im Jahr 1921 besteht darin, dass eine willkürliche Linie mitten durch die Ölfelder von Rumaila gezogen und das geraubte Land dann "Kuwait" genannt wurde.

Der folgende Text stammt aus einem Artikel, der im "Oil Analyst" veröffentlicht wurde:"

> Der Irak, der vor kurzem ein Ölfeld in seiner westlichen Wüste entdeckt hat, wird allgemein davon ausgegangen, dass er über mehr Öl verfügt als Saudi-Arabien, sobald seine Vorkommen erschlossen sind.

Vor der illegalen Invasion des Irak durch die USA im Jahr 2003 produzierte das Land 3 Millionen Barrel pro Tag, von denen der Großteil über ein von den Vereinten Nationen überwachtes Programm auf die Weltmärkte gelangte, wobei ein kleiner Teil der Einnahmen im Rahmen des Programms "Öl für Lebensmittel" für Lebensmittel und Medikamente für die irakische Bevölkerung verwendet wurde. Der Irak war weiterhin in der Lage, einen Teil seines Öls nach Syrien zu exportieren, das er als syrisches Öl weiterverkaufte.

Im September 2001 begann das Bush-Regime, den Irak zu bedrohen, doch in Wirklichkeit war der Notfallplan zur Invasion des Irak schon Monate zuvor ausgearbeitet worden. Die Drohung war gegen Frankreich und Russland gerichtet. Diese beiden Länder hatten begonnen, einen umfangreichen Handel mit dem Irak aufzubauen, und Dick Cheney, dem neuen imperialen Ölprinzen, gefiel das überhaupt nicht. Die Realität ist, dass amerikanische Unternehmen, insbesondere Cheneys Haliburton Oil Company und General Electric (GE), im Irak Milliarden mit dem Verkauf von Waren und Dienstleistungen verdienen. Eine Einmischung wäre nicht erlaubt. Vor dem Krieg 2003 versuchte der Irak, die Gunst der Mitglieder des Arabischen Golfkooperationsrats (GCC) - Bahrain, Kuwait, Oman, Katar, Saudi-Arabien und die Vereinigten Arabischen Emirate (VAE) - zu gewinnen, um Unterstützung für die Aufhebung der UN-Sanktionen gegen den Irak zu erhalten.

Alarmiert durch diese unerwartete Entwicklung forderten die Außenpolitiker von Standard Oil Big Brother America auf, den GCC-Mitgliedern zu drohen, dass sie dem Irak nicht erlauben würden, sich ihnen anzuschließen, da sie sonst die Konsequenzen zu tragen hätten. Russland begann, eine "umfassende Lösung" der Sanktionsfrage zu fordern, einschließlich Maßnahmen, die zur Aufhebung des Militärembargos gegen den Irak führen. Am 24. Januar 2002 sprach sich der russische Außenminister Igor Iwanow entschieden gegen eine militärische Intervention der USA im Irak aus. Die russische Ölgesellschaft Lukoil und zwei russische Regierungsstellen hatten einen 23-Jahres-Vertrag über die Ausbeutung des West-Qurna-Ölfelds im Irak unterzeichnet.

Gemäß den Vertragsbedingungen sollte Lukoil die Hälfte, der Irak ein Viertel und russische Regierungsstellen ein Viertel der 667 Millionen Tonnen Rohöl aus dem Ölfeld erhalten, was einem potenziellen Marktvolumen von 20 Milliarden US-Dollar entspricht. Der Irak schuldet Russland noch immer mindestens 8 Milliarden US-Dollar aus der Zeit des Kalten Krieges, als Russland den Irak bewaffnete und ihn als Kundenstaat betrachtete. Russland stellte sich jedoch aus anderen Gründen gegen den "US-Imperialismus". Angewidert von der Brutalität der 76 Tage und Nächte dauernden Bombardierung Serbiens auf Betreiben der US-Außenministerin Madeline Albright, war das russische Militär entschlossen, die USA nicht ein zweites Mal mit der Aggression gegen eine kleine Nation davonkommen zu lassen.

Russische Spezialeinheiten waren nach Pristina in Serbien geeilt, um den Flughafen gegen die Ankunft der US-Streitkräfte zu sichern, in der Hoffnung, dass diese angegriffen würden und dann an der Seite Serbiens in den Krieg eintreten könnten. Nur die Besonnenheit des britischen Kommandanten vor Ort verhinderte den Ausbruch des Dritten Weltkriegs. Russland, das noch immer unter dem Eindruck der Plünderung und Vergewaltigung Serbiens stand, sinnte daraufhin auf Rache.

Ein besorgtes Washington pendelt nach Moskau, um zu versuchen, Russland zu beschwichtigen, und nach noch geheimen Verhandlungen wird die Situation entschärft. Im Jahr 2001 erhielt Russland Ölverträge im Wert von 1,3 Milliarden US-Dollar im Rahmen des UN-Programms "Öl für Lebensmittel", das es dem Irak erlaubte, Öl zu verkaufen, um damit Lieferungen zu kaufen, die der irakischen Zivilbevölkerung helfen sollten.

Im September 2001 kündigte das irakische Ölministerium an, dass es russischen Unternehmen Aufträge im Wert von weiteren 40 Milliarden US-Dollar erteilen wolle, sobald die Sanktionen der Vereinten Nationen aufgehoben würden.

Im Februar 2002 erklärte der russische Außenminister Igor S. Iwanow, Russland und der Irak seien sich in Fragen des Extremismus und des Terrorismus einig und die von den USA unterstützten Sanktionen gegen den Irak seien kontraproduktiv und müssten aufgehoben werden. Er betonte dann, dass Russland "die Ausweitung oder Anwendung des internationalen Anti-Terror-Einsatzes auf jeden willkürlich ausgewählten Staat, einschließlich des Iraks" strikt ablehne. Die Rhetorik heizt sich auf, da Russland versucht, sein Vetorecht im UN-Sicherheitsrat zu nutzen, um alle Sanktionen gegen den Irak einzustellen.

Dann, im Jahr 2003, verletzte die imperiale republikanische Kriegspartei Standard Oil-Bush mit Unterstützung ihrer neobolschewistischen Verbündeten auf grobe Weise die amerikanische Verfassung, das Völkerrecht und die vier Genfer

Konventionen, als sie überstürzt einen Bombenangriff auf Bagdad startete. Der völkerrechtswidrige Krieg gegen den Irak beendete alle dauerhaften Abkommen des Irak mit Russland, Deutschland und Frankreich. Ohne das Wissen des Ölkartells der Sieben Schwestern sollte knapp drei Jahre später ein ernsthafter Vergeltungsschlag folgen. Der Aufschrei der europäischen Nationen gegen Bush und den neobolschewistischen Angriff auf den Irak erfolgte sofort.

Die kindische Entschuldigung, die der Welt gegeben wurde, lautete, dass der Irak "Massenvernichtungswaffen" besitze, die er gegen Großbritannien einsetzen wolle. Die unerfahrene, törichte und politisch unbedarfte Frau Rice fügte ihre unheimlichen Warnungen hinzu, dass die Amerikaner, wenn sie nicht gestoppt würden, "Pilzwolken" über ihren Großstädten sehen würden. Sechs Jahre später warten wir immer noch auf das Erscheinen dieser "Wolken". Die von Tavistock erzeugte grobe Lüge wurde von etwa 75% des amerikanischen Volkes akzeptiert. Obwohl Dutzende von Experten auftauchten, um Bushs und Blairs Behauptungen über Massenvernichtungswaffen zu verspotten und zu leugnen, beharrten die beiden Männer auf ihrer Lüge, bis sie buchstäblich unter ihren tönernen Füßen zusammenbrach. Doch das spielte keine Rolle. Die imperiale Diplomatie von Standard Oil hatte gesiegt, die amerikanische Aggression hatte ihnen das irakische Öl gesichert und der Krieg würde sowieso nicht mehr lange dauern, so wurde es der Welt erzählt. Die US-Truppen rasten von Kuwait aus durch die Wüste und würden bald in Bagdad einmarschieren.

Die Veränderung von Chinas Loyalität wurde von Bushs Planern nicht berücksichtigt. Bush ging davon aus, dass China noch immer durch den Pakt der Rockefeller-Li-Familie von 1964 gebunden war. Doch die Pläne zur Ausweitung des Öl-Imperialismus von Standard Oil/Bush stießen auf das wachsende Interesse Chinas an der Unterstützung der Nationen des Nahen Ostens in ihrem Kampf gegen die USA. Während des Besuchs des jordanischen Königs Abdullah II. in China im Januar 2002 erklärte der chinesische Präsident Jiang Zemin, China wünsche sich stärkere Verbindungen zu den arabischen Ländern, um bei der Förderung des Friedens zwischen Israel und den Palästinensern zu helfen. Diese Aussage schockierte das US-Außenministerium. Zum Entsetzen von Präsident Bush und Außenministerin Rice war China bereit, einzugreifen, falls die Neo-Bolschewisten ihren verrückten Plan, den Iran anzugreifen, umsetzen würden, ungeachtet der Tatsache, dass die verfassungsmäßige Autorität, die es erlauben würde, die amerikanischen Streitkräfte in irgendeinem Land einzusetzen, völlig fehlte.

China machte seine Position deutlich, indem es dem Iran seine Version des Wellensprung-Marschflugkörpers "Exocet" lieferte, der das Potenzial hat, der US-Marine großen Schaden zuzufügen. Die Imperialisten der Ölindustrie bauen ihr Imperium im Nahen Osten weiter aus, insbesondere durch den Irak. Bolton wurde mit freundlicher Genehmigung des Weißen Hauses durch Amtsmissbrauch bei den Vereinten Nationen installiert, und zwar im Rahmen einer Ernennung per Dekret, obwohl seine Eignung für das Amt vom US-Senat abgelehnt worden war. (Einige Jahre später wurde er summarisch seines Amtes enthoben.) Der Präsident ist laut Verfassung weit davon entfernt, Ernennungen per Dekret vorzunehmen, außer wenn dies "notwendig und angemessen" ist und es sich um eine dringliche Angelegenheit handelt. Im Fall von Bolton war es absolut nicht "notwendig" oder "angemessen", denn der Senat hatte sich bereits geweigert, Bolton zu bestätigen, und die "Recess"-Ernennung war daher ein Missbrauch der Macht und des verfassungsmäßigen Verfahrens. Doch die Standard Oil/Bush-Imperialisten weigerten sich, ihre Pläne zur Bewältigung der Bedrohung durch China im Nahen Osten von einer solchen Sorge aufhalten zu lassen. Sie stoppten ihre Bemühungen nur vorübergehend, bis Bolton bei den Vereinten Nationen installiert werden konnte. Bolton wurde bei den Vereinten Nationen gebraucht, um die Nationen zu schikanieren und einzuschüchtern, damit sie sich aufstellen, um die US-Aktionen im Irak und auch im Iran zu unterstützen. Mehr noch, er ist der Sonderagent der Anwaltskanzlei Baker and Botts, die damit beauftragt ist, die Bürgschaften für all die faulen Kredite zu übernehmen, die James Baker III.

Das imperialistische US-Ölkartell hat die Kontrolle über das irakische Öl übernommen und richtet nun seine Augen auf Syrien und das iranische Öl. Wir befinden uns nun in Phase zwei des Krieges gegen den Terrorismus: die Invasion von Ländern, die laut Bush Terroristen beherbergen, mit der eigentlichen Absicht, die Energiequellen dieser Länder zu übernehmen. Phase drei wird kommen, wenn die USA sich mit Russland über das Öl aus dem Kaspischen Meer und die Bemühungen, es auf den europäischen Markt zu bringen, streiten. Dieser denkwürdige Tag ist vielleicht gar nicht mehr so weit entfernt.

Gegenwärtig haben die Russen das Tempo beschleunigt. Am 28. August 2006 reiste Präsident Putin nach Athen in Griechenland, um das Projekt der Kaspischen Ölpipeline, das seit Jahren ins Stocken geraten war, voranzutreiben. In Athen traf Präsident Putin mit dem griechischen Premierminister Costas Karamantis und dem bulgarischen Präsidenten Gregory Parvanov zusammen. Bei den Dreiergesprächen ging es um die rasche Fertigstellung einer Ölpipeline vom Kaspischen Meer zum bulgarischen Hafen Burgas und von dort zum griechischen Hafen Alexandroupolis an der Ägäisküste. Nach ihrer Fertigstellung wird die Pipeline 35 Millionen Tonnen Öl pro Jahr transportieren können und mindestens 8 USD pro Barrel an Transportkosten einsparen. Die Pipeline wird es Russland ermöglichen, die Kontrolle über das für den europäischen Markt bestimmte kaspische Öl zu behalten, indem es die von den USA unterstützte große Baku-Tblisi-Ceyhan-Pipeline aus dem Weg räumt. Die USA haben daher beschlossen, sich vorerst auf die im Bau befindliche Nord-Süd-Pipeline in Afghanistan zu konzentrieren, die von US-Soldaten bewacht wird, die auf den erbitterten Widerstand der wiedererstarkten Taliban stoßen, die stärker und besser ausgerüstet sind als vor ihrer Vertreibung durch die sogenannte Nordallianz. Die Taliban-Führung ist fest entschlossen, die Inbetriebnahme der Pipeline zu verhindern. Die Wiederaufnahme der Kämpfe, die im Juli 2006 begann, erreichte im August ein hohes Niveau. Die Kämpfe wurden in den amerikanischen gesponserten Medien als amerikanische Bemühungen beschrieben, die Einnahmen aus dem Opiumhandel, die den Taliban zufließen würden, zu zerschlagen. Das ist nicht der Fall, aber mit der enormen Propagandamaschine, die der Bush-Regierung zur Verfügung steht, ist es wahrscheinlich, dass sie von einer verdummten amerikanischen Öffentlichkeit als solche wahrgenommen wird.

# KAPITEL 23

## Russland greift die Sieben Schwestern an

An diesem Punkt hat Russland unter der Führung von Wladimir Putin, dem gewieftesten geopolitischen Strategen der heutigen Welt, beschlossen, den Sieben Schwestern den Wind aus den Segeln zu nehmen. Der russische Außenminister kündigte an, dass seine Regierung im Begriff sei, die großen westlichen Investitionsprojekte im Bereich Öl und Gas in Sibirien zu bremsen, da sie die Einhaltung der 1991 mit der ehemaligen UdSSR geschlossenen Abkommen in Frage stelle.

Das US-Außenministerium reagierte sofort, und sein Sprecher Tom Casey erklärte, die Bush-Regierung sei

> "sehr besorgt über die Entscheidung der russischen Regierung, die Umweltgenehmigungen für 20 Millionen Dollar teure Flüssiggasprojekte, die von Royal Dutch Shell und zwei japanischen Konzernen auf der Insel Sachalin entwickelt wurden, aufzuheben".

Die russische Regierung reagierte darauf mit der Ankündigung, sie erwäge, ein Projekt von Exxon-Mobil auf Sachalin zu streichen. Die USA behaupteten, dass sie aufgrund eines Abkommens mit der ehemaligen UdSSR aus den Jahren 1991 und 1994 Rechte hätten. Westeuropa und die USA begannen zu befürchten, dass das Russland von Präsident Putin eine konzertierte Anstrengung unternehmen könnte, um seine Kontrolle über die umfangreichen Energieressourcen des Landes zu behaupten.

Präsident Putin stattete Frankreich einen Staatsbesuch ab, um

Präsident Chirac zu versichern, dass Total SA nicht in die Veränderungen einbezogen wurde. Beobachter wiesen immer wieder darauf hin, dass sich die beiden Politiker während des Besuchs in Paris näher kamen.

Zweifellos sagte Putin den USA, dass Frankreich dafür belohnt werde, dass es sich gegen den Irakkrieg gestellt und sich geweigert habe, sich dem von den Vereinten Nationen vorgeschlagenen Boykott gegen den Iran anzuschließen. Präsident Chirac überreichte Putin bei einer sehr öffentlichen Zeremonie im Élysée-Palast eine Medaille - das Großkreuz der Ehrenlegion. Während des Besuchs brachte Präsident Putin die ernste Besorgnis Russlands über die Lage im Kosovo zum Ausdruck. Es wurde ein Abkommen über den Bau einer Autobahn zwischen Moskau und St. Petersburg durch ein französisches Unternehmen sowie ein Abkommen, das Russland zum Kauf von 22 Airbus A350 verpflichtet, geschlossen. Am 24. September 2006 wurde bekannt, dass Shell Gefahr lief, dass seine Lizenz für das 20-Milliarden-Dollar-Öl- und Gasprojekt Sachalin-2 ausgesetzt werden könnte, als seine Umweltgenehmigungen vom Ministerium für natürliche Ressourcen zurückgezogen wurden. Das Sachalin-2-Projekt ist zu etwa 80 % fertiggestellt. In der Zwischenzeit verhandelt der staatliche Gasriese Gazprom über den Kauf von Sachalin-1. Es scheint, dass Sachalin-2 gestoppt werden könnte, wenn dieses Angebot nicht angenommen wird. Gazprom strebt einen Anteil von bis zu 25% an Sachalinee-2 an, was bedeuten würde, dass das wichtigste Unternehmen des Sieben-Schwestern-Kartells zum Minderheitsaktionär würde. Sachalinee-2 verfügt über Reserven von 4,5 Milliarden Barrel. Es handelt sich also um einen reichen Preis, den Russland zweifellos für sich beanspruchen wird. Es ist nur eine Frage der Zeit.

Im Namen von Royal Dutch Shell drückte Premierminister Blair seine tiefe Besorgnis darüber aus, dass Shell von den reichen Boni auf Sachalin-1 und Sachalin-2 ausgeschlossen werden könnte. Das US-Außenministerium setzt seine Lobbyarbeit für Shell und Exxon fort, aber Russland könnte andere Pläne haben. Gazprom-Quellen erklärten, dass das Unternehmen insgeheim mit einem indischen Unternehmen, "The Indian National Oil and Natural Gas Corporation" (ONGG), über den Kauf seines 20%igen Anteils an Sachalin-1 verhandelt. Sollte es zu einer Einigung kommen, würde Gazprom sehr große Beteiligungen an den produktivsten Öl- und Gasprojekten der Welt erhalten und die Mitglieder des Kartells der Sieben Schwestern in einer sehr schwachen Position lassen.

Inzwischen ist die Heuchelei von Bushs "Krieg gegen den Terror" für jeden in Kolumbien offensichtlich, wo Bushs Vorschläge vorsehen, 98 Millionen Dollar für den Schutz der 480 Meilen langen Pipeline von Occidental Petroleum auszugeben, die das zweitgrößte Ölfeld Kolumbiens mit der Karibikküste verbindet.

Diese 98 Millionen Dollar kommen zu den 1,3 Milliarden Dollar hinzu, die die USA bereits an die kolumbianische Regierung gezahlt haben, angeblich um die "Drogenterroristen" der FARC zu bekämpfen. Im Jahr 2001 wurde die Ölpipeline Cano Limon 266 Tage lang geschlossen, weil die Guerilla der Revolutionären Streitkräfte Kolumbiens (FARC) sie immer wieder sprengte, um die Bestechungssumme in die Höhe zu treiben. Die FARC-Rebellen haben die Pipeline in den letzten 15 Jahren in regelmäßigen Abständen geschlossen, um zu unterstreichen, dass ihre Drohungen nicht leer sind, und um immer mehr Geld für ihren "Schutz" zu verdienen. Inzwischen übersteigen die 2,5 Millionen Barrel Öl, die in die Flüsse und Bäche Kolumbiens geflossen sind, bei weitem die Menge der Ölpest, die 1989 durch die Exxon Valdez in Alaska verursacht wurde.

Trotz der Ablenkungen auf dem Balkan, im Kaspischen Meer und in Afghanistan hat das Ölkartell seine Absicht, sich das iranische Öl unter den Nagel zu reißen, nicht aufgegeben. Quellen im deutschen BDN (Geheimdienst) zufolge: Die Bush-Regierung hat Pläne ausgearbeitet, die iranischen Atomreaktoren, Massenvernichtungswaffen- und Militärstandorte mit intensiven Sättigungsbombardements unter Einsatz von Bunkerbuster-Bomben und taktischen Atomwaffen anzugreifen. Der Angriff soll mit der Sabotage kritischer städtischer und ländlicher Infrastrukturen durch Elemente der Volksmudschaheddin (MEK), der Spezialeinheiten des Pentagons und anderer iranischer Dissidentengruppen koordiniert werden.

Die Details der Informationen der deutschen Geheimdienste, die eine gewisse Besorgnis ausdrücken, stammen aus geheimen Briefings, die von Teilen der CIA zur Verfügung gestellt wurden. Offenbar besteht die Befürchtung, dass die Neo-Bolschewisten der Bush-Regierung mit ihrem Angriff auf den Iran eine Kette von Ereignissen auslösen könnten, die zu einem Weltkrieg führen wird.

CIA-Agenten leiteten außerdem Informationen über die US-Pläne für einen Angriff auf den Iran an ihre Kollegen in Frankreich, Großbritannien, Kanada und Australien weiter. Die imperialistischen Kriegspläne der USA gegen den Iran sehen auch die schnelle Beschlagnahmung der Provinz Khūzestān im Südwesten des Irans vor, wo sich die meisten iranischen Ölreserven und Raffinerien befinden.

In Khūzestān gibt es eine arabisch-schiitische Mehrheitsbevölkerung, die enge Verbindungen zu ihren ethnischen und religiösen Brüdern im Irak unterhält. Bushs Pläne sehen einen US-Militärschlag über die irakische Grenze und von den Seestreitkräften im Persischen Golf aus als Reaktion auf einen Hilferuf der Rebellentruppen der Demokratischen Volksfront und der Befreiungsorganisation von Al Ahwaz in Khūzestān vor, die einen unabhängigen arabischen Staat Demokratische Republik Ahwaz ausrufen und die diplomatische Anerkennung der USA, Großbritanniens und Israels sowie einiger anderer enger Verbündeter der USA erhalten würden.

Nach dem Ersten Weltkrieg wurde Khūzestān vom Iran annektiert und anschließend nach seinem alten historischen Namen Persien benannt. In der Bibel wird es unter seinem alten Namen mehrfach erwähnt. Auch unter den anderen Minderheiten im Iran sollen Rebellionen angezettelt werden, insbesondere unter den Aseris und Turkmenen in der ölreichen

Region um das Kaspische Meer.

Einige Analysten sind der Ansicht, dass der Golfkrieg von 1991 von den USA als "Vorhang" vor dem großen Ereignis, nämlich der Invasion des Iran durch die USA mit Unterstützung Israels, Frankreichs und Deutschlands, angezettelt wurde, weshalb die USA Hussein grünes Licht für den Krieg gegen den Iran gaben. Das Ziel, den Irak dazu zu bringen, den Iran anzugreifen, muss jedem klar sein: Der Irak und der Iran würden sich einen Krieg liefern, der beide hoffnungslos geschwächt zurücklassen würde. Zumindest signalisierten die USA Hussein, dass eine gewisse Aggression akzeptabel sei - dass die USA sich einer irakischen Invasion zur Rückeroberung des al-Rumaila-Ölfelds, des umstrittenen Grenzstreifens und der Golfinseln nicht widersetzen würden, einschließlich der Gebiete der Bubiyan-Ölfelder, die der Irak als Teil des Iraks und nicht Kuwaits oder Irans beanspruchte, da sie immer Teil des Iraks gewesen seien. Später wurde eine zurückgezogen lebende April Glaspie von britischen Journalisten in die Enge getrieben, die sie mit Fragen über ihre Rolle beim Ausbruch des Krieges mit dem Irak 1991 bombardierten, doch ohne ein einziges Wort stieg Glaspie in eine Limousine, schloss die Tür hinter sich und fuhr davon.

Zwei Jahre später soll der Präsidentschaftskandidat Ross Perot in der Sendung "Decision 92" des US-Fernsehsenders NBC News, die sich mit der dritten Runde der Präsidentschaftsdebatten befasste, gesagt haben:

> ... Wir haben (Saddam) gesagt, er könne den nordöstlichen Teil Kuwaits einnehmen; als er alles einnahm, sind wir verrückt geworden. Und wenn wir ihm das nicht gesagt haben, warum lassen wir dann nicht einmal den Senatsausschuss für auswärtige Beziehungen und den Senatsausschuss für Nachrichtendienste die schriftlichen Anweisungen für Botschafter Glaspie einsehen?

In diesem Moment wird (Perot) vom damaligen Präsidenten George Bush Senior unterbrochen, der ausruft:

> Ich muss darauf antworten. Das ist eine Frage der nationalen Ehre. Das ist absolut absurd.

Absurd oder nicht, Tatsache ist, dass April Glaspie Ende August 1990 Bagdad verließ und nach Washington zurückkehrte, wo sie acht Monate lang in Isolationshaft gehalten wurde, nicht mit den Medien sprechen durfte und erst nach dem Ende des Golfkriegs (11. April 1991) wieder auftauchte, als sie vor dem Ausschuss für auswärtige Beziehungen des Senats informell (nicht unter Eid) über ihr Treffen mit Präsident Hussein aussagen sollte. Glaspie sagte, sie sei Opfer einer "groß angelegten, vorsätzlichen Täuschung" geworden und verurteilte die Abschrift ihres Treffens als "Fabrikation", die ihre Position verzerrt habe, obwohl sie zugab, dass sie "viele" richtige Elemente enthielt.

Anschließend wurde Frau Glaspie als Generalkonsulin der Vereinigten Staaten nach Kapstadt in Südafrika entsandt. Seit ihrer Pensionierung aus dem diplomatischen Dienst im Jahr 2002 hat man nichts mehr von ihr gehört. Es ist fast so, als wäre Glaspie zu einer Nicht-Person geworden. Warum hat der Senat nicht entschiedener gehandelt und seine Aufgabe erfüllt? Warum konnte das Außenministerium damit durchkommen, Informationen zu verheimlichen und zurückzuhalten, auf die das amerikanische Volk ein volles Anrecht hatte und immer noch hat?

Nach der Glaspie-Täuschung begann Präsident George Bush, eine Kriegsstimmung zu kultivieren, während er den Irak in den so genannten "Flugverbotszonen" bombardierte, die nicht nur die Souveränität des Irak verletzten, sondern auch nach der US-Verfassung illegal waren. Bei den Vereinten Nationen ließ Bush die arabische Delegation mit seinen "Krieg um jeden Preis"-Teams arbeiten, indem er behauptete, dass sie die nächsten auf Husseins Liste sein würden, wenn die Invasion Kuwaits nicht beigelegt würde - eine völlige und greifbare Unwahrheit ohne jede Grundlage.

Bush gelang es, ein Embargo gegen den Irak zu erwirken. Am 29. Januar 1991 nutzte Bush seine Rede zur Lage der Nation als Vehikel, um die Stimmung gegen den Irak zu entfachen. Überraschenderweise fügte er folgende Bemerkungen hinzu:

> "Die Welt kann daher die Gelegenheit der aktuellen Krise am

Persischen Golf nutzen, um das seit langem bestehende Versprechen einer neuen Weltordnung einzulösen."

Die Tatsache, dass Bush den wahren Grund für die sogenannte "Krise am Persischen Golf" enthüllt hatte, war inzwischen allgemein bekannt, doch die Schakale der amerikanischen Medien berichteten nicht darüber, wovon der Präsident sprach. Das Konzept einer Neuen Weltordnung ist nicht neu, denn es geht auf König Georg III. zurück, dessen Pläne durch die Amerikanische Revolution unterbrochen wurden. Bushs Pläne, die Nation in einen Irak-Krieg zu stürzen, waren ziemlich krass, so dass eine Reihe wichtiger Personen in Washington ernsthafte Zweifel bekamen und sich gegen das Kriegstrommeln aussprachen. Einer von ihnen, der ehemalige Marineminister James H. Webb, äußerte seine Bedenken öffentlich in einer Fernsehdebatte am 12. November 1990 :

> Der Zweck unserer Präsenz im Persischen Golf ist es, die Neue Weltordnung der Bush-Administration zu fördern, das gefällt mir nicht.

Eine weitere Persönlichkeit in Washington äußerte scharfe Kritik an der übereilten Kriegsführung der Bush-Regierung: James Atkins, ehemaliger Botschafter in Saudi-Arabien und ein wahrer Experte für Angelegenheiten des Nahen Ostens. In einem unterzeichneten Artikel, der am 17. September 1990 in der *Los Angeles Times* veröffentlicht wurde, beschuldigte er Verteidigungsminister Richard Cheney, König Fahd absichtlich in die Irre geführt zu haben, indem er ihn glauben machte, ein irakischer Angriff auf Saudi-Arabien stehe unmittelbar bevor. Atkins berichtete auch über seine Erfahrungen mit Henry Kissinger, der Atkins jedes Mal bekämpfte, wenn dieser die Kriegspläne gegen den Irak angriff.

Auf der internationalen Bühne sind einige Länder, insbesondere Frankreich, über die systematische und tägliche Bombardierung des Iraks besorgt. Der ehemalige Landwirtschaftsminister von Charles De Gaulle äußerte seine Besorgnis gegenüber einem deutschen Journalisten :

> Ich wünschte, es wäre nicht so (die Bombardierung). Ich bin

zutiefst schockiert über die Tatsache, dass eine Nation nur deshalb mächtig ist, weil sie Waffen besitzt. Die USA, die extreme wirtschaftliche Schwierigkeiten haben, haben es geschafft, Japan und Europa zum Schweigen zu bringen, weil sie militärisch schwach sind. Wie lange wird die Welt akzeptieren, dass verschiedene Länder einen Gendarmen bezahlen müssen, um ihre eigene Weltordnung durchzusetzen?

Was für Beobachter beunruhigend ist, ist das Schweigen Russlands, das, wenn es der Einschüchterung durch die USA widerstanden hätte, den Krieg gegen den Irak wahrscheinlich hätte verhindern können. Russland hätte der irakischen Armee zumindest sein hochmodernes Luftabwehrsystem "Tamara" liefern können, das britische und amerikanische Flugzeuge zum Absturz gebracht und der Herrschaft des Luftterrors, die im Irak zum alltäglichen Phänomen geworden war, ein abruptes Ende bereitet hätte. Kein Mitglied der Opposition im Senat und im Repräsentantenhaus war in der Lage, Bushs Ansturm auf den Krieg zu stoppen, der weit über die tatsächliche Invasion des Irak hinaus Schaden anrichtete und dessen Schockwellen 2008 noch immer zu spüren sind. Aus einer angemessenen Perspektive betrachtet, zielte die Invasion des Irak auf Befehl des Komitees der 300 darauf ab, der Welt und insbesondere Europa eine Neue Weltordnung aufzuzwingen.

Das Chaos, das die "300" durch den Willen von Tony Blair, George Bush senior und seinem Sohn G.W. Bush, den Irak anzugreifen, entfesselt haben, ist noch nicht gemessen. In seiner Gesamtwirkung, die erst in mindestens zehn Jahren deutlich werden wird, werden wir sehen, wie weitreichende Veränderungen eintreten, die alle auf die imperiale Ölpolitik der USA und Großbritanniens zurückgeführt werden können, die ernsthaft damit begann, dass Präsident Wilson US-Marines nach Tampico und Vera Cruz schickte, um das mexikanische Rohöl seinen rechtmäßigen Besitzern zu entreißen.

Diese Fortsetzung der imperialen Ölpolitik war offensichtlich in dem, was viele Tausend Amerikaner für eine künstliche Situation halten, dem Desaster vom 11. September. Wenn der

11. September tatsächlich eine künstliche Situation im Stil von Pearl Harbor war, dann handelte es sich im Wesentlichen um die nächste Phase derselben Darstellung, eine Strategie, mit der die USA die Kontrolle über die Ölfelder der Welt, insbesondere im Nahen Osten, in Zentralasien, Südamerika, Malaysia, Borneo und Afghanistan, übernehmen und gleichzeitig die USA unter dem Deckmantel der "Terrorismusbekämpfung" von einer konföderierten Republik in eine Diktatur der Neuen Weltordnung verwandeln sollten.

Die Vereinigten Staaten haben mit dem Angriff auf das World Trade Center in New York den "Tipping Point" in ihrer Umwandlung von einer konföderierten Republik in eine Ein-Welt-Diktatur erreicht, und die Tatsache, dass sie dies mit wenig oder gar keinem Widerstand erreicht haben, unterstreicht nur die wichtige Rolle, die dieses Ereignis gespielt hat. Da nach Ansicht vieler kluger Beobachter alles zu einfach war, um ein Zufallsprodukt zu sein, bestärkt dieses Ereignis eine große Zahl von Menschen in ihrer Überzeugung, dass der 11. September eine künstlich herbeigeführte Situation war.

# KAPITEL 24

## Die Aufnahme Venezuelas in die Gleichung

Wie werden die Aussichten aussehen, wenn die Ölproduktion in etwa 50 Jahren ihren Höhepunkt erreicht? Wird es ein noch schlimmeres Kräftemessen mit regionalen Kriegen auf der ganzen Welt geben, oder werden die Gegenkräfte erkennen, dass die Rettung der industrialisierten Welt in einer absoluten Zusammenarbeit im Bereich der wichtigsten Rohstoffe, insbesondere Rohöl, liegt. Wenn wir anhand des Verhaltens der USA und Großbritanniens in den letzten 50 Jahren urteilen sollen, müssen wir zu dem Schluss kommen, dass die Außenpolitik der USA, da es um das Ende der weltweiten Ölreserven geht, darin bestehen wird, sich auf einen Militarismus in der Größenordnung des Römischen Reiches einzulassen und gleichzeitig abweichende Meinungen im eigenen Land zu unterdrücken. Das ist es, was wir bereits sehen. Tatsächlich zeugt die große Anzahl an Gesetzen, die seit Beginn der Invasion des Irak verabschiedet wurden, von der Ausrichtung, die Opposition gegen die Ölkriege zu reduzieren, und minimiert gleichzeitig das oberste Gesetz des Landes, indem sie dem Volk das Recht auf Protest entzieht.

Es ist sicherlich richtig, dass die von der Bush-Regierung eingeführten restriktiven Maßnahmen eine lähmende Wirkung auf die verfassungsmäßigen Rechte des amerikanischen Volkes hatten. Mitte 2008 wurde deutlich, dass die repressiven Gesetze, die seit dem Ausbruch der Golfkriege verabschiedet wurden, die gewünschte Wirkung haben. Vielleicht war es genau das, was jedes Anzeichen von Protest gegen die Politik der Bush-Regierung gegenüber Venezuela und seinem kompromisslosen Führer Hugo Chavez bremste.

Angesichts der ausgeprägten Feindseligkeit Washingtons gegenüber Venezuela ist nicht auszuschließen, dass das Land das nächste Ziel im imperialistischen Kampf um Öl sein wird. In diesem Sinne werfen wir einen Blick auf Venezuela im Jahr 2008. Es hat einige Veränderungen gegeben. Ich glaube nicht, dass sie spektakulär sind. Es ist wahrscheinlich das erste Mal in der Geschichte Venezuelas, dass es eine Regierung gibt, die mehr als nur Gesten unternimmt, um ihre enormen Ressourcen zur Unterstützung der ärmsten Teile der Bevölkerung einzusetzen. Diese Hilfe bezieht sich vor allem auf die Bereiche Gesundheit, Bildung, Genossenschaften etc. Es ist schwer zu sagen, wie groß die Auswirkungen sind. Aber wir wissen sicherlich, wie die Bevölkerung auf sie reagiert, und das ist schließlich die wichtigste Frage. Wichtig ist nicht, was wir darüber denken, sondern was die Venezolaner darüber denken. Und das wissen wir sehr gut.

In Lateinamerika gibt es recht gute Umfrageinstitute, das wichtigste ist Latino barometro mit Sitz in Chile. Sie überwachen die Einstellungen in ganz Lateinamerika zu allen möglichen entscheidenden Fragen. Die jüngste, in Chile durchgeführte Umfrage ergab, dass die Unterstützung für die Demokratie und die Regierung in Venezuela seit 1998 sehr stark zugenommen hat. Venezuela steht nun fast gleichauf mit Uruguay an der Spitze der Länder, die die Regierung und die Demokratie unterstützen.

Sie liegt weit vor den anderen lateinamerikanischen Ländern, was die Unterstützung der Wirtschaftspolitik der Regierung angeht, und auch bei der Überzeugung, dass diese Politik eher den Armen, d. h. der überwältigenden Mehrheit, als den Eliten hilft. Und es gibt ähnliche Urteile zu anderen Themen, und es hat ziemlich stark zugenommen. Trotz der Hindernisse gab es einen gewissen Fortschritt, der von der Bevölkerung als sehr bedeutend angesehen wurde, und das ist der beste Maßstab. Gibt es angesichts der Ankündigung der Gründung der Vereinigten Sozialistischen Partei Venezuelas (PSUV) und der Beschleunigung ihres Versuchs, sich verschiedene Dienstleistungen und Unternehmen anzueignen, einen Reifeprozess dieser Revolution? Das ist nicht leicht zu sagen. Es gibt widersprüchliche Tendenzen, und die Frage für Venezuela ist, welche sich durchsetzen wird. Es gibt Tendenzen zur Demokratisierung, zur Devolution der Macht, zu Volksversammlungen, zu Gemeinden, die die Kontrolle über ihren eigenen Haushalt übernehmen, zu Arbeitskooperativen usw. Es gibt auch Tendenzen zu einer stärkeren Beteiligung der Bevölkerung an den Wahlen. All das geht in Richtung Demokratie.

Es gibt auch autoritäre Tendenzen: Zentralisierung, charismatische Figuren etc. Diese Politiken an sich erlauben es nicht wirklich, zu beurteilen, in welche Richtung sie gehen werden. Es ist sicherlich vollkommen vernünftig, wenn ein Land seine eigenen Ressourcen kontrolliert. Wenn Venezuela also eine größere Kontrolle über seine eigenen Ressourcen erlangt, könnte dies eine sehr positive Entwicklung sein. Auf der anderen Seite könnte dies aber auch nicht der Fall sein. Als beispielsweise Saudi-Arabien in den 1970er Jahren sein Öl verstaatlichte, bedeutete dies nicht, dass es sein eigenes Öl anstelle ausländischer Unternehmen - hauptsächlich ARAMCO - kontrollierte. Andererseits ist Saudi-Arabien in den Händen einer strengen Tyrannei. Washingtons wichtigster und beliebtester Verbündeter in der Region ist eine brutale Tyrannei und der extremste islamisch-fundamentalistische Staat der Welt. Die Geschichte hängt also davon ab, wie die Ressourcen genutzt werden. Der Mercosur, der Gemeinsame Markt des Südkegels, ist eine Gruppe, der die größten Volkswirtschaften Südamerikas angehören. Er basiert auf marktwirtschaftsähnlichen Abkommen wie NAFTA und scheint sich nicht auf eine Alternative zur vorherrschenden neoliberalen Doktrin zu orientieren.

Im Moment ist der Mercosur eher eine Hoffnung als eine Realität. Der Mercosur ist ein Teil davon, die Treffen in Cochabamba sind ein weiterer Schritt, und es gibt noch weitere

Schritte. Die Integration ist ein mächtiger Schritt zur Aufrechterhaltung der Souveränität und Unabhängigkeit. Wenn Länder voneinander getrennt sind, können sie entweder mit Gewalt oder durch wirtschaftliche Strangulation ausgerottet werden. Wenn sie integriert sind und zusammenarbeiten, sind sie viel freier von äußerer Kontrolle, d. h. von der Kontrolle der USA im letzten halben Jahrhundert - aber das geht noch viel weiter zurück.

Es ist also ein wichtiger Schritt, aber es gibt auch Hindernisse. Eines dieser Hindernisse ist, dass Lateinamerika auch einen verzweifelten Bedarf an interner Integration hat. In jedem dieser Länder gibt es eine deutliche Kluft zwischen einer kleinen, reichen, europäisierten, überwiegend weißen Elite und einer riesigen Masse tief verarmter Menschen, die in der Regel Indianer, Schwarze und Mischlinge sind. Die Korrelation zwischen den Rassen ist nicht perfekt, aber es ist eine Korrelation. In Lateinamerika herrschen einige der schlimmsten Ungleichheiten der Welt, und auch diese Probleme werden allmählich überwunden. Es ist noch ein langer Weg, aber Schritte in die richtige Richtung wurden in Venezuela, Bolivien, bis zu einem gewissen Grad in Brasilien, Argentinien und derzeit nicht viel anderswo unternommen. Aber die interne Integration und die externe Integration zwischen den Ländern sind ziemlich wichtige Schritte, und es ist das erste Mal seit der spanischen Kolonialisierung vor 500 Jahren, was nicht unwichtig ist.

Lassen Sie uns auf einige der autoritären Kritiken zurückkommen, die auf die Verlängerung der Amtszeiten und das kürzlich verabschiedete sogenannte Ermächtigungsgesetz folgten. Diese Gesetze wurden vom Parlament verabschiedet. Zufälligerweise wird das Parlament fast vollständig von Chávez dominiert, aber der Grund dafür ist, dass die Opposition sich weigert, daran teilzunehmen, höchstwahrscheinlich auf Druck der Vereinigten Staaten. Man kann diese Gesetze nicht mögen. Ihr Ausgang hängt vom Druck der Bevölkerung ab. Sie könnten Schritte in Richtung Autoritarismus sein. Sie könnten Schritte in Richtung der Umsetzung konstruktiver Programme sein. Es liegt nicht an uns, das zu sagen, sondern am venezolanischen Volk, und wir kennen seine Meinung sehr gut.

Venezuelas Ölreichtum gab dem Land die Möglichkeit, seine Hilfe auf die armen Gemeinden im Westen, einschließlich New York und London, auszuweiten, und ermöglichte es ihm, die Schulden von Argentinien, Bolivien und Ecuador aufzukaufen.

Beginnen wir mit seiner Hilfe für den Westen, was ein wenig ironisch gemeint ist. Aber es gibt einen Kontext dafür. Es begann mit einem Programm in Boston. Eine Gruppe von Senatoren kontaktierte die acht größten Energieunternehmen und fragte sie, ob sie armen Menschen in den USA kurzfristige Hilfe leisten könnten, um sie über den harten Winter zu bringen, wenn sie aufgrund der hohen Ölpreise ihre Ölrechnungen nicht bezahlen konnten. Sie bekamen nur eine Antwort, nämlich von CITGO, der venezolanischen Firma, und diese Firma stellte tatsächlich vorübergehend billiges Öl in Boston, dann in der Bronx in New York und anderswo zur Verfügung. Das ist die westliche Hilfe. Es gibt also nur noch Chavez, der den Armen in Amerika Hilfe gibt.

Im Übrigen, ja, Chavez hat ein Viertel oder ein Drittel der Schulden Argentiniens aufgekauft. Das war ein Versuch, Argentinien zu helfen, den IWF loszuwerden, wie der argentinische Präsident sagte. Der IWF, der eine Art Verzweigung des US-Finanzministeriums ist, hatte eine verheerende Wirkung auf Lateinamerika. Seine Programme wurden in Lateinamerika strenger befolgt als in jedem anderen Teil der Welt.

Bolivien folgte 25 Jahre lang der Politik des IWF und das Endergebnis war ein niedrigeres Pro-Kopf-Einkommen als zu Beginn. Argentinien war das Sorgenkind des IWF. Es tat alles, was nötig war, und ermahnte alle anderen, die von der Weltbank und dem US-Finanzministerium vorgegebene Politik zu befolgen. Nun, was passiert ist, ist, dass dies zu einer totalen wirtschaftlichen Katastrophe geführt hat. Argentinien konnte der Katastrophe entkommen, indem es radikal gegen die Regeln des IWF verstieß, und es entschied sich, den IWF loszuwerden, wie Kirchner sagte, und Venezuela half ihm dabei. Brasilien tat das

Gleiche auf seine Weise und jetzt tut es Bolivien mit Venezuelas Hilfe. Der IWF ist eigentlich in Schwierigkeiten, weil seine Finanzierung größtenteils aus der Eintreibung von Schulden stammt, und wenn die Länder sich weigern, seine Kredite zu akzeptieren, weil seine Politik zu schädlich ist, ist unklar, was er tun wird.

Es gibt auch Petrocaribe, ein Programm zur Bereitstellung von Öl zu günstigen Bedingungen mit verzögerter Zahlung für viele karibische und andere Länder. Ein weiteres Programm heißt Operation Miracle. Es nutzt venezolanische Gelder, um kubanische Ärzte - kubanische Ärzte sind sehr gut ausgebildet und sie haben ein sehr fortschrittliches medizinisches System, das mit den Systemen der ersten Welt vergleichbar ist - an Orte wie Jamaika und andere Länder in der Region zu entsenden. Das Projekt begann damit, blinde Menschen zu finden, die ihr Augenlicht vollständig verloren haben, die aber chirurgisch behandelt werden könnten, um ihr Augenlicht wiederzuerlangen. Diese Menschen werden von kubanischen Ärzten identifiziert, nach Kuba gebracht, in ihren hochklassigen medizinischen Einrichtungen behandelt und kehren dann sehend in ihr Land zurück. Das hinterlässt einen Eindruck.

Die USA und Mexiko haben offenbar versucht, etwas Ähnliches zu tun, was jedoch nie zum Erfolg geführt hat. Tatsächlich kann man die Auswirkungen von Chavez' Programmen sehr deutlich an der letzten Reise von George Bush sehen. Die Presse sprach von seiner neuen Neuausrichtung der Programme auf Lateinamerika, aber was tatsächlich geschah, wenn Sie genau hinschauen, ist, dass Bush einen Teil von Chavez' Rhetorik übernommen hat. Das sind die wunderbaren neuen Programme, einen Teil der Rhetorik von Chavez zu übernehmen, sie aber nicht oder kaum umzusetzen.

Jedes alte Märchen - solange es eine Sache für den Krieg vorantreibt, ist en vogue. Mit Ausnahme von Hugo Chavez und dem iranischen Islamisten Mahmud Ahmadinedschad hat kein anderer globaler Führer die Rolle des "Antagonisten der USA" besser perfektioniert als einer, der einen überwältigenden

Eindruck hinterlässt. Zusammen mit einer Gruppe von Vertrauten, zu denen einige der bekanntesten Antagonisten der USA wie der alternde kubanische Diktator Fidel Castro und der nationalistische bolivianische Präsident Evo Morales gehörten, wurde Chavez schnell zu einem der wichtigsten Sprecher der weltweiten pro-nationalistischen und antiamerikanischen Bewegung. In den wenigen Jahren seiner Amtszeit machte Chavez seine Haltung gegenüber der Bush-Regierung zu einer öffentlich bekannten Angelegenheit.

"Amerika ist das perverseste, mörderischste, völkermörderischste und unmoralischste Imperium, das dieser Planet in 100 Jahrhunderten gesehen hat", sagte Chávez vor einem Publikum des Weltsozialforums in Caracas.

Daraufhin bezeichnete Washington Chavez' antiamerikanische Ausfälle und seine wiederholten Drohungen, eine "bolivarische Revolution" in ganz Lateinamerika zu verbreiten, als Wahnvorstellungen eines verzweifelten Führers, der versucht, die Aufmerksamkeit der Öffentlichkeit vom Scheitern seiner Sozial- und Wirtschaftspolitik abzulenken.

Natürlich ist Venezuelas Politik nicht gescheitert, und es scheint keine Wahrscheinlichkeit für eine US-Invasion des Landes zu geben. Doch die jüngsten Bemühungen von Chavez, die Beziehungen zum Iran in den Bereichen Energie, Verteidigung, Atomkraft und Politik zu stärken, könnten Washington zum Umdenken zwingen. In einer leidenschaftlichen Rede vor seinen Anhängern in Caracas sagte Chavez:

Ich hatte enge Beziehungen zu Mohammad Khatami, dem Präsidenten des Iran von 1997 bis 2005, den ich als Bruder betrachte, und ich habe jetzt enge Beziehungen zu seinem Nachfolger, Präsident Mahmud Ahmadinedschad, den ich ebenfalls als Bruder betrachte.

Auch wenn diese Aussage für Chavez' Enthusiasmus und Offenheit nicht ungewöhnlich ist, zeigt sie doch, in welche Richtung die Beziehungen gehen. Schließlich hat jede unabhängige souveräne Nation das Recht, sich ihre Freunde auszusuchen und Bündnisse zu schließen.

Auf dem 141. Ministertreffen der Organisation erdölexportierender Länder (OPEC), das Ende Mai in Caracas stattfand, besprachen hochrangige iranische und venezolanische Beamte mehrere bilaterale Abkommen, darunter die Beteiligung des staatlichen iranischen Ölkonzerns Petropars an Ölprojekten im unterentwickelten Orinoco-Gürtel und an Gasprojekten im Golf von Venezuela. Beide Länder sollten mit der Erkundung eines der Gebiete im Orinoco-Gürtel beginnen, mit dem letztendlichen Ziel, Petropars den Export von fertigem Brennstoff in den Iran zu ermöglichen. Es wird erwartet, dass bald iranische Experten in Venezuela eintreffen, um die von der Regierung gesponserten Ingenieurprojekte zu unterstützen. Lassen Sie mich noch schnell hinzufügen, dass der Iran und Venezuela als souveräne und unabhängige Nationen das Recht haben, ihre eigenen Interessen zu verfolgen, auch wenn dies anderen Nationen nicht passt. Dies ist die Prämisse des Völkerrechts. Während Venezuelas Energiebeziehungen mit dem Iran aufblühten, entwickelten sich seine Energiebeziehungen mit dem Westen in die entgegengesetzte Richtung. Chavez kündigte kürzlich an, dass die Steuern für ausländische Ölfirmen, die in Venezuela tätig sind, von 16,7% auf 33% erhöht werden sollen, was er als "Fördersteuer" bezeichnete. Chavez beschuldigte ausländische Unternehmen, die Ölvorkommen seines Landes auszubeuten, ohne das venezolanische Volk angemessen zu entschädigen. Dieser Vorwurf ist durchaus berechtigt.

Trotz der Steuererhöhungen und der Position von Chavez bleibt Venezuela ein wichtiger Energiepartner für die USA. Laut den von der Energy Information Administration (EIA) veröffentlichten Statistiken steht Venezuela bei den Gesamtexporten von Rohöl (1,2 Millionen Barrel pro Tag) an vierter Stelle und bei den Gesamtexporten von Erdölprodukten (1,5 Millionen Barrel pro Tag) in die USA an dritter Stelle (Kanada steht an erster Stelle, aber wir streiten nicht mit ihm). Angesichts der Tatsache, dass Amerika für sein tägliches Überleben weiterhin auf venezolanisches Öl angewiesen ist, und der Schwierigkeiten bei der Beschaffung von Energieressourcen aus anderen Teilen der Welt, sollte jede Verwicklung Teherans in den venezolanischen Energiesektor als Bedrohung für die nationale Sicherheit der Vereinigten Staaten angesehen werden, zumindest sagt Washington das so. Zunächst einmal geht es die Bush-Regierung nichts an, was Venezuela tut. Venezuela ist nicht der 51.

Neben der Zusammenarbeit im Energiebereich haben sich auch die militärischen und geheimdienstlichen Beziehungen zwischen Caracas und Teheran intensiviert. Im Mai beschuldigte das US-Außenministerium Venezuela, eine Beziehung zum Austausch von Geheimdienstinformationen mit dem Iran und Kuba zu unterhalten, zwei Ländern, die die USA als Sponsoren des Terrorismus identifiziert haben. Dabei handelt es sich lediglich um eine Meinung und nicht unbedingt um eine Tatsache. In seinem Jahresbericht über den internationalen Terrorismus zitierte das US-Außenministerium Chavez, weil er eine "ideologische Affinität" mit zwei in Kolumbien operierenden linken Guerillagruppen - der FARC und der Nationalen Befreiungsarmee - teilte, die beide von Washington als Terrororganisationen eingestuft werden. Wenn dies der Fall ist, wirft dies die folgende Frage auf: Warum hat Washington oft mit diesen beiden kolumbianischen Gruppen zusammengearbeitet, die zweifellos terroristische Gruppen sind? Daraufhin wurden alle Waffen- und Ersatzteilverkäufe an Caracas, die sich 2005 auf 33,9 Millionen US-Dollar beliefen, gestoppt. Was war der Grund für diesen kriegerischen Akt? Welche Beweise gibt es für die Behauptung, Venezuela habe eine "ideologische Affinität" zu terroristischen Gruppen? Daraufhin empfahl der venezolanische General Alberto Muller Rojas, ein Hauptberater von Chavez, dass sein Land seine 21 F-16-Kampfflugzeuge an den Iran verkaufen solle. Obwohl diese 20 Jahre alten Kampfflugzeuge nach heutigen Maßstäben veraltet sind, verschärfte dieser Vorschlag die ohnehin angespannten Beziehungen zwischen den beiden Ländern. Was geht es Amerika an, wenn andere Länder entscheiden, wer ihre Kunden und Freunde sein sollen? Berichte, wonach der Iran und

Venezuela ihre Zusammenarbeit im Bereich der Nukleartechnologie verstärkt haben, haben in Washington die Alarmglocken schrillen lassen. Wir schlagen vor, dass die gesamte Bush-Regierung gezwungen wird, die Abschiedsrede von George Washington zu lesen - und zwar so schnell wie möglich!

Die argentinische Zeitung *Clarin* berichtete, dass die Regierung Chavez Buenos Aires gebeten habe, ihr einen Atomreaktor zu verkaufen. Wie die iranische Regierung erklärten auch die Beamten in Caracas, dass Gespräche stattgefunden hätten, fügten aber hinzu, dass es dabei nur darum gegangen sei, wie man "die friedliche wissenschaftliche Nutzung des Atoms" erforschen könne. Und warum nicht? Warum Indien, Pakistan, Nordkorea, Israel und nicht Venezuela?

Ende 2005 wurde berichtet, dass venezolanische Uranvorkommen im Rahmen eines 200-Millionen-Dollar-Abkommens zwischen den beiden Ländern für Teheran bestimmt waren. Personen, die angeblich Missionare waren, schickten Informationen in ihr Land, wonach in der Nähe des Ortes, an dem sich die Uranvorkommen befinden sollten, eine kleine Militäranlage und eine Landebahn errichtet worden waren. Wer auch immer diese Leute sind, sie sehen nicht gerade wie Missionare aus.

Der Iran und Venezuela teilen eine intensive Abneigung gegen Amerika, was angesichts des enormen Umfangs der jahrzehntelangen Einmischung in ihre inneren Angelegenheiten ganz natürlich ist. Es ist nicht überraschend, dass sie nach Möglichkeiten suchen, zurückzuschlagen, indem sie antiamerikanische Allianzen im Nahen Osten und in Lateinamerika unterstützen.

Während einer achttägigen Reise durch Lateinamerika erklärte der Präsident des iranischen Majiis, Gholam-Ali Haddad Adel, dass die zwischen den beiden Ländern geschmiedete strategische Einheit in einer Antwort auf die "Bedrohungen durch einschüchternde Mächte wie die Vereinigten Staaten" wurzelt. Der Iran und Venezuela kamen zu dem Schluss, dass sie ihr gemeinsames Ziel, die weltweite Destabilisierung durch die USA, am besten mit vereinten Kräften erreichen können, wodurch eine gezielte Reaktion Washingtons wesentlich komplexer und kostspieliger wird.

Die Bemühungen der Bush-Regierung wären besser dazu geeignet, New Orleans wiederherzustellen und die Kluft zwischen den Armen und den extrem Reichen in Amerika zu überbrücken, ein Zustand, der als Folge von NAFTA, GATT und der Welthandelsorganisation entstanden ist.

Mit einem begeisterten Iran als Partner hat Chavez, der ehemalige Fallschirmjäger-Revolutionär, mit seinen antiamerikanischen Positionen den Geist von Simon Bolivar geweckt. Die Bush-Regierung wird sich damit abfinden müssen oder riskieren, einen 330 Jahre alten Krieg in Lateinamerika wiederzubeleben. Vielleicht ist genau das die Idee.

2007 begann die erste Lieferung von insgesamt 100 000 Kalaschnikow-Gewehren, die der venezolanische Präsident Hugo Chavez in Moskau bestellt hatte, einzutreffen.

Die venezolanische Armee durchläuft einen tiefgreifenden Wandel mit einer großen Rekrutierungskampagne und neuen Technologien. Diese Entscheidung dürfte die USA beunruhigen, da sie Chavez als destabilisierenden Einfluss in der Region betrachten.

Die meisten Verteidigungsexperten sind sich einig, dass Präsident Chavez seine veraltete Militärausrüstung überarbeiten muss. Die USA und Venezuelas Nachbarland Kolumbien betrachten die Ankunft von 33.000 Kalaschnikow-Gewehren jedoch als weiterer Beweis dafür, dass Chavez versucht, in der Region sein ganzes Gewicht in die Waagschale zu werfen. Die AK103-Gewehre aus russischer Produktion werden mit mehr als einer halben Million Schuss Munition, modernsten Nachtsichtgeräten und Bajonetten geliefert. Weitere 70.000 Gewehre sollen bis Ende 2008 eintreffen. Was Washington jedoch am meisten beunruhigt, sind die Pläne Venezuelas, hier eine Fabrik zu errichten, in der diese Kalaschnikow-Gewehre sowie Kugeln zusammengebaut und exportiert werden sollen. Die Regierung von Chavez führt derzeit Gespräche mit dem russischen Hersteller, der die Lizenz zur Herstellung der Waffen besitzt. Die USA, die kürzlich ein vollständiges Verbot von Waffenverkäufen an Venezuela angeordnet haben, beschuldigten Präsident Chavez, er versuche, Lateinamerika zu destabilisieren. Venezuela besteht jedoch darauf, dass es das Recht hat, Waffen für defensive Zwecke zu kaufen. Präsident Chavez warnte wiederholt davor, dass die Bush-Regierung eine Invasion Venezuelas plane, um die Ölressourcen des Landes in die Hände zu bekommen.

Sir Maurice Hankey, der erste Sekretär des britischen Kriegskabinetts, erklärte 1918:

> "Das Öl im nächsten Krieg wird den Platz der Kohle im gegenwärtigen Krieg einnehmen, oder zumindest einen Platz parallel zur Kohle. Die einzige größere potenzielle Versorgung, die wir unter britischer Kontrolle erhalten können, ist die von Persien (heute Iran) und Mesopotamien (heute Irak)... Die Kontrolle über diese Ölreserven wird zu einem britischen Kriegsziel ersten Ranges. "

Alan Greenspan, Vorsitzender der US-Notenbank Federal Reserve, 1987-2006 :

> "Unabhängig von ihrer medienwirksamen Angst vor Saddam Husseins Massenvernichtungswaffen waren die amerikanischen und britischen Behörden auch besorgt über die Gewalt in einer Region, die eine Ressource beherbergt, die für das Funktionieren der Weltwirtschaft unerlässlich ist. "

Wir können den Irak nicht verlassen, weil Extremisten in der Lage sein könnten, das Öl als Erpressungsinstrument gegenüber dem Westen einzusetzen ... und sie werden es tun, wenn wir Israel nicht aufgeben.

George W. Bush, 1. November 2006 :

> Wenn es im Irak zu einem Regimewechsel kommt, könnten Sie das weltweite Angebot um 3 bis 5 Millionen Barrel an

Produktion erweitern.

Lawrence Lindsey, ehemaliger leitender Wirtschaftsberater von George W. Bush, 2002 :

> Die Sicherheit der Energieversorgung ist für unseren Wohlstand und unsere Sicherheit von entscheidender Bedeutung. Die Konzentration von 65% der weltweit bekannten Ölreserven im Persischen Golf bedeutet, dass wir weiterhin einen zuverlässigen Zugang zu Öl zu einem wettbewerbsfähigen Preis gewährleisten und eine schnelle und angemessene Reaktion auf größere Störungen der Ölversorgung gewährleisten müssen.

# KAPITEL 25

## Amerika kann nicht ewig Ölkriege führen

Als die Bush-Cheney-Regierung im Januar 2001 ihr Amt antrat, lag der internationale Ölpreis bei etwa 22 Dollar pro Barrel. Heute, fast acht Jahre später, schwankt der Ölpreis um die 150 Dollar pro Barrel, was einem Anstieg von mehr als fünfhundert Prozent entspricht. Was das Öl betrifft, liefen die Dinge im Irak also nicht so, wie von den Neobolschewiken der Bush-Cheney-Regierung geplant und erwartet. Erstens dachten sie, dass das sprudelnde irakische Öl die Invasion und die Besetzung des Landes bezahlen würde. Stattdessen sollten die Ausgaben für dieses Abenteuer eine Billion Dollar erreichen und die Gesamtkosten für die US-Wirtschaft mehr als drei Billionen Dollar betragen.

Zweitens erreicht der Ölpreis Rekordhöhen, ohne dass ein Höchststand in Sicht ist, was die US- und die Weltwirtschaft in eine lang anhaltende wirtschaftliche Rezession zu stürzen droht. Dies ist zum Teil darauf zurückzuführen, dass die irakische Ölproduktion nicht wie erwartet gestiegen ist und eher unter dem Niveau liegt, das sie hatte, als die USA 2003 in den Irak einmarschierten und ihn besetzten. Aus makroökonomischer Sicht war dieser illegale und fehlgeleitete Krieg eine Katastrophe.

Dennoch plant die Bush-Cheney-Regierung trotz sporadischer frommer Erklärungen, den Irak zu verlassen, wenn sie dazu aufgefordert werden, eine 50-jährige militärische Besetzung des Iraks durch die USA. Sie wollen kein Datum für die Beendigung der Besetzung des Irak festlegen, da sie sie als militärische

Besetzung auf unbestimmte Zeit betrachten. Das war zu erwarten, da die wahren Gründe für die Invasion des Irak darin bestanden, das langfristige Ziel der Kontrolle über das Öl im Nahen Osten zu verfolgen und den Staat Israel vor seinen muslimischen Nachbarn zu schützen. Tatsächlich weiß jeder, dass die militärische Invasion des Iraks durch die US-Streitkräfte nichts mit "Demokratie" oder den Wünschen des Volkes zu tun hatte. Es ging um die Sicherung der irakischen Ölreserven und die Beseitigung von Saddam Hussein, einem der Feinde Israels.

Am 31. Mai 2007 bestätigte Verteidigungsminister Robert Gates diese langfristigen Pläne, indem er erklärte, dass die USA eine "lange und dauerhafte Präsenz" im Irak anstreben. Aus diesem Grund haben die USA in Bagdad die größte Botschaft der Welt mit 21 Gebäuden auf einem 100 Morgen großen Gelände am Ufer des Tigris errichtet, die Platz für 1.000 Mitarbeiter bieten wird. Das ist auch der Grund, warum sie über 100 Militärbasen in diesem muslimischen Land zu 14 permanenten supermilitärischen Stützpunkten konsolidieren - allesamt dazu bestimmt, diesen Teil der Welt für sehr lange Zeit militärisch zu kontrollieren.

Dies ist auch der Grund, warum die Bush-Cheney-Regierung das irakische Parlament stark dazu drängt, ein Gesetz zu verabschieden, das die irakische Ölindustrie privatisieren würde. Sollte sich das derzeit im Irak herrschende Marionettenregime weigern, ein solches Gesetz, das so genannte "Kohlenwasserstoffgesetz", zu verabschieden, würde es über eine Milliarde Dollar an Wiederaufbaugeldern verlieren, die von der Bush-Cheney-Administration blockiert würden. Diese offene militärische Kontrolle über die Ölressourcen einer Nation im Nahen Osten ist ein sicheres Rezept, um den permanenten Terrorismus in der Welt und den permanenten Krieg im Nahen Osten noch lange zu schüren.

Und wenn die Amerikaner im November 2008 einen republikanischen Präsidenten für eine dritte Amtszeit wählen, indem sie für den mutmaßlichen republikanischen Präsidentschaftskandidaten Senator John McCain stimmen, wird genau das passieren, da dieser Politiker in diesem Teil der Welt bereits in einen hundertjährigen Krieg verwickelt ist. Umfragen zufolge ist eine große Mehrheit der Iraker gegen die Privatisierung ihrer Ölindustrie. Dennoch ist die Privatisierung des irakischen Öls eines der wichtigsten "Kriterien", die die Bush-Cheney-Regierung der irakischen Regierung auferlegt.

Sie haben im besetzten Irak eine Marionettenregierung installiert, die die Ware liefert, auch wenn dafür einiges an Druck notwendig war. Am 3. Juli 2007 beispielsweise billigte das von den USA kontrollierte Kabinett von Al-Maliki in Abwesenheit der sunnitischen Minister einen von den USA unterstützten Entwurf für ein Ölgesetz, das den irakischen Ölreichtum unter den drei größten irakischen Gruppen aufteilen wird, vor allem aber amerikanische und ausländische Ölfirmen in den irakischen Ölsektor eintreten lässt und die Privatisierung im Rahmen von sogenannten Produktionsaufteilungsabkommen verkündet. Dies ist ein politisches Schlüsselziel und sogar eine "Benchmark", die vom Weißen Haus Bush-Cheney gesetzt wurde, doch bislang hat das irakische Parlament aufgrund zahlreicher Proteste gezögert, die erforderliche umstrittene Gesetzgebung zu verabschieden, da viele Iraker eine Politik der Aufteilung der Ölproduktion und der Öleinnahmen mit ausländischen Ölgesellschaften nur sehr ungern akzeptieren, insbesondere wenn sie ihnen "unter Androhung von Waffengewalt" weggenommen wurden.

Die irakische Ölindustrie ist seit 1975, also seit etwa 33 Jahren, verstaatlicht. Tatsächlich wurden die irakischen Ölfelder vor der militärischen Invasion und Besetzung des Irak durch die Amerikaner von der irakischen Regierung über ein staatliches Unternehmen kontrolliert. Dies war die Grundlage für einen relativ hohen Lebensstandard im Irak, der über eines der besten Gesundheitssysteme in der Region verfügte und pro Kopf mehr Doktortitel hervorbrachte als die USA. Im Rahmen ihrer militärischen Besetzung des Irak und der geplanten Ölabkommen würde ein großer Teil der irakischen Ölproduktion und der Öleinnahmen unter die Kontrolle ausländischer Ölgesellschaften fallen, vor allem der amerikanischen und britischen EXXON/Mobil, Chevron/Texaco, BP/AMOCO und

Royal Dutch/Shell.

Einer der beiden Hauptgründe für den Beginn der illegalen Invasion des Irak wäre erfüllt gewesen, nämlich die Aufrechterhaltung des Ölflusses unter der Aufsicht von US-Truppen, der andere Grund war die Vernichtung eines der strategischen Feinde Israels. Viele sachkundige Beobachter, wie der australische Verteidigungsminister Brendan Nelson, erklärten, dass die Aufrechterhaltung der "Ressourcensicherheit" im Nahen Osten eine Priorität für die Invasion und Besetzung des Irak war. Aus diesem Grund hatten die US-Streitkräfte, als sie Anfang April 2003 in Bagdad eintrafen, den Befehl, eine einzige Art von öffentlichen Gebäuden zu sichern, nämlich die des irakischen Ölministeriums. Alles andere war unwichtig.

Abschließend sei daran erinnert, dass der US-Senat am 11. Oktober 2002 mit 77:23 Stimmen dafür stimmte, George W. Bush und Dick Cheney die Erlaubnis zu erteilen, einen Angriffskrieg gegen den Irak zu beginnen. Der derzeitige Präsidentschaftskandidat John McCain und die ehemalige Präsidentschaftskandidatin Hillary Clinton stimmten für diese Resolution. Erinnern wir uns auch daran, dass die Central Intelligence Agency (CIA) zehn Tage zuvor eine vertrauliche 90-seitige Version des National Intelligence Estimate veröffentlicht hatte, die eine lange Liste von katastrophalen Konsequenzen enthielt, die zu erwarten wären, wenn die USA in den Irak einmarschieren würden. Der Bericht wurde allen 100 Senatoren zur Verfügung gestellt, doch nur sechs von ihnen machten sich die Mühe, ihn zu lesen. Dank dieses Wissens haben die Menschen nun einen Einblick in die Art und Weise, wie in Washington D.C. vor Beginn dieses Krieges Entscheidungen getroffen wurden. Selbst bei Fragen, die über Leben und Tod entschieden, herrschte in großem Umfang Improvisation vor. Und nun wurde die Saat für permanente militärische Besetzungen, permanente Kriege und permanenten Terrorismus im Nahen Osten und in der ganzen Welt gesät. In Wahrheit kämpfen wir um Öl.

Der Preis für eine derart unkluge Politik wird hoch sein und über

Jahre hinweg bestehen bleiben. Denn viele Amerikaner beginnen zu erkennen, dass es einen Zusammenhang zwischen den Ausgaben und dem Defizit im Zusammenhang mit dem Irakkrieg einerseits und der aktuellen Rezession und der beschleunigten Inflation andererseits gibt. Diese Verschwendungen und Kriegsausgaben verringern die Menge an Finanzmitteln, die zur Finanzierung anderer wichtiger Regierungsprogramme auf nationaler Ebene, von der Bildung bis zur Infrastruktur, zur Verfügung stehen. Sie erhöhen das Zahlungsbilanzdefizit und zwingen die USA, sich im Ausland Geld zu leihen. Und wenn die Federal Reserve die Zinssätze senkt, um die Bankenkrise abzumildern, stürzt der Dollar ab, was die Inflation noch weiter anheizt, wenn die Ölpreise und alle anderen Preise im Zusammenhang mit dem Transport und den weltweit gehandelten Rohstoffen steigen. Die derzeitige Stagflation ist eine direkte Folge der exzessiven Militärausgaben der USA im Ausland. Je eher dies einer Mehrheit der Amerikaner bewusst wird, desto besser.

Aber im Jahr 2008, als die Benzinpreise Rekordhöhen erreichten, gab es einen Ausweg aus diesem Schlamassel, der darin bestand, die Benzinpreise zu stabilisieren und die US-Wirtschaft zu stabilisieren. Die Regierung soll alle strategischen Ölreserven öffnen und eine eigene Raffinerie einrichten, um Benzin zu einem Preis zu produzieren, der etwas über den Kosten liegt, und zwar mithilfe einer gemeinnützigen Organisation, die durch ein Gesetz des Kongresses gegründet wurde. Abschaffung der Steuer auf wilde Bohrungen, wodurch mehr und mehr kleine Bohrer wieder in die Ölexploration in den USA einsteigen könnten. Dies würde die Gier der Ölkonzerne verringern und dazu beitragen, ihren unersättlichen Appetit auf immer höhere Gewinne zu stoppen.

Die USA können nicht unbegrenzt weiter Kriege um Öl führen, auch nicht unter dem Deckmantel des "Kampfes gegen den Terrorismus". So mächtig Amerika auch sein mag, es kann seine Ressourcen nicht weiterhin unbegrenzt in endlosen Kriegen aufbrauchen, weshalb die Verfassung geschrieben wurde, um so etwas zu verhindern. Doch indem sie die Verfassung mit Füßen trat und das höchste Gesetz des Landes ignorierte, hat die Bush-Cheney-Regierung die Vereinigten Staaten auf einen solch katastrophalen Weg gebracht. Das Ende ist absehbar.

Unterdessen wird der Krieg im Irak fortgesetzt, obwohl 87% der Amerikaner ihn ablehnen, und die Demokraten im Repräsentantenhaus und im Senat scheinen machtlos zu sein, ihn gemäß dem Mandat, das ihnen bei den Wahlen im November 2007 erteilt wurde, sofort zu beenden.

Wie sieht also die Zukunft des Iraks aus? Wird sich der Krieg verfassungswidrig in die Länge ziehen oder wird die neue Regierung, die 2009 ihr Amt antreten soll, in der Lage sein, dieser totalen Katastrophe ein Ende zu setzen? Dies bleibt abzuwarten.

# Bereits erschienen

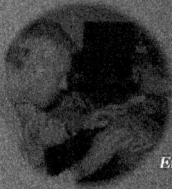

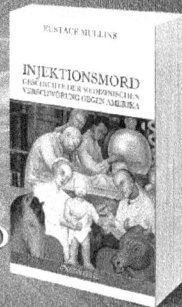

www.ingramcontent.com/pod-product-compliance
Lightning Source LLC
Chambersburg PA
CBHW070740270326
41927CB00010B/2041